2024

法考30天快刷黄金考点

商经知
真题名师带练

法律考试中心/组编
杨艳霞/主编
汪华亮/编写

法律出版社
LAW PRESS·CHINA
北京

图书在版编目(CIP)数据

商经知真题名师带练 / 法律考试中心组编 ; 杨艳霞主编 ; 汪华亮编写. -- 北京 : 法律出版社, 2024
(法考30天快刷黄金考点)
ISBN 978-7-5197-8602-1

Ⅰ. ①商… Ⅱ. ①法… ②杨… ③汪… Ⅲ. ①商法-中国-资格考试-自学参考资料②经济法-中国-资格考试-自学参考资料③知识产权法-中国-资格考试-自学参考资料 Ⅳ. ①D923.990.4②D922.2904③D923.404

中国国家版本馆CIP数据核字(2023)第231842号

商经知真题名师带练
SHANG JING ZHI ZHENTI MINGSHI DAILIAN

法律考试中心 组编
杨艳霞 主编
汪华亮 编写

策划编辑 陈 睿
责任编辑 陈 睿
装帧设计 李 瞻

出版发行 法律出版社
编辑统筹 法律考试·职业教育出版分社
责任校对 晁明慧 王晓萍
责任印制 胡晓雅
经 销 新华书店

开本 710毫米×1000毫米 1/16
印张 14 **字数** 354千
版本 2024年1月第1版
印次 2024年1月第1次印刷
印刷 三河市龙大印装有限公司

地址:北京市丰台区莲花池西里7号(100073)
网址:www.lawpress.com.cn
投稿邮箱:info@lawpress.com.cn
举报盗版邮箱:jbwq@lawpress.com.cn

销售电话:010-83938349
客服电话:010-83938350
咨询电话:010-63939796

书号:ISBN 978-7-5197-8602-1
定价:45.00元

凡购买本社图书,如有印装错误,我社负责退换。电话:010-83938349

刷得快,记得住

摆在各位面前的这套书是我们从司考元年(2001 年)开始不断升级,连续出版的,今年是她的第 24 版。

在法考备考中,真题的重要性不言而喻。统计显示,在每年的考试中,80% 以上的知识与考点都是对之前真题所涉知识与考点的重复考查。在各种法考复习资料中,最贴近下一年真题的是上一年的考题。所以,把握住了这 80%,也就把握住了考试成功的根本。

有考生说:"我知道真题很重要,但是太多了,根本看不完;就算囫囵吞枣地看完了,也记不住。"针对考生这个切肤之痛,我们今年对本套书进行了大幅改版。首先,原来的上下两册改成了八个小单本,大家可以随时带着书看。其次,我们精选历年真题,压缩解析。我们今年这套书的写作目标是"刷得快,记得住"。对于考点多次重复的真题,我们不再选入,目前所呈现的都是最具代表性的题目,学会这道题,你就能掌握一类题。在解析中,我们也不再追求以前的"大而全",而是改为"小而精"。围绕一道题,扎扎实实地把知识点讲清楚,让大家刷一道题等于过了几十道题。

由于法考的客观题不再公布题目,每年"回忆真题"成了一个艰巨的工作。经过多年努力,我们这套书里的法考题已经多于司考题。今年,我们也新增了大量 2023 年回忆版真题。

本套书的编写者都是目前活跃在法考培训中的各科名师。给大家精挑细选的题目,兼顾了数量和质量。刷完这些题,不用花很长的时间,但是能力肯定会有很大的提升,因为读者实际得到的是比这本书的容量多十几倍的知识点和做题量。

祝各位读者在 2024 年的法考中顺利通关！有朝一日春雷动,得会风云上九重！

杨艳霞

目　录

商　法

经　济　法

环境资源法

劳动与社会保障法

知识产权法

答案及解析

商　法

经　济　法

环境资源法

劳动与社会保障法

知识产权法

商　　法

关于商法客观题的考试说明

商法是实践性和理论性兼有,但是实践性更强的学科。从知识体系上讲,商法包括商主体法和商行为法两个部分。商主体法包括公司法、合伙企业法、个人独资企业法、外商投资法、企业破产法。商行为法包括票据法、保险法、证券法、海商法、信托法。其中,信托法在2022年首次纳入考试大纲。由于我国民商合一的体例,以及商法实践性较强的特点,商法题目往往会和民法或民事诉讼法相结合,呈现跨学科的特点,导致难度较大。此外,2023年12月修改后的《公司法》,预计也将成为2024年的考查重点。

根据对2018年以来商法试题的不完全统计,平均起来,商法各部分的分值分布大致如下:

部门法	分值分布/分
公司法	10
合伙企业法	3
企业破产法	3
票据法	2
保险法	3
证券法	2
信托法	2
个人独资企业法、外商投资法、海商法	2
总计	27

一、命题基本规律

1."大法"重点突出,"小法"考点分散

商法可以分为"大法"和"小法","大法"指公司法,是商法中唯一分值达到10分的部分,而且主观题考试也往往有1道公司法案例题,"小法"指商法中除公司法之外的部分,一般每个部分只考两三分,且主观题很少涉及。公司法的考点相对稳定,重点较为突出。尤其需要注意的是,2023年12月29日修订的《公司法》,新增或调整了较多内容,基于"新法必考"原则,这些内容将成为今后法考的重点之所在。

但是,由于法考模式的改革和探索,"重者恒重"的命题特点发生改变,这在商事"小法"中表现得尤为突出,应该引起广大考生的重视。其典型表现就是,前几年考过的题目和背后的知识点,在当年的考试中不复出现,考点覆盖范围日益广泛。造成这种局面的原因主要是"小法"内容很多,重点也不少,命题时的选择空间很大。就以保险法为例,一般考2道题,3分,但是可以考查的重点知识就包括保险合同的成立和生效、投保人告知义务、保险人说明义务、保险合同的解除、保险合同的内容(又包括很多具体知识点)、保险利益、受益人、死亡保险的限制、中止和复效条款、年龄误告条款、法定免责事由、保险人代位求偿权、保险标的转让等,几乎涵盖了保险合同制度的各个方面。这就要求考生尽可能地全面复习。

2. 以案例型选择题为主,考法灵活

考题通过案例的形式呈现,并考查相应的知识积淀和分析能力,这也是大势所趋,对于理论化知识要有实践性的把握才是考试对考生的重要要求之一。从历年考题的设题形式变化来看,为满足案例形式考查的要求,相当一部分考题的题干设置和选项设置复杂化,体现在题干和选项较综合,一个题可能综合考查多项关联考点,案情较为复杂,甚至有考题会直接从某些指导性案例中进行改编。这会在审题的环节增加考生的应试难度,但是就考试意图考查的核心知识点来说,主要考查内容仍然是商法知识体系中的基础考点和重点考点,这要求考生沉着冷静,善于抓住题干中对解题有用的关键信息进行答题。

在这样的命题趋势下,考生应当多练习将案例中的事件、行为转化为法律上的法律关系、制度构架,一方面强化自己的分析能力,另一方面巩固自己的知识积淀。根据2018~2023年法考试题情况分析,案例更加综合多变,紧密结合生活实际与专业领域。通过对近几年试题的回忆和考生的普遍反映,无论是客观题还是主观题,案例虽然不再“长篇累牍”,但是更加复杂,在与实践结合的过程中可能会涉及较为专业的名称和领域,一定程度上增加了考生理解的难度。例如,“对赌协议”问题在实践中越来越常见,在2022年法考中就出现一道多选题。再如,股权变动模式问题,近来争议较多,2023年出现了一道多选题。又如,股权让与担保,在理论上和实践中均为热点,2020年客观题考试和2021年主观题考试均有涉及。

3. 综合性增强,跨学科试题经常出现

商法实体的综合性,首先体现在学科内部知识点的整合。例如,股东退出公司的机制,涉及股权转让、股权回购、减资、公司分立、解散公司等知识点。又如,破产程序中债权人的利益保护,涉及债权申报、确认债权之诉、破产撤销权、破产抵销权、破产清偿顺序等问题。商法的综合性,还体现在跨学科融合上。一方面,我国实行民商合一体例,商法问题不可避免地要和民法发生联系;另一方面,商法基本上属于实体法,而实体法也需要和程序法结合。例如,股东代表诉讼,本身属于公司法知识点,但是对于其当事人问题、调解问题、反诉问题,又和民事诉讼法紧密相连。又如,破产抵销权本身是破产法知识点,但是它和民法上的抵销权以及公司法上的股东权利限制、深石原则等无法分割。

二、复习技巧

综上所述,考生在复习商法的过程中应当明确目标,有的放矢,不断调整自己的学习计划,建议考生在复习的过程中做到重视积累基础知识、建立逻辑框架,培养分析思维,训练做题技巧,学会关联思考,注重平时积累。

第一,积累基础知识、建立逻辑框架是关键。基础知识是整个知识大厦的砖瓦,逻辑框架是钢筋结构,考生只有脚踏实地地复习好基础知识,搭建好逻辑框架,才能够建起理论的高楼,才能真正为应对考试、工作铺垫起最稳的道路。这要求考生在复习中把握总分论结合方法,了解共性和个性,同时要掌握对比思维,对相类似的制度有比较、有联想,反复巩固。

第二,培养分析思维是重点,此处的分析思维侧重对考查内容的归纳总结能力和演绎推理能力。在学习过程中,应当对知识体系内外的知识点有丰富的联想能力,既总结出知识点的共性,又归纳出不同。同时,在适用法律中重要的一点是演绎推理的能力,从大前提(往往是法律规定)、小前提(呈现为案例、事件),从而推导出结论,这也正是出题者着重希望考生所拥有的能力。

第三,训练做题技巧是支撑。在有了牢固的基础知识和思维能力的前提下,想要更准确、更全面地把握考试,就需要掌握一定的考试技巧,而考试技巧往往是在一定量的训练下得出的。技巧包括对于题干关键信息的提取、对选项干扰信息的排除、对考点的抽取等能力,只有在充分利用好历年真题,认真练习、仔细分析的前提下,才能真正把握这项能力。

第四,关联思考是突破口。考生在把握知识点的基础上,应当联系不同制度的规定进行思考,如股东出资瑕疵在不同阶段引起的责任是否有所不同。加强关联思考有助于考生突破难题,灵活思考,更加深刻地理解和准确地运用知识点。

第五,注重平时积累。"沉浸式"学习方法和"碎片化"学习方法,在"小法"众多的科目中,值得提倡。所谓"沉浸式"学习,是指平时多关注商法的案例和新闻,并且有意识地自主分析,在潜移默化中提高法律素养。所谓"碎片化"学习,是指平时抓住一切零散时间学习"小法",比如地铁上、睡觉前、等饭时,都可以看一点"小法"。它不需要考生静下心来系统研究,而是一点点地积累和提高。

第一章　公司法概述

名师带练

1　考点考查统计

- 公司法概述
  - 公司的分类
    - 总公司与分公司＊＊
  - 有限责任原则和法人人格否认
    - 有限责任原则＊
    - 法人人格否认制度＊
  - 公司担保＊

2　命题基本规律

公司法概述一章主要解决的是“什么是公司”“公司的类型有哪些”“公司的特征的具体内容和体现为何”的问题，其中公司的类型主要考查总公司与分公司、母公司与子公司两种分类，公司的特征表现为公司的营利性、公司的独立财产以及公司的独立责任。从历年考试题目来看，此部分命题主要呈现以下几个特点：

第一，总体上说，本部分考查重点是公司特征中的财产独立、独立责任，公司分类中母公司与子公司、总公司与分公司的区别，以及法人人格否定等知识点。考查以结合案例形式为主，近五年考点较为稳定。纵观近5年试题，难度分布较为适中。

第二，具体地说，考试考查本章具有基础性、综合性和深度性三个层次。从考查的基础性来看，法人人格否认制度是较为常考的角度。从考查的综合性来看，公司的独立财产往往和公司法的其他制度结合起来考查，综合性较强。从考查的深度性来看，公司分类制度常常作为难点来考查，清楚地辨析母公司与子公司、总公司与分公司、子公司与分公司的关系显得尤为重要，这些在历年真题中均有体现。

本部分考试未来考查的方式主要是案例，公司的分类和特征仍将是重点和难点，但同时因为公司法概述部分知识在整个公司法体系中具有概括性和共性，考生应当注意本章知识点和后续知识点的综合运用及前后知识的融会贯通。

3　设题陷阱

陷阱一：综合性陷阱不仅体现在公司法内部各知识点之间的结合，同时还体现在公司法与民法等外部部门法的结合。如某选项表述“该40万元的所有权，应归属于平昌公司”，对于“所有权”问题，很多考生容易忽略与民法的结合而费力在公司法的基础知识中搜寻有关知识，最后发现并没有相关的知识点与题干描绘的状况一致，此时应当灵活运用所学知识，从民法中“货币占有即所有”的属性，即可轻易得出结论，排除干扰选项。综上所述，解决综合性的陷阱要求考生在平时学习和练习过程中建立学科间的综合联系，而不是死板地记忆。

陷阱二：有关基础概念对比交叉式的设题陷阱主要建立在易混淆的概念之间的区别点上。最典型的例子就是关于分公司和子公司区别点的考查，该类试题首先会给出公司的类型，或通过描述公司特征的方式使考生判断公司类型，进一步在选项中混合母公司、子公司、总公司、分公司的特征来混淆概念。如果考生对不同概念之间没有足够清晰的界限，就很容易失分，应对这样的问题就要求考生积累知识点时对比记忆，必须精确把握概念间的区别。

真题快刷

考点一　公司的分类

1 总公司A设立分公司B，分公司B已经领取营业执照，甲是分公司B的负责人，下列说法正确的是：(2021年回忆版，多选)

A. 甲代表分公司B签合同，分公司B应当承担民事责任

B. 甲代表分公司B签合同，总公司A应当承担民事责任

C. 甲可以以分公司B的名义起诉应诉

D. 甲可以直接以分公司B名义对外签订担保合同

2 植根公司是北方省份一家从事农产品加工的公司。为拓宽市场，该公司在南方某省分别设立甲分公司与乙分公司。关于分公司的法律地位与责任，下列哪一选项是错误的？(2017年，单选)

A. 甲分公司的负责人在分公司经营范围内，当然享有以植根公司名义对外签订合同的权利

B. 植根公司的债权人在植根公司直接管理的财产不能清偿债务时，可主张强制执行各分公司的财产

C. 甲分公司的债权人在甲分公司直接管理的财产不能清偿债务时，可主张强制执行植根公司的财产

D. 乙分公司的债权人在乙分公司直接管理的财产不能清偿债务时，不得主张强制执行甲分公司直接管理的财产

考点二　有限责任原则和法人人格否认

零盛公司的两个股东是甲公司和乙公司。甲公司持股70%并派员担任董事长，乙公司持股30%。后甲公司将零盛公司的资产全部用于甲公司的一个大型投资项目，待债权人丙公司要求零盛公司偿还货款时，发现零盛公司的资产不足以清偿。关于本案，下列哪一选项是正确的？(2016年，单选)

A. 甲公司对丙公司应承担清偿责任

B. 甲公司和乙公司按出资比例对丙公司承担清偿责任

C. 甲公司和乙公司对丙公司承担连带清偿责任

D. 丙公司只能通过零盛公司的破产程序来受偿

考点三　公司担保

1 甲成立了一人有限公司a公司，此后甲又和乙共同投资设立有限责任公司b公司。后来，甲把a公司股权全部转让给丙。但是甲在转让a公司股权之前，以a公司名义对甲的债务进行担

保,并与善意相对人丁签订了担保合同。下列说法错误的是:(2021 年回忆版,多选)

A. b 公司对甲欲转让的股权有优先购买权

B. a 公司对甲债务设立的担保合同有效

C. 担保没有经过公司股东会决议所以无效

D. 如果甲不还款,a 公司应该承担担保责任

2 甲为公司法定代表人,未经公司授权甲以公司名义为大地公司向银行申请贷款提供担保,并与银行签订了保证合同。后银行与公司就担保合同效力产生争议。对此,下列说法错误的是:(2021 年回忆版,多选)

A. 因甲行为属越权行为,故担保无效,公司无须承担保证责任

B. 若大地公司系公司股东,银行提交了公司同意担保的董事会决议,应当认定担保有效

C. 若大地公司系公司股东,银行提交了公司同意担保的股东会决议,且由全体股东签字同意担保事项,则应当认定担保有效

D. 银行向法院提交了公司同意担保的股东会决议,但公司称该决议上所有股东签字均为甲伪造,则应当认定银行并非善意相对人,担保无效

(本章答案及解析见第 102 页)

第二章　公司设立

名师带练

1 考点考查统计

- 公司设立
  - 公司设立概述
    - 公司设立的方式 *
    - 公司设立的登记 *
  - 公司设立时的股东的责任 * *

2 命题基本规律

本部分主要考查公司设立的条件、设立的方式(分为发起设立与募集设立)与程序、公司设立时的股东的责任,公司设立时的股东的责任与公司责任的区分,同时还考查公司设立登记、公司章程、公司资本等内容。

总体来说,本部分考点比较固定,便于考生重点把握公司设立的基本过程以及在设立过程中产生的法律责任的承担,公司设立登记、章程、公司资本等内容常作为选项进行考查,因此也应当把握相关内容。

具体来说,本部分主要从横向和纵向两个角度进行考查。从横向看,公司设立知识点综合考查设立方式、设立登记、公司资本等考点,侧重横向考查考生对知识掌握的体系化和综合性。从纵向

看,公司设立时的股东的责任这部分要求考生深度掌握公司设立时的股东的责任和公司责任在公司设立过程中的关系。

今后对该部分知识很有可能延续原有的横向、纵向的考查方式。

3 设题陷阱

陷阱:在对公司设立时的股东的责任和公司责任的认定上,具有双重迷惑性。第一层辨认难度在于对何时由设立时的股东承担责任、何时由公司承担责任的直接判断。第二层辨认难度在于合同相对性对设立公司过程中所签合同的影响。若设立时的股东为了设立公司的目的以自己的名义签订合同,在公司未能成立的情况下,谁来承担合同责任?从合同相对性角度,对方当事人似乎只能要求该设立时的股东承担责任。但是,这是在设立公司过程中,为了设立公司目的所签订的合同,在公司成立后其后果由公司自动承受,在公司未成立的情况下其后果也应由全体设立时的股东承担。

真题快刷

考点一 公司设立

2016 年 7 月,张某出资 100 万元,成立恒润有限责任公司(自然人独资)。2017 年 8 月,张某又出资设立复星制衣厂(个人独资)。2018 年 6 月,恒润有限责任公司欠刘某货款 80 万元。关于本案,下列哪一选项是正确的?(2018 年回忆版,多选)

A. 恒润有限责任公司可以和复星制衣厂共同出资设立一家有限责任公司

B. 刘某可以张某为恒润有限责任公司唯一股东为由,要求张某承担连带责任

C. 张某在设立恒润有限责任公司后可以再投资设立一人公司

D. 张某在设立恒润有限责任公司后不得再投资设立复星制衣厂

考点二 公司设立时的股东的责任

李某和王某正在磋商物流公司的设立之事。通大公司出卖一批大货车,李某认为物流公司需要,便以自己的名义与通大公司签订了购买合同,通大公司交付了货车,但尚有 150 万元车款未收到。后物流公司未能设立。关于本案,下列哪一说法是正确的?(2016 年,单选)

A. 通大公司可以向王某提出付款请求

B. 通大公司只能请求李某支付车款

C. 李某、王某对通大公司的请求各承担 50% 的责任

D. 李某、王某按拟定的出资比例向通大公司承担责任

(本章答案及解析见第 104 页)

第三章　股东与股东会

名师带练

1　考点考查统计

- 股东与股东会
  - 股东身份
    - 股东资格的取得与确认＊＊
    - 股东名册制度＊
    - 冒名股东＊
  - 股东出资义务
    - 股东出资形式和程序＊
    - 股东出资瑕疵的表现形式和责任＊
    - 对瑕疵出资股东的限权＊
  - 股东代表诉讼制度
    - 股东代表诉讼的概念＊
    - 股东代表诉讼制度的特征＊
    - 股东代表诉讼制度的当事人＊
    - 股东代表诉讼制度的程序与步骤＊
    - 股东代表诉讼制度的功能＊
  - 股东会
    - 股东会的召集＊
    - 股东会的主持＊
  - 股权回购＊＊＊

2　命题基本规律

本章主要围绕“何为公司股东”“何为公司股东享有的权利”“公司股东如何保障自己权利的行使”这几个问题展开，包括股东身份资格、股东出资义务、股东代表诉讼制度、股东会和股权回购等相关知识点。其中，股东出资义务包括出资形式、瑕疵出资对应的责任和限权。这部分内容是理解有关公司的法律制度的前提，因此也应是考生复习的重点。

总体来说，本部分考点分明、重点突出、难点明确。依考点统计所列，近5年的试题均有直观的体现。本部分的重点和难点主要集中在股东出资义务和股东代表诉讼制度这两个考点上，因为其与公司资本原则的联系性，以及对公司权益维护的特殊性具有重要的理论和实践意义。同时，由于出资瑕疵的形式多样，如出资不实、出资违约、抽逃出资等，承担的责任各有不同，根据不同的情况可能需要结合《企业破产法》以及《民法典》合同编和侵权责任编等内容考查，因而具有复杂性。股东代表诉讼制度常与股东直接诉讼相区别，也与民事诉讼的管辖、当事人制度相联系，故具有一定的难度，是出题者倾向设难题的部分，所以需要考生对本部分进行重点把握。股东身份、股东会等考点大多强调考生准确的记忆，但在设题上不难。

具体来说，本部分知识点设题兼顾基础知识内容，着重挖掘交叉对比知识异同，综合跨部门法思维。从基础知识层面上看，本部分知识点易于出基础知识，如2021年对冒名股东相关问题的考查，虽然对冒名股东的各规定均有涉及，但并没有超过基础知识的范畴。从交叉对比知识的异同来看，本部分倾向对比有限责任公司和股份有限公司的异同，如对于股东会召开的问题应当考虑到两种公司的异同，这种差异同时也体现在股东代表诉讼制度的考查当中，并且在试题中体现出相当的难度。从综合跨部门思维来看，在解决股东代表诉讼问题和出资瑕疵问题时，可能运用到民法和民事诉讼法的相关知识辅助解答，如2017年考题就需要结合侵权责任有关内容辅助解答。

本部分未来仍然会是考查的基础点和重点，股东代表诉讼制度和瑕疵出资仍然是常考的知识点。

3 设题陷阱

陷阱一：跨部门性的设题陷阱体现在，需要通过商法外的民法、民事诉讼法的知识进行辅助理解、解释或者排除选项。例如，运用抽逃出资的相关知识点可以比较容易地锁定抽逃出资的股东和相关工作人员的责任，但是对于非公司员工辅助抽逃出资行为的当事人责任的认定，不能从公司法上直接得到答案，但是结合民法中关于侵权责任的共同侵权的规定可以认定。

陷阱二：相似概念的对比体现在公司法对有限责任公司和股份有限公司的不同规定上，在股东会召开、股东代表诉讼的股东资格方面，公司法对二者均有不同的规定。关于二者的区别都值得厘清和关注，否则可能出现张冠李戴的情况。

真题快刷

考点一 股东身份

1 甲是从事进出口贸易a公司的总经理，乙曾经短暂任职于该公司，2016年年初乙从a公司离职。2016年12月，乙发现自己被登记为b公司的股东。经查，b公司实际上是由甲与其朋友丙和丁共同设立的，也从事进出口贸易业务。甲为了防止a公司发现自己的行为，用乙留存的身份信息等资料将自己的股权登记在乙名下。关于本案，下列哪些选项是错误的？（2021年回忆版，多选）

A. 乙可向b公司主张利润分配

B. 乙有权参与b公司股东会并进行表决

C. 乙名下股权的出资尚未缴纳时，b公司的债权人可向乙主张补充赔偿责任

D. b公司乙名下股权出资尚未缴纳时，丙和丁只能要求甲履行出资义务

2 张某是泉嘉有限公司的股东，持股20%。2019年10月，张某向何某借款30万元，借期3个月，为担保还款，张某与何某签订协议，约定将张某股权转让给何某，但双方并未办理股权变更手

续。2020年1月,张某将股权卖给了不知有此协议的荣某并办理了变更登记,但荣某仅支付了第一期转让款10万元。余款未付,此时,张某欠何某的债务已逾期。关于本案,下列说法正确的是:(2020年回忆版,单选)

A. 荣某自付清全部股权转让款之日,才能取得泉嘉有限公司的股东资格

B. 张某与何某之间关于以股权转让担保借款的约定有效

C. 荣某自股权登记完成时,已合法取得泉嘉有限公司的股东资格

D. 何某自借款到期日起有权要求泉嘉有限公司将其登记为股东

3 陆某某与朋友宁某某、康某某于2018年11月共同成立了宁康酒品加工有限公司,同时办理了公司股东登记。实际经营一段时间后,陆某某因股东资格问题与其他合伙人产生争议。陆某某称公司成立后不久,其就通过其弟弟个人账户向公司转账200万元,实际缴纳个人出资。股东宁某某却认为陆某某无法出具股东出资证明书,否认其股东资格。股东康某某调查得知,由于公司成立初期事务繁忙,财会相关负责人因遗忘而未给陆某某出具股东出资证明书,同时公司也未置备股东名册。关于该争议,下列哪一选项是正确的?(2019年回忆版,单选)

A. 应综合各种证据来认定陆某某的股东资格

B. 仅依据公司登记即可证明陆某某的股东资格

C. 陆某某不具有股东资格,因其无出资证明书证明

D. 陆某某不具有股东资格,因其无股东名册记载予以证明

考点二 股东出资义务

1 甲、乙、丙、丁四人共同出资500万元设立红旗有限责任公司,约定每人出资125万元。在章程规定的出资期限届至时,甲、丙以现金足额出资,乙只出资40万元,丁以其所有的房屋为出资,已将房屋交付红旗有限责任公司使用但未办理过户登记。红旗有限责任公司召开股东会通过以下决议:(1)丁完成过户前无权分配利润,对此丁反对;(2)乙在补足出资前只能按实缴出资比例分配利润,对此乙反对。对此,下列说法正确的是:(2022年回忆版,多选)

A. 第(1)项决议无效

B. 第(2)项决议无效

C. 丁应承担违约责任

D. 丙有权直接要求乙缴齐出资

2 源圣公司有甲、乙、丙三位股东。2015年10月,源圣公司考察发现某环保项目发展前景可观,为解决资金不足问题,经人推荐,霓美公司出资1亿元现金入股源圣公司,并办理了股权登记。增资后,霓美公司持股60%,甲持股25%,乙持股8%,丙持股7%,霓美公司总经理陈某兼任源圣公司董事长。2015年12月,霓美公司在陈某授意下将当时出资的1亿元现金全部转入霓美旗下的天富公司账户用于投资房地产。后因源圣公司现金不足,最终未能获得该环保项目,前期投入的500万元也无法收回。陈某忙于天富公司的房地产投资事宜,对此事并不关心。

若源圣公司的股东会得以召开,该次股东会就霓美公司将资金转入天富公司之事进行决议。关于该次股东会决议的内容,根据有关规定,下列选项正确的是:(2016年,不定项)

A. 陈某连带承担返还1亿元的出资义务

B. 霓美公司承担1亿元的利息损失

C. 限制霓美公司的利润分配请求权

D. 解除霓美公司的股东资格

考点三 股东代表诉讼制度

源圣公司有甲、乙、丙三位股东。2015年10月,源圣公司考察发现某环保项目发展前景可观,

为解决资金不足问题，经人推荐，霓美公司出资1亿元现金入股源圣公司，并办理了股权登记。增资后，霓美公司持股60%，甲持股25%，乙持股8%，丙持股7%，霓美公司总经理陈某兼任源圣公司董事长。2015年12月，霓美公司在陈某授意下将当时出资的1亿元现金全部转入霓美旗下的天富公司账户用于投资房地产。后因源圣公司现金不足，最终未能获得该环保项目，前期投入的500万元也无法收回。陈某忙于天富公司的房地产投资事宜，对此事并不关心。

就源圣公司前期投入环保项目500万元的损失问题，甲、乙、丙认为应当向霓美公司索赔，多次书面请求监事会无果。下列说法正确的是：(2016年，不定项)

A. 甲可以起诉霓美公司

B. 乙、丙不能起诉霓美公司

C. 若甲起诉并胜诉获赔，则赔偿款归甲

D. 若甲起诉并胜诉获赔，则赔偿款归源圣公司

考点四 股东会

1 2018年1月，甲、乙、丙三人共同发起设立了某有限责任公司，甲持股比例为30%，乙持股比例为60%，丙持股比例为10%。其中，乙至今未按约定履行出资义务，并且由乙担任公司法定代表人，丙担任公司唯一的监事。2018年7月，乙违规决议该公司为其本人提供担保，因此给公司造成损失100万元，而公司并未向其主张责任。下列说法正确的是：(2018年回忆版，多选)

A. 甲有权提议召开临时股东会会议变更法定代表人

B. 甲有权直接要求乙向公司履行出资义务

C. 甲有权直接要求乙赔偿其股权价值下降的损失

D. 甲有权提起代表诉讼，要求乙向自己承担赔偿责任

2 源圣公司有甲、乙、丙三位股东。2015年10月，源圣公司考察发现某环保项目发展前景可观，为解决资金不足问题，经人推荐，霓美公司出资1亿元现金入股源圣公司，并办理了股权登记。增资后，霓美公司持股60%，甲持股25%，乙持股8%，丙持股7%，霓美公司总经理陈某兼任源圣公司董事长。2015年12月，霓美公司在陈某授意下将当时出资的1亿元现金全部转入霓美旗下的天富公司账户用于投资房地产。后因源圣公司现金不足，最终未能获得该环保项目，前期投入的500万元也无法收回。陈某忙于天富公司的房地产投资事宜，对此事并不关心。

针对公司现状，甲、乙、丙认为应当召开源圣公司股东会，但陈某拒绝召开，而公司监事会对此事保持沉默。下列说法正确的是：(2016年，不定项)

A. 甲可召集和主持股东会

B. 乙可召集和主持股东会

C. 丙可召集和主持股东会

D. 甲、乙、丙可共同召集和主持股东会

考点五 股权回购

1 a有限责任公司存续期限已过章程约定的营业期限，a公司仍然继续运行且公司业绩良好，营业期限届满后a公司还接到两个重要的订单。a公司股东决定让公司继续存续，遂召开股东会决议修改章程，只有一个股东甲(甲占股30%)不同意修改章程让公司继续存续，剩余股东根据决议变更了章程，公司继续存续。下列说法正确的是：(2021年回忆版，单选)

A. a公司自动进入清算阶段

B. a公司股东修改章程让公司存续的决议无效

C. 股东甲有权要求公司收购其股份

D. 股东甲有权要求其他股东受让其股份

2 上市公司因为业绩不佳，要用未分配利润收购本公司股份。请问需要经过如下何种程序？（2019年回忆版，多选）

A. 经过股东大会决议

B. 应当在半年内转让或注销

C. 不能超过已发行股份的10%

D. 通过公开集中交易进行

（本章答案及解析见第105页）

第四章　公司事务

名师带练

1　考点考查统计

- 公司事务
  - 公司的变更
    - 公司合并 * *
    - 公司分立 *
    - 公司增资 * *
    - 公司减资 * *
  - 公积金制度
    - 公积金的概念 *
    - 公积金的分类和特点 *
    - 公积金制度具体要求 *
  - 公司的解散、清算制度
    - 公司一般解散事由 *
    - 公司强制解散原因 *
    - 司法解散公司诉讼 *
    - 公司的清算 *

2　命题基本规律

本部分囊括了公司法中“公司日常事务”“公司的变更”“公司解散”等较为广泛的知识点，虽然知识点较多，但是联系比较紧密，全面把握本部分考点有利于考生搭建关于公司制度的框架。其中“公司的变更”包括公司的增资、减资、合并与分立；“公司制度”包括财务和会计制度，公积金制度，公司解散、清算制度等。

本部分涉及知识内容较广，设题形式多样。公司的变更、合并和分立的概念和程序，既有联系又有区别，可以从这两个角度进行考查。公积金制度近年来受到重视，既要求考生理解公积金制度的概念、意义与作用，又需要考生对法定公积金的程序以及法定公积金与任意公积金的区别有清晰的认知。公司的解散、清算制度着重于提起解散公司诉讼的主体、条件、诉讼程序等方面。

从考试的重点和难点来看，本部分重点相对集中，难点多样化。考试的重点仍然集中在公积金制度和公司解散诉讼两个部分：公积金制度一般对于考生来说比较生疏，难以理解，所以也成为考试倾向出难题的部分，这要求考生一定要在对制度意义和原理理解的基础上再进行记忆，避免生搬硬套；公司解散诉讼则要求厘清解散和清算之间的关系以及解散的条件。考试的难点则多样化地分布于各个相似概念的混淆上以及相邻程序的混淆上，如公司合并、分立的程序，法定公积金和任意公积金的异同，解散和清算程序上的先后问题等。

从命题规律来看未来考查的趋势，公司解散诉讼仍然持续具有重要的考试地位，与股东代表诉讼等结合成为公司法考试中重要的诉讼制度，在今后的法考中仍然需要注意。而公积金制度本身具有的难度使考生不能放松对本部分知识的理解和记忆。

3 设题陷阱

陷阱一：同一阶段制度中相似制度的混淆，将适用于二者的不同规定列入选项，使考生在辨认制度内容时产生困惑。例如，对公司合并和分立程序的异同点的考查，由于公司合并和分立对债权人债权实现造成的影响是不同的，因此为了充分保证债权人权利，二者所要求的程序也会有所不同，但由于二者都是公司形式变更，必定存在相似性，这就要求考生从理解制度设计的目的出发，厘清二者程序间的差异。同时，在公积金制度中存在类似的混淆考查，对于法定公积金和资本公积金的区别无疑是一个重点，但同时应加强对数据的理解，对“10%”“50%”背后承载的意义和实际操作的方式都要有清晰的认知。

陷阱二：不同阶段制度的混用造成的混淆，根本原因在于考生没有理解各个阶段各项制度对于公司“生”与“死”的意义。在人民法院判决解散公司后，依据相关规定，由公司自行组织清算或者另行申请人民法院对公司进行清算，提起解散公司之诉的同时不能提起清算公司之诉。这一点的处理是较为细致的，一旦没有认清程序间的衔接，将会导致整个逻辑架构的混乱。

真题快刷

考点一 公司的变更

1 汪某是蓝鸥有限公司的法定代表人，是公司大股东。为公司上市融资，汪某以个人名义和公司名义分别与爱思基金签订增资协议。该协议约定，蓝鸥公司法定代表人汪某作为大股东代表全体股东放弃对此次增资的优先认缴权，爱思基金投资2亿元以增加公司资本。汪某与蓝鸥公司承诺，爱思基金增资后3年内公司完成上市，若未完成该目标，汪某以市场价格收购爱思基金持有的公司股权，且蓝鸥公司以当年公司全部可分配利润为汪某收购股权提供担保。对此，下列说法正确的是：(2022年回忆版，多选)

A. 蓝鸥公司以当年公司全部利润为汪某收购股权提供担保，因违反利润分配原则无效

B. 蓝鸥公司以当年公司全部利润为汪某收购股权提供担保，因违反资本维持原则无效

C. 该协议涉及其他股东优先认缴权的约定，其他股东可主张无效

D. 蓝鸥公司为汪某收购股权提供担保，须经股东会决议通过，且汪某无表决权

2 甲、乙、丙共同出资1亿元设立某有限责任公司，后公司收益颇丰，净资产达到1.7亿元，三人欲将公司转为股份公司为将来公司上市做准备，下列说法正确的是：(2018年回忆版，不定项)

A. 如变更后股份有限公司注册资本为2亿元，则所增加的注册资本可以由甲、乙、丙三人认购

B. 变更后股份公司注册资本为2亿元，则所增加的注册资本可向社会公开募集，但不能定向募集

C. 如变更后股份公司注册资本为1.7亿元，则公司不必另行办理增资程序

D. 变更后发现原公司净资产计算有误，漏记了一笔1000万元的对外债务，则此差额的补足责任由甲、乙、丙三人连带承担

考点二 公积金制度

非上市股份公司A，2021年4月得到2020年度数据显示亏损0.4亿元，公司账上无法定公积金。过了1年，公司经营转好，税后利润0.8亿元。对此，下列说法正确的是：(2022年回忆版，单选)

A. 对于该税后利润，应先弥补上一年度亏损

B. 董事会可以决定提取一定比例的任意公积金

C. 对于该税后利润，可提取一定比例存入资本公积金

D. 对于该税后利润，应提取至少0.08亿元存入法定公积金

考点三 公司的解散、清算制度

1 甲公司有a、b、c三位股东，其中a和b是夫妻，各自持有49%的股份，c持股2%。后因a、b感情不和，甲公司3年来一直未开股东会。但由于公司经营所在路段租金上涨，公司经营业绩良好，一直处于盈利状态，以下说法正确的是：(2021年回忆版，单选)

A. 因该公司经营状况良好，法院不应受理该公司解散之诉

B. a可以以自己的名义，提起公司解散之诉

C. b可以以公司的名义，提起公司解散之诉

D. c可提起公司解散之诉

2 李桃是某股份公司发起人之一，持有14%的股份。在公司成立后的两年多时间里，各董事之间矛盾不断，不仅使公司原定上市计划难以实现，更导致公司经营管理出现严重困难。关于李桃可采取的法律措施，下列哪一说法是正确的？(2015年，单选)

A. 可起诉各董事履行对公司的忠实义务和勤勉义务

B. 可同时提起解散公司的诉讼和对公司进行清算的诉讼

C. 在提起解散公司诉讼时，可直接要求法院采取财产保全措施

D. 在提起解散公司诉讼时，应以公司为被告

(本章答案及解析见第110页)

第五章　有限责任公司组织机构

名师带练

1　考点考查统计

有限责任公司组织机构

- 股东会、董事会、监事会的组成 *
- 股东会、董事会、监事会、经理的职权 *
- 股东会、董事会、监事会的召集、主持、表决 * *
- 公司决议效力 * * *

2　命题基本规律

本部分的考查,围绕有限公司组织机构展开。其逻辑如下:第一,公司内部权力如何划分,包括股东会、董事会、监事会的组成和职权,经理的职权等问题,此类问题难度较小;第二,公司内部权力如何运转,包括股东会、董事会、监事会的召集、主持和表决等问题,此类问题难度适中;第三,作为公司组织机构运行的结果,公司决议的效力如何,是不成立、无效、可撤销还是有效,此类问题的综合运用,难度较大。

还需要注意的是,新修订的《公司法》在有限公司组织机构部分的变化较大,例如,公司可以选择单一管理模式,即不设置监事会,而在董事会内部设立审计委员会,这对2024年的考试可能会有影响。

从具体考题看,试题呈重点集中、深浅合理分布的特点。本部分出题重点集中在股东会、董事会和高级管理人员的职权部分,这从近5年的考查频率也可得知,并且考查的综合性较强,各部分内容在考查时联系紧密。从深浅分布来看,题目难度也较为适中,既有复合型强的题目,涉及《公司法》总论和有限责任公司多角度的重要知识点;同时也有偏基础的题目,单一考查某个特定知识点的内容。

3　设题陷阱

陷阱一:混淆有限责任公司股东会、董事会、监事会的组成、职权、会议制度等方面。对此类混淆的解决方式在于复习过程中对差异点进行厘清。

陷阱二:单一管理模式的组织机构设置,即以董事会内设的审计委员会代替监事会。

陷阱三:公司决议效力的四种状态,各自适用条件不同,救济程序也有所不同,容易混淆。

真题快刷

考点一 股东会与股东会决议

1 2016 年，由陈某和周某共同创办了逐月有限公司，其中陈某持有公司 67% 的股权，并担任董事长、法定代表人。公司章程规定，只要公司可分配利润超过 10 万元，即向周某分配 10 万元，剩余部分向陈某分配。2017 年公司业务不佳，税后利润提取公积金后，公司可分配利润仅为 11 万元。当年股东会会议中，陈某以周某业务能力差、对公司贡献少为由，主张将可分配利润全部分配给自己，不向周某分配。该决议两股东均签字，但周某注明了反对意见。据此，当年全部利润均分配给了陈某。对此，下列说法正确的是：(2018 年回忆版，多选)

A. 周某可以主张该决议无效　　B. 周某可以主张撤销该决议

C. 周某可以主张公司赔偿其损失　　D. 周某可以主张陈某赔偿其损失

2 2018 年 5 月，甲有限责任公司成立，张某持有公司 80% 的股权，并担任公司董事长；李某持有公司 7% 的股权。公司章程规定，公司召开股东会应当提前 10 日以书面形式通知全体股东。为了扩大公司规模，张某认为甲公司应当与乙公司合并，遂提议召开公司股东会会议，但因准备匆忙，在会议召开前 5 日才通知李某。股东会会议中持有公司 90% 表决权的股东同意合并，持有 3% 表决权的股东反对，会议最终通过了甲公司与乙公司合并的决议，李某拒绝在决议上签字。下列说法正确的是：(2018 年回忆版，不定项)

A. 该次股东会会议的召集程序违反法律规定，李某可以主张该决议无效

B. 李某有权要求公司以合理价款回购其所持有的甲公司股权

C. 该次股东会会议的召集程序违反法律规定，李某可以要求撤销该决议

D. 如果李某针对股东会决议效力提起相关诉讼，应当以公司为被告，其他股东列为第三人

考点二 董事会和高级管理人员

烽源有限公司的章程规定，金额超过 10 万元的合同由董事会批准。蔡某是烽源公司的总经理。因公司业务需要车辆，蔡某便将自己的轿车租给烽源公司，并约定年租金 15 万元。后蔡某要求公司支付租金，股东们获知此事，一致认为租金太高，不同意支付。关于本案，下列哪一选项是正确的？(2016 年，单选)

A. 该租赁合同无效　　B. 股东会可以解聘蔡某

C. 该章程规定对蔡某没有约束力　　D. 烽源公司有权拒绝支付租金

考点三 监事会

紫云有限公司设有股东会、董事会和监事会。近期公司的几次投标均失败，董事会对此的解释是市场竞争激烈，对手强大。但监事会认为是因为董事狄某将紫云公司的标底暗中透露给其好友的公司。对此，监事会有权采取下列哪些处理措施？(2016 年，多选)

A. 提议召开董事会　　B. 提议召开股东会

C. 提议罢免狄某　　D. 聘请律师协助调查

(本章答案及解析见第 112 页)

第六章　有限责任公司事务

名师带练

1　考点考查统计

- 有限责任公司事务
  - 有限责任公司的设立与出资
    - 股东的资格条件 * *
    - 注册资本 *
    - 设立程序 *
  - 有限责任公司股东
    - 有限责任公司股东的权利 * * *
  - 有限责任公司章程
    - 章程的订立 *
    - 章程的效力 *
    - 章程规定和法律规定条款 *
  - 有限责任公司的股权转让
    - 对内转让规则 * *
    - 对外转让规则 * *
    - 转让的条件和程序 *
    - 其他股东优先购买权 * *
    - 股权强制执行与股权变更 *

2　命题基本规律

本部分知识点是有限责任公司主要制度的集合，包括有限责任公司的设立与出资、股东权利、章程、股权转让等知识点，在新修订的《公司法》中，变化较大。

在有限公司股东出资方面，主要变化包括：(1)出资期限限定为5年；(2)在出资方式中新增了股权、债权；(3)股东违反出资义务向公司承担赔偿责任；(4)董事会有核查和催缴股东出资的义务，否则要承担赔偿责任；(5)未出资股东失权，这与最高人民法院《关于适用〈中华人民共和国公司法〉若干问题的规定(三)》(以下简称《公司法解释(三)》)所规定的解除股东资格制度有所不同；(6)加速到期，公司不能清偿到期债务的，公司或到期的债权人有权要求已认缴出资但未届缴资期限的股东提前缴纳出资，这与《全国法院民商事审判工作会议纪要》及过去的实践有所不同。

在有限公司股权转让方面，主要变化包括：(1)采用了“通知＋优先购买权”的规则，有限公司股东对外转让股权，不再需要其他股东同意。这实际上简化了程序，同时也没有影响其他股东的权利,因为其他股东如果不同意就可以通过行使优先购买权来阻止。(2)股权转让后,公司有义务配合办理变更登记。(3)出资义务未到期的股权转让,由受让人缴资,转让人承担补充责任。(4)增加了股权回购的事由,在原有的三个事由之外,又规定“公司的控股股东滥用股东权利,严重损害公司或者其他股东利益的,其他股东有权请求公司按照合理的价格收购其股权”。

这些修订之处,都是考试的重点,同学们要在平时的学习中熟练掌握。

3 设题陷阱

陷阱一:股东知情权。有限公司股东知情权包括两个方面:一是查阅和复制公司章程、股东名册、股东会会议记录、董事会会议决议、监事会会议决议和财务会计报告,二是查阅公司会计账簿、会计凭证。此外,还可以针对全资子公司行使上述两个方面的知情权。

陷阱二:混淆公司章程的任意规定和法律强制规定。为了使公司结构更健全,法律对公司体系的建立作出了一些强制性的规定,但同时为了赋予公司灵活性以应对市场发展的需要,法律也赋予公司章程相对的自由,在此过程中,极其容易产生“法律优先还是章程优先”的问题。如关于股东分红和股东表决权的问题,公司章程能够实现自治,但是相对来说这样的“分工”比较细碎,不易被考生迅速掌握,这要求考生在理解制度的前提下反复熟悉以破除陷阱。

陷阱三:有限责任公司股权转让中股东享有优先购买权的同等条件。这里的同等条件,需要综合考虑数量、价格、支付期限、支付方式等经济条件,但是不考虑人身关系。比如,股东将股权转让给近亲属,其他股东依然享有优先购买权,这和民法上承租人的优先购买权不同。

真题快刷

考点一 有限责任公司的设立与出资

湘星公司成立于2012年,甲、乙、丙三人是其股东,出资比例为7:2:1,公司经营状况良好。2017年年初,为拓展业务,甲提议公司注册资本增资1000万元。关于该增资程序的有效完成,下列哪些说法是正确的?(2017年,多选)

A. 三位股东不必按原出资比例增资　　B. 三位股东不必实际缴足增资

C. 公司不必修改公司章程　　D. 公司不必办理变更登记

考点二 有限责任公司股东

1 甲是a有限责任公司的股东,a公司主要营业范围为纸品制造。甲同时还是b公司的股东,b公司亦主要制造纸品类产品,且甲为b公司的实际控制人。因为a公司两年未能分红,甲据此向a公司要求查阅账本及其他财务资料。以下说法正确的是:(2021年回忆版,多选)

A. a公司可以在章程设定不让甲查看或复制公司内部资料

B. a公司执行董事可以拒绝甲的要求

C. a公司可因甲在b公司经营同类实质性竞争业务拒绝甲查看会计账簿

D. a公司可因甲在b公司经营同类实质性竞争业务拒绝甲查看财务报表

2 鸿讯公司成立于2017年8月,主要从事精密仪器维修,公司股东5人,其中赵某现金出资200万元,占股40%,首期40万元出资已缴纳,余款160万元,于2022年8月之前缴清。余某出资20万元，占4%的股份，担任公司的监事。2018年12月，股东辛某与其他4位股东约定，辛某任维修部总监，年薪90万元，但自愿不参加公司分红。到2019年年底，公司共有300万元可分配利润，关于本案说法正确的是：(2020年回忆版，单选)

A. 辛某与其他股东的约定剥夺了辛某的利润分配权，故应无效

B. 辛某可向公司主张支付当年的90万元薪酬

C. 就该300万元利润赵某可向公司主张分取120万元

D. 就该300万元利润辛某可向公司主张分取12万元

考点三　有限责任公司章程

阮恒是佳远公司的法定代表人及董事长，章程规定公司对外提供担保应由董事会提交股东会并经2/3以上表决权股东决议同意，但该章程未备案。阮恒未经股东会决议即以公司名义为德穗公司提供连带保证责任，则下列选项正确的是：(2020年回忆版，单选)

A. 必须将章程备案才能进行股东会表决

B. 阮恒有权自行决定

C. 佳远公司有权拒绝承担保证责任

D. 应当依公司章程规定进行表决

考点四　有限责任公司的股权转让

1 宋某为某有限公司董事长兼法定代表人，负责日常处理工作。公司股东共计15名，张某为名义股东，记载于股东名册及进行工商登记；刘某为实际出资人，宋某知悉上述情况。股东陈某经宋某和其他股东同意，将股权转让给公司以外的第三人吕某，但未办理股东名册和工商登记的变更手续。现公司进行利润分配，下列哪些选项是正确的？(2023年回忆版，多选)

A. 刘某可请求参与公司利润分配

B. 公司应当通知张某参加股东会会议

C. 吕某可参加股东会并参与利润分配

D. 公司应当通知陈某参加股东会会议

2 有限责任公司a的股东甲和另一家公司b的股东丙约定互换股权，a公司除股东乙以外的其他股东都同意甲对外转让，仅有股东乙主张优先购买权，但甲拒绝将股权转让给乙方。此后，甲也没有让公司的相关负责人员办理向丙转让股权的手续，甲和丙未变更股东名册和登记。戊为a公司的执行董事。后来，甲将其在a公司的股权质押给了不知情的丁并办理了登记。以下说法正确的是：(2021年回忆版，多选)

A. 乙有权优先购买甲拟转让的股权

B. 因不属于同等条件，乙无权优先购买甲拟转让的股权

C. 丁能够取得股权质押

D. 丙可找戊追偿

3 汪某为兴荣有限责任公司的股东，持股34%。2017年5月，汪某因不能偿还永平公司的货款，永平公司向法院申请强制执行汪某在兴荣公司的股权。关于本案，下列哪一选项是正确的？(2017年，单选)

A. 永平公司在申请强制执行汪某的股权时，应通知兴荣公司的其他股东

B. 兴荣公司的其他股东自通知之日起1个月内，可主张行使优先购买权

C. 如汪某所持股权的50%在价值上即可清偿债务，则永平公司不得强制执行其全部股权

D. 如在股权强制拍卖中由丁某拍定，则丁某取得汪某股权的时间为变更登记办理完毕时

(本章答案及解析见第115页)

第七章　股份有限公司组织机构

名师带练

1　考点考查统计

- 股份有限公司组织机构
  - 董事会及高级管理人员
    - 董事任期 *
    - 董事会职责 *
    - 董事会会议制度 *
    - 经理职责 *
  - 上市公司组织机构的特别规定

2　命题基本规律

本部分包括股份有限公司的股东会、监事会、董事及高级管理人员，上市公司独立董事等相关知识点。但由于近五年关于股东会、监事会的相关考点散布于公司法考点的各个选项，未能统一集中体现，加之数量较少，因此不单独收录，但是仍然需要考生了解和掌握。在董事会和高级管理人员的子知识点中包括股份有限公司董事会和经理的职责、任职资格、任期，以及董事会表决制度。上市公司独立董事制度内容比较好把握，考生应当理解上市公司独立董事制度的意义，掌握其任职资格、职能、任期等相关基础知识。

本部分重点较为明确，集中于股份有限公司董事及高级管理人员这一部分，尤其是近两年均有考查，并且在试题中侧重对其任职资格、职能和表决制度的考查。上市公司独立董事制度虽然仅在2015年考试中有所体现，但是由于其特殊性，考生仍然不能放松对它的复习。

从命题的倾向来看，未来试题很有可能继续针对董事会及高级管理人员这一知识点进行考查，对监事会和股东会制度可能会结合有限责任公司组织机构考点以及总论部分进行考查，考生应当关注相关知识点的联系。

此外，新修订的《公司法》关于股份公司董事会下设的审计委员会的规定较为详细，而新规则在历史上没有对应真题。规模较小或者股东人数较少的股份有限公司，可以不设董事会，设一名董事，行使董事会的职权，该董事可以兼任公司经理，这一点与有限公司一致。

3　设题陷阱

陷阱：混淆不同表决事项下董事会决议的规则。股份有限公司一般情况议事规则和董事与决议事项涉及企业有关联关系的决议规则有所区别。一般议事规则为：过半数董事出席方可举行，董事会作出决议必须经全体董事的过半数通过，可本人出席，也可书面委托其他董事代为出席等。而涉及关联董事则有所改变，如上市公司董事与董事会会议决议事项所涉及的企业有关联关系的，不得对该项决议行使表决权，也不得代理其他董事行使表决权。该董事会会议由过半数的无关联关系董事出席即可举行，董事会会议所作决议须经无关联关系董事过半数通过。出席董事会的无关联关系董事人数不足三人的，应将该事项提交上市公司股东会审议。考生在读题时要注意决议事项是否具有特殊性再进行选择。

真题快刷

1 彭兵是一家（非上市）股份有限公司的董事长，依公司章程规定，其任期于 2017 年 3 月届满。由于股东间的矛盾，公司未能按期改选出新一届董事会。此后，对于公司内部管理，董事间彼此推诿，彭兵也无心公司事务，使得公司随后的一项投资失败，损失 100 万元。对此，下列哪一选项是正确的？（2017 年，单选）

A. 因已届期，彭兵已不再是公司的董事长

B. 虽已届期，董事会成员仍须履行董事职务

C. 就公司 100 万元损失，彭兵应承担全部赔偿责任

D. 对彭兵的行为，公司股东有权提起股东代表诉讼

2 茂森股份公司效益一直不错，为提升公司治理现代化，增强市场竞争力并顺利上市，公司决定重金聘请知名职业经理人王某担任总经理。对此，下列哪些选项是正确的？（2017 年，多选）

A. 对王某的聘任以及具体的薪酬，由茂森公司董事会决定

B. 王某受聘总经理后，就其职权范围的事项，有权以茂森公司名义对外签订合同

C. 王某受聘总经理后，有权决定聘请其好友田某担任茂森公司的财务总监

D. 王某受聘总经理后，公司一旦发现其不称职，可通过股东会决议将其解聘

（本章答案及解析见第 118 页）

第八章　股份有限公司事务

名师带练

1　考点考查统计

- 股份有限公司事务
  - 股份有限公司的设立
    - 股份有限公司的设立条件 *
    - 发起设立 *
    - 募集设立 *
  - 股份有限公司的股份转让 *

2 命题基本规律

本部分考查集中于股份有限公司事务，包括股份有限公司的设立、股份有限公司股东权利、股份有限公司的股份转让等制度，近几年的考题集中于股份有限公司的设立和股份转让两部分。其中股份有限公司的设立分为设立条件、设立方式与程序，设立方式与程序又分为发起设立、募集设立和成立大会（原《公司法》中规定的创立大会）等。股份有限公司股份转让则包括股份转让的原则、股份转让的场所、股份转让的限制、收购本公司股份规则等知识内容。虽然这些并不能在近五年考题中完整体现，但是考生在复习过程中应当有清晰的框架。

本部分考点重点比较明确，考点相对分散。重点集中在股份有限公司的设立与股份有限公司的股份转让，而其他考点如股东的知情权、出资义务、上市公司等相关考点分散在前述知识点中。对于股份有限公司的设立主要考查发起设立和募集设立各自的条件和程序，在把握知识点的同时还要注意其与有限责任公司设立的区别。而对于股份有限公司的股份转让，则应着重把握对股权转让的限制，集中体现在股份转让的锁定期、禁止公司回购、质权限制，以及其与有限责任公司股份转让的不同上。

此外，还要注意三个重要的新增知识点，它们没有对应的真题。一是关于类别股的发行，公司可以按照公司章程的规定发行下列与普通股权利不同的类别股：(1)优先或者劣后分配利润或者剩余财产的股份；(2)每一股的表决权数多于或者少于普通股的股份；(3)转让须经公司同意等转让受限的股份；(4)国务院规定的其他类别股。其中，公开发行股份的公司不得发行第2项、第3项规定的类别股，公开发行前已发行的除外；公司发行第2项规定的类别股的，对于监事或者审计委员会成员的选举和更换，类别股与普通股每一股的表决权数相同。二是股份公司引入授权资本制，公司章程或者股东会可以授权董事会在3年内决定发行不超过已发行股份50%的股份。但以非货币财产作价出资的应当经股东会决议。董事会依照上述规定决定发行股份导致公司注册资本、已发行股份数发生变化的，对公司章程该项记载事项的修改不需再由股东会表决。公司章程或者股东会授权董事会决定发行新股的，董事会决议应当经全体董事2/3以上通过。三是关于股份公司股份回购的规则，有下列情形之一的，对股东会该项决议投反对票的股东可以请求公司按照合理的价格收购其股份，公开发行股份的公司除外：(1)公司连续5年不向股东分配利润，而公司该5年连续盈利，并且符合本法规定的分配利润条件；(2)公司转让主要财产；(3)公司章程规定的营业期限届满或者章程规定的其他解散事由出现，股东会通过决议修改章程使公司存续。自股东会决议作出之日起60日内，股东与公司不能达成股份收购协议的，股东可以自股东会决议作出之日起90日内向人民法院提起诉讼。公司因上述情形收购的本公司股份，应当在6个月内依法转让或者注销。

3 设题陷阱

陷阱一：混淆股份有限公司的发起设立与募集设立。发起设立的规则基本与有限公司设立规则一致，但公司法对募集设立作出较多限制，如发起人认购的最低比例、实缴资本、法定验资等。考生在复习考点时应当充分理解两种设立方式的异同，并注意对题干中的设立方式进行辨析。

陷阱二：混淆股份有限公司和有限责任公司对于股权转让的不同限制。由于有限责任公司人合性较强，而股份有限公司资合性较强，二者股权转让的规定有较大差异。有限责任公司对内转让相对自由，对外转让则要遵循关于内部股东优先购买权等相关规定；而股份有限公司股份转让原则上是自由的，但是允许通过章程作出限制，同时，公司法对于原始股、董事、监事、高级管理人员所持股份的转让也作出了限制。考生应当在充分理解两类公司的基础上分别记忆有关股份转让的制度，方能条理清晰，避免落入陷阱。

真题快刷

考点一 股份有限公司的设立

甲、乙、丙等拟以募集方式设立厚亿股份公司。经过较长时间的筹备，公司设立的各项事务逐渐完成，现大股东甲准备组织召开公司创立大会。下列哪些表述是正确的？（2016 年，多选）

A. 厚亿公司的章程应在创立大会上通过

B. 甲、乙、丙等出资的验资证明应由创立大会审核

C. 厚亿公司的经营方针应在创立大会上决定

D. 设立厚亿公司的各种费用应由创立大会审核

考点二 股份有限公司的股份转让

唐宁是沃运股份有限公司的发起人和董事之一，持有公司 15% 的股份。因公司未能上市，唐宁对沃运公司的发展前景担忧，欲将所持股份转让。关于此事，下列哪一说法是正确的？（2016 年，单选）

A. 唐宁可要求沃运公司收购其股权

B. 唐宁可以不经其他股东同意对外转让其股份

C. 若章程禁止发起人转让股份，则唐宁的股份不得转让

D. 若唐宁出让其股份，其他发起人可依法主张优先购买权

（本章答案及解析见第 119 页）

第九章　普通合伙企业事务执行和责任

名师带练

1　考点考查统计

- 普通合伙企业事务执行和责任
  - 普通合伙事务的执行
    - 合伙事务的执行方式 *
    - 合伙事务的执行规则 *
    - 合伙事务的决议 * *
    - 合伙事务执行权的主体和行使条件 * *
  - 合伙人责任
    - 合伙人对外行为效力 *
    - 对善意第三人的保护 *
    - 合伙企业债务的清偿 *
    - 合伙财产的管理、使用及分配 *
    - 合伙利润分配与亏损承担 *

2　命题基本规律

本部分主要解决“普通合伙企业如何执行事务”“合伙人在什么情况下承担责任以及如何承担”的问题。普通合伙事务的执行考点主要包括事务执行人、经营管理人的身份取得与职权；各项事务执行权的主体，以及监督权、查阅权、撤销权、异议权的行使条件与主体；对于事务执行人的限制等内容。关于合伙人责任则由两部分构成：一是普通合伙与第三人的关系中涉及的责任承担部分，二是合伙企业的财产与损益分配部分中涉及的合伙人责任部分。普通合伙与第三人的关系体现在合伙人对外行为效力，对善意第三人的保护，最后将合伙企业债务的清偿问题作为落脚点。而对于普通合伙企业的财产与损益分配知识点，合伙财产的管理、使用及分配和合伙利润分配与亏损承担均与合伙人责任紧密相连。

首先，从总体来看，本部分是历年考试的重点。普通合伙事务的执行从近五年的考查频率来看基本每一年都是必考内容，因此具有重要地位，考生应当熟练掌握。其主要考查各合伙人的事务执行权，监督权、查阅权、撤销权、异议权的行使条件与主体，以及合伙企业经营管理人员的委任和职权等常考考点。合伙人的责任部分则以合伙人的个人债务清偿和对第三人的合同责任等知识点为历年考查重点。

其次，从具体来看，本部分知识点具有重复可考查性、跨科目综合性、考点丰富性特征。重复可考查性体现在，重要知识点在历年均有较高概率重复考查，如合伙企业经营管理人员的委任和职权以及各普通合伙人的事务执行权等均有重复考查。跨科目综合性体现在近年来本部分知识点常与民法,尤其是民法中的合同法结合进行考查。考点丰富性体现在,从考点自身容量来说,无论是普通合伙事务的执行还是合伙人责任,其子考点都较为丰富,可考查的角度多样。同时对同一子考点,有不同的切入点进行考查。

最后,从历年对本部分知识点的考查情况来看,普通合伙事务的执行和合伙人责任相关考点有非常大的概率继续在今后的法考中出现,考生需要重视对本部分知识点的熟练把握。

3 设题陷阱

陷阱一:定式思维影响——混淆合伙人和聘请的经营管理人事务执行权。对于普通合伙来说,一个重要的问题在于对外执行事务的权利,由于合伙人鉴于自身专业水平和时间精力的分配的不足会聘请经营管理人,所以合伙人和经营管理人的权限的不同常被考查。如考生可能看到经营管理人就下意识地认为其当然有权以合伙企业的名义对外签订合同,这在一定程度上是受到日常定式思维的影响,认为既然已经对企业进行经营管理,那么对相应的事务应当享有权利去处理,然而根据《合伙企业法》,对于合伙企业聘任的经营管理人,必须经合伙企业授权,才有权以合伙企业的名义对外签订合同。这是因为合伙企业人合性强,合伙人信用对于经营非常重要,并且每个普通合伙人承担无限责任,因此对于对外签订合同、处理事务必须审慎,经营管理人的权利必须经过合伙人的授予。考生在考试中一定要建立起法律思维,建立起准确定位考点的思路。

陷阱二:知识性混淆——混淆监督权、查阅权、撤销权、异议权的行使主体。关于监督权、查阅权、撤销权和异议权行使主体的混淆是最基础也是最容易突破的混淆类型,因为它纯粹是由知识的理解和记忆不到位引起的。但是由于四种权利的行使主体均有细微的差别,该种混淆的存在也是有价值的,如关于监督权和异议权的行使主体,但如果考生没有判断好执行事务合伙人、经营管理人、合伙人的身份和对应享有的权利,很可能选择错误的答案。这就要求考生细致全面地把握考点之间细微的差别,并且进行记忆。

真题快刷

考点一 普通合伙事务的执行

1 甲乙丙丁戊5人设立一家普通合伙企业,合伙协议约定:由甲、乙共同对外处理合伙事务。2023年5月,甲代表合伙企业与供应商A公司签订了一份材料购买合同。2023年6月,甲、乙共同代表合伙企业与B公司签订了一份产品开发合同。2023年7月,丙经过甲、乙的同意质押合伙份额给C公司。对此,下列哪一说法是正确的?(2023年回忆版,单选)

A. 甲与供应商A公司签订材料购买合同是有权行为

B. 对于甲和供应商A公司签订的材料购买合同,只有乙有权提出异议

C. 甲、乙与B公司签订产品开发合同是有权行为

D. 丙事先征得甲、乙同意,C公司有效取得质权

2 航城投资企业(普通合伙)有甲乙丙丁四方合伙人,经全体合伙人一致同意,合伙企业事务由甲、乙执行。某日,a公司向银行申请贷款100万元,甲乙共同决定由航城投资企业为a公司提供连带保证担保。后来,a公司未能偿还银行贷款,银行要求航城投资企业履行担保责任,对此,下列

说法正确的是:(2021 年回忆版,单选)

A. 甲乙无权决定合伙企业担保事宜,故合伙企业与银行签订的保证合同无效

B. 应当由合伙企业与甲乙两方合伙人对担保债务承担连带责任

C. 若合伙企业履行保证责任损失 80 万元,应当由甲乙向合伙企业承担赔偿责任

D. 若合伙企业无力承担担保责任,应当由甲乙承担连带责任,丙丁无须承担责任

3 2015 年,甲、乙、丙三人设立某普通合伙企业。随着业务扩展,合伙企业拟聘任谭某担任经理。下列说法正确的是:(2018 年回忆版,不定项)

A. 聘任谭某需经全体合伙人一致同意

B. 合伙企业和经理的关系可以类推适用委托代理法律关系

C. 谭某可以在其职权范围内以合伙企业名义签订合同

D. 谭某有权决定在现有合伙企业营业范围外新增其他业务

4 甲、乙、丙三人共同商定出资设立一家普通合伙企业,其中约定乙以其所有房屋的使用权出资,企业的财务由甲负责。2015 年 4 月,该合伙企业亏损巨大。5 月,见股市大涨,在丙不知情的情况下,甲与乙直接将企业账户中的 400 万元资金,以企业名义委托给某投资机构进行股市投资。同时,乙自己也将上述房屋以 600 万元变卖并过户给丁,房款全部用来炒股。至 6 月下旬,投入股市资金所剩无几。丙得知情况后突发脑溢血死亡。

关于甲、乙将 400 万元资金委托投资股市的行为,下列说法正确的是:(2015 年,不定项)

A. 属于无权处分行为

B. 属于改变合伙企业经营范围的行为

C. 就委托投资失败,甲、乙应负连带赔偿责任

D. 就委托投资失败,该受托的投资机构须承担连带责任

考点二 合伙人责任

1 甲乙丙丁四人签订合伙合同,但未登记为合伙企业,甲乙丙推选丁作为合伙事务的执行人,丁在执行合伙事务的过程中,与戊发生口角,并将戊打伤,现在戊欲追究甲乙丙丁及合伙企业的责任,根据《民法典》,下列说法正确的是:(2020 年回忆版,单选)

A. 甲乙丙应与丁承担连带责任

B. 应由丁自己承担责任

C. 应由合伙企业承担用人单位责任

D. 应由合伙企业与丁承担连带责任

2 甲、乙、丙共同成立了某普通合伙企业,2017 年甲向丁借款 100 万元,到期无法清偿。甲拟以其持有的合伙企业份额对丁进行清偿,其他合伙人均不同意。下列选项说法正确的是:(2018 年回忆版,单选)

A. 可以合伙企业盈利对丁进行清偿

B. 若丁向法院申请强制执行甲的合伙份额,应经其他合伙人一致同意

C. 为了避免债权人强制执行甲的合伙份额,其他合伙人可协商代为清偿

D. 若丁向法院申请强制执行甲的合伙份额,其他合伙人不行使优先购买权,也不同意对外转让份额的,则视为其他合伙人同意对外转让

3 甲、乙、丙三人共同商定出资设立一家普通合伙企业,其中约定乙以其所有房屋的使用权出资,企业的财务由甲负责。2015 年 4 月,该合伙企业亏损巨大。5 月,见股市大涨,在丙不知情的

情况下，甲与乙直接将企业账户中的400万元资金，以企业名义委托给某投资机构进行股市投资。同时，乙自己也将上述房屋以600万元变卖并过户给丁，房款全部用来炒股。至6月下旬，投入股市资金所剩无几。丙得知情况后突发脑溢血死亡。

关于乙将房屋出卖的行为，下列选项正确的是：(2015年，不定项)

A. 构成无权处分行为　　B. 丁取得该房屋所有权

C. 丁无权要求合伙企业搬出该房屋　　D. 乙对合伙企业应承担违约责任

(本章答案及解析见第120页)

第十章　普通合伙的变动和特殊形式

名师带练

1　考点考查统计

- 普通合伙的变动和特殊形式
  - 普通合伙的入伙与退伙、份额转让
    - 入伙的条件与程序＊
    - 入伙的法律效果＊
    - 退伙的条件和程序＊＊
    - 退伙的法律后果＊
    - 财产份额转让规则＊
  - 特殊的普通合伙
    - 特殊的普通合伙企业的概念＊
    - 特殊的普通合伙企业的类型＊
    - 特殊的普通合伙企业责任承担＊＊

2　命题基本规律

本部分仍是关于合伙企业的知识内容，但更侧重于合伙人的“进与出”，以及“何为特殊的普通合伙企业”的问题。普通合伙人的入伙与退伙包括入伙与退伙的条件和程序、入伙与退伙的法律效果，具体体现在对入伙和退伙前后的责任承担问题上。此外，法定退伙事由也是重要的知识点，而特殊的普通合伙企业知识点体现为特殊的普通合伙企业的概念和设立，特殊的普通合伙企业的债务承担问题，其中后者又集中体现为有限责任、连带责任和赔偿责任的划分。

本部分的命题主要体现为，总体上细节难度较大，考点较为突出；具体以普通合伙人入伙与退伙为主要知识点，兼考查普通合伙和特殊的普通合伙下的责任承担。考试难度中等，部分年份会在本部分出难题，因此本部分虽然在知识内容的量上较少，但是在重要性和难度上值得考生重视。

根据以上命题趋势，关于退伙的知识点仍然是未来出题的重点，考生应重点把握。

3 设题陷阱

陷阱一：区分向"谁"承担责任。对于合伙企业中的合伙人给合伙企业造成损失的情况，由于题干会以不知情合伙人为视角切入，考生往往容易直接认定其他合伙人给不知情的合伙人造成损失，但是合伙企业是这种"损失"的桥梁，直接受损的是合伙企业，因此直接向合伙人主张赔偿责任的应当是合伙企业，在审题的过程中，考生切忌扩大合伙企业的人合性，忽视企业这一主体对合伙人之间的连接关系。

陷阱二："财产份额"不等于"出资财产"。合伙人退伙时往往涉及退还"财产份额"，考生易被题干或选项中关于合伙人入伙时出资的财产如房产等迷惑，认为当合伙人退伙时也应当向其退回当时出资的财产，其实这是将"财产份额"与"出资财产"混淆了，财产份额不同于合伙人作为出资的财产。合伙人实际缴付出资之后，作为投资的财产所有权已经发生了转移，属于合伙企业。合伙人仅基于该投资在合伙企业财产中的份额（财产份额）享有权利。因此，考生在做题时应当仔细辨清，切忌"眼疾手快"选择错误选项。

陷阱三："退伙事由"认定误区。根据《合伙企业法》，退伙事由实际发生之日为退伙生效日。由此考生产生了关于认定退伙事由的疑惑，如当合伙人依法被认定为无民事行为能力人时，此时是否属于发生退伙事由呢？实际并非如此，当合伙人被认定为无民事行为能力人或限制民事行为能力人时，还应当满足其他合伙人未能达成一致同意使该合伙人转为有限合伙人的条件，才算是"退伙事由"发生。也就是说，考生应当注意不要混淆"退伙事由"和发生退伙的条件之一这两者的关系，从而导致对题目的判断失误。

陷阱四：混淆"有限合伙"和"普通合伙"。有限合伙人和普通合伙人由于其人合性与资合性的程度不同，导致二者在特殊权利上有不同的规定，如对于自我交易、同业竞争、财产份额的外部转让、财产份额的出质及退伙等的限制均有不同。例如，有限合伙人除合伙协议明确规定禁止外，可以将其在有限合伙企业中的财产份额出质，而普通合伙人必须经其他合伙人一致同意，否则无效且第三人不得善意取得。因此，考生在复习备考的过程中应当在理解的基础上重点把握二者不同的地方，这样才能灵活自如地处理相关题型。

真题快刷

考点一 普通合伙的入伙与退伙、份额转让

1 甲企业是一家普通合伙企业，罗某、武某、万某是合伙人，约定合伙期限为10年。因市场竞争激烈，营业不善，2021年3月资金吃紧，各合伙人均希望于某入伙，于某并未调查，即于2021年6月10日签订入伙协议，登记成为甲企业合伙人。于某入伙之后发现甲企业经营状况不善，想撤销入伙协议，其他合伙人不同意。于是于某在2021年6月15日申请退伙结算，甲企业其他合伙人均同意。则以下说法正确的是：(2021年回忆版，单选)

A. 入伙协议一经登记，于某即对甲企业之前的债务承担无限连带责任

B. 因重大误解，于某撤销主张成立，入伙协议无效

C. 就2021年6月10日后甲企业对外所负债务，于某均应承担无限连带责任

D. 2021年6月15日于某的退伙生效

2 张某因经营和执行合伙事务不力给普通合伙 a 企业造成了重大损失,a 企业的其他合伙人一致同意将张某除名并通知了张某,张某提出异议。被通知除名后,张某仍然代表 a 企业对外签订合同。此后,因 a 企业经营困难,其他合伙人一致决定解散合伙企业,张某对解散合伙事宜提出异议。下列说法正确的是:(2021 年回忆版,单选)

A. 除名决议一经送达即对张某发生效力

B. 解散决议作出后即应由执行合伙人负责清算

C. 除名决议作出后暂不发生效力,须排除张某异议后方发生效力

D. 解散决议因张某提出异议而不发生效力

3 肖某经营的餐厅因扩大经营需要资金,戴某表示愿意向其提供借款 100 万元。但要求与肖某签订一份合伙协议,约定合作期限 3 年,戴某不承担任何经营风险,仅每年固定获取收益 10 万元,第三年年底获得本息合计 110 万元。肖某遂与戴某签订该合伙协议,并获得 100 万元资金用于餐厅经营。关于合伙协议和借款合同的性质与效力,下列说法正确的是:(2020 年回忆版,多选)

A. 合伙协议性质为合伙合同

B. 合伙协议无效

C. 借款合同有效

D. 合伙协议性质为借款合同

4 甲、乙、丙三人共同商定出资设立一家普通合伙企业,其中约定乙以其所有房屋的使用权出资,企业的财务由甲负责。2015 年 4 月,该合伙企业亏损巨大。5 月,见股市大涨,在丙不知情的情况下,甲与乙直接将企业账户中的 400 万元资金,以企业名义委托给某投资机构进行股市投资。同时,乙自己也将上述房屋以 600 万元变卖并过户给丁,房款全部用来炒股。至 6 月下旬,投入股市资金所剩无几。丙得知情况后突发脑溢血死亡。

假设丙有继承人戊,则就戊的权利,下列说法错误的是:(2015 年,不定项)

A. 自丙死亡之时起,戊即取得该合伙企业的合伙人资格

B. 因合伙企业账面上已处于亏损状态,戊可要求解散合伙企业并进行清算

C. 就甲委托投资股市而失败的行为,戊可直接向甲主张赔偿

D. 就乙出卖房屋而给企业造成的损失,戊可直接向乙主张赔偿

考点二 特殊的普通合伙

君平昌成律师事务所是一家采取特殊的普通合伙形式设立的律师事务所,曾君、郭昌是其中的两名合伙人。在一次由曾君主办、郭昌辅办的诉讼代理业务中,因二人的重大过失而泄露客户商业秘密,导致该所对客户应承担巨额赔偿责任。关于该客户的求偿,下列哪些说法是正确的?(2015 年,多选)

A. 向该所主张全部赔偿责任

B. 向曾君主张无限连带赔偿责任

C. 向郭昌主张补充赔偿责任

D. 向该所其他合伙人主张连带赔偿责任

(本章答案及解析见第 124 页)

第十一章　有限合伙企业与个人独资企业

名师带练

1　考点考查统计

- 有限合伙企业与个人独资企业
  - 有限合伙企业
    - 有限合伙企业的设立条件和程序 *
    - 有限合伙企业事务的执行 *
    - 有限合伙人的权利和义务 * *
  - 个人独资企业
    - 个人独资企业的概念和特征 *
    - 个人独资企业的设立 *
    - 个人独资企业的投资人及事务管理 *
    - 个人独资企业的解散与清算 *

2　命题基本规律

本部分与前两章紧密联系，主要围绕“有限合伙企业的具体规定”与“个人独资企业的特殊性”两个角度进行。有限合伙企业具体考查有限合伙企业的设立条件和程序、有限合伙企业事务的执行、有限合伙人的权利和义务、表见普通合伙以及有限合伙人与普通合伙人的转化。而个人独资企业考点则主要包括个人独资企业的概念和特征、个人独资企业的设立条件和程序、个人独资企业投资人以及事务管理、个人独资企业的解散和清算等知识点。

总体来说，本部分考点主要集中在有限合伙企业的相关知识点中，几乎每年均有考查，在有限合伙企业的知识点中，又以有限合伙责任“有限”特征和有限合伙与普通合伙不同的入伙与退伙事由、责任承担、财产份额转让、执行事务的权限等内容为主。而对于个人独资企业，考查的频率较低，且呈现隔几年考查一次的状况，需要掌握个人独资企业的主要制度规则，以及对比个人独资企业与合伙企业的差别。

具体来看，本部分考查呈现系统化、综合化特征，并且难度呈现中等偏上的趋势。系统化、综合化的考查趋势主要体现在偏向考查整个合伙企业法的知识点，贯穿普通合伙企业、有限合伙企业的知识体系，交叉综合地进行考查。难度的中等偏上趋势同时也与系统化、综合化的考试侧重点有关，因为知识点的交叉导致了试题难度的加深。因此，考生在复习本部分知识点时要注重建立体系化的思维、注重知识点的交叉对比。

从近几年的考查趋势来看，有限合伙企业仍然会在今后与普通合伙企业的相关知识点交叉考查，个人独资企业考频较低，考生可以择重把握。

3 设题陷阱

陷阱一：混淆有限合伙人和普通合伙人的有关规定。本部分常考知识点集中在有限合伙人和普通合伙人的异同上，出题人常常在本部分设置陷阱，使考生进一步对有限合伙人的特殊规定产生混淆。出题人往往选取有限合伙人和普通合伙人有关入伙、退伙的差异性规定，尤其是对入伙、退伙前后责任承担、合伙财产份额转让、财产质押等问题的区别。考生在处理该类易混淆问题时，首先应当判定题干所问的是有限合伙人还是普通合伙人，再回溯有关知识点，排除混淆选项，检索对应正确的表述。

陷阱二：混淆个人独资企业与普通合伙企业、有限合伙企业。个人独资企业是一种特殊的企业形式，其特殊性主要集中在个人独资企业的投资主体、承担责任、设立条件、委托或聘用的管理人员的禁止行为等方面，同时这些方面也是其与有限合伙、普通合伙的不同之处。因此，如果考题出到有关本知识点的陷阱，大部分会结合三种企业形式的不同点进行考查，这往往需要考生先明确个人独资企业的不同规定再进行破解。

真题快刷

考点一 有限合伙企业

1 哈拉公司是一家合伙企业，老土是普通合伙人，小调皮是有限合伙人。小调皮一直对外宣称自己是普通合伙人，老土对此不置可否。某日小调皮看好口罩市场，与某德公司签订80万元口罩订购合同。对于该合同，以下说法正确的是：(2020年回忆版，多选)

A. 老土和小调皮对80万元的合同承担同样的责任

B. 小调皮对80万元的合同不承担责任

C. 小调皮对80万元的合同承担无限责任

D. 老土对80万元的合同不承担责任

2 雀凰投资是有限合伙企业，从事私募股权投资活动。2017年3月，三江有限公司决定入伙雀凰投资，成为其有限合伙人。对此，下列哪些选项是错误的？(2017年，多选)

A. 如合伙协议无特别约定，则须经全体普通合伙人一致同意，三江公司才可成为新的有限合伙人

B. 对入伙前雀凰投资的对外负债，三江公司仅以实缴出资额为限承担责任

C. 三江公司入伙后，有权查阅雀凰投资的财务会计账簿

D. 如合伙协议无特别约定，则三江公司入伙后，原则上不得自营与雀凰投资相竞争的业务

3 灏德投资是一家有限合伙企业，专门从事新能源开发方面的风险投资。甲公司是灏德投资的有限合伙人，乙和丙是普通合伙人。关于合伙协议的约定，下列哪些选项是正确的？(2016年，多选)

A. 甲公司派驻灏德投资的员工不领取报酬，其劳务折抵10%的出资

B. 甲公司不得与其他公司合作从事新能源方面的风险投资

C. 甲公司不得将自己在灏德投资中的份额设定质权

D. 甲公司不得将自己在灏德投资中的份额转让给他人

考点二 个人独资企业

“李老汉私房菜”是李甲投资开设的个人独资企业。关于该企业遇到的法律问题，下列哪一选项是正确的？(2017年，单选)

A. 如李甲在申请企业设立登记时，明确表示以其家庭共有财产作为出资，则该企业是以家庭

成员为全体合伙人的普通合伙企业

B. 如李甲一直让其子李乙负责企业的事务管理，则应认定为以家庭共有财产作为企业的出资

C. 如李甲决定解散企业，则在解散后5年内，李甲对企业存续期间的债务，仍应承担偿还责任

D. 如李甲死后该企业由其子李乙与其女李丙共同继承，则该企业必须分立为两家个人独资企业

（本章答案及解析见第126页）

第十二章　企业破产法

名师带练

1　考点考查统计

- 企业破产法
  - 破产重整
    - 重整原因 *
    - 重整程序的发动 * *
    - 重整期间营业保护的特别规定 * *
    - 重整程序的终止 *
    - 重整计划的通过和批准 *
  - 破产管理人和破产债权申报
    - 破产管理人的资格与任命 *
    - 破产管理人的职责与义务 *
    - 破产债权申报范围 *
    - 有保证关系的债权申报 * *
    - 逾期申报和未申报的后果 *
  - 债务人财产
    - 债务人财产的范围 *
    - 破产撤销权与追回权 *
    - 破产取回权 *
    - 破产抵销权 *
    - 破产费用和共益债务 *
  - 破产分配
    - 破产清偿顺序 *
    - 破产分配方案 *
    - 分配额的提存 *
    - 别除权和破产财产的变价 *

2 命题基本规律

本部分主要围绕公司破产制度整体进行基础构架，主要包括破产申请的条件、程序和受理，破产重整，破产管理人和破产债权申报，债务人财产，破产清算等。其中，以破产重整、破产管理人和破产债权申报、债务人财产为重要考点。破产重整涵盖了从重整原因到重整计划的通过和批准整个过程，其中重整期间和期间营业保护的特别规定包括对担保物权的限制、新贷款、取回权限制、对出资人和管理层的权力限制等重要知识点。债务人财产则包含了对撤销权、追回权、取回权、抵销权的整个规定，以及相关权利行使的条件。整个知识群汇集构成本部分的内容，需要考生系统把握。

本部分知识点呈现难度较大、规定繁杂、重难点集中的特点。难度大和规定繁杂的特点体现知识点内容涵盖较多，需要在充分理解破产重整、和解、清算程序的基础上，从实体上把握破产申请的条件、债务人的财产、破产清算中的分配等问题。这些问题往往规定得较为细致，如关于债务人财产范围概述部分不仅要求考生把握正向列举的财产内容，还要求考生把握反向列举的内容；而关于撤销权的适用条件更是困扰历届考生的一大难点。同时，本部分要求考生把握破产申请的程序，包括重整、和解和清算的程序，每个阶段程序规定的细节对于考生来说是一个难点。而重难点集中的特点则体现在，债务人财产和重整程序处于一个重点考查的地位，同时也是难题比较集中的两部分，关于重整期间的规定，追回权、取回权的规定都在历年考题中凸显其重要性和疑难性。因此，本部分知识点需要考生在全面理解破产制度的前提下，对重点择重把握，对难点进行攻坚，对基础进行巩固。

从近五年的考查情况来看，破产制度是每年必考的题目，其中关于债务人财产的规定和关于破产重整的规定是较为突出的考点，需要考生多加注意。

3 设题陷阱

陷阱一："重整计划执行完毕"的时间不等于"重整程序终止"的时间。对于前后程序的混淆容易导致本处所指向时间点的混淆，重整期间是自法院裁定债务人重整之日起至重整程序终止，很多考生混淆了"重整程序终止"和"重整计划执行完毕"，重整程序终止以后才开始执行重整计划，也就是说，重整期间一般包括：提交重整计划和讨论通过重整计划两个阶段，并不涵盖执行重整计划。因此，程序上的复杂性导致考生对这一细节的忽视，需要考生举一反三，厘清相关程序，避免类似的混淆。

陷阱二：区分可撤销的欺诈破产行为和可撤销的个别清偿行为。破产债务中关于破产撤销权的行使是一个容易产生混淆的考点。破产撤销权分为欺诈破产行为的情形和个别清偿行为的情形，对于两种情形的条件、时间限制、行为内容均有不同的规定，这是考生常常混淆的地方。此外，欺诈破产除了包括可撤销的情形之外，还包括法定无效的情形，这一点考生也应当引起注意。

真题快刷

考点一 破产重整

1 a公司进行破产重整，重整计划经法院召开债权人会议已经通过，法院裁定批准该重整计划，重整执行项目的过程中，a公司董事长认为公司某一项目运行困难，不能继续下去，应该将项目出售，而a公司管理人员认为该项目按照现在的市场情形是可以继续经营下去的，则应由以下哪一主体决定项目如何执行？（2021年回忆版，单选）

A. 债权人会议　　B. 管理人　　C. a公司董事长　　D. a公司

2 2017年3月2日，甲有限公司因资不抵债进入破产重整程序。乙公司因向甲公司提供商品，对甲公司享有100万元到期债权，但乙公司因业务繁忙在债权申报期间并未申报债权。2018年1月，甲公

司重整计划执行完毕,全体普通债权人的清偿比例为45%。下列说法正确的是:(2018年回忆版,多选)

A. 对乙公司的债权,甲公司无须承担偿还义务

B. 对乙公司的债权,参考甲公司重整方案,按同性质债权等比例清偿

C. 乙公司的债权由甲公司全额清偿

D. 针对乙公司的债权,重整方案对乙公司也具有法律效力

3 思瑞公司不能清偿到期债务,债权人向法院申请破产清算。法院受理并指定了管理人。在宣告破产前,持股20%的股东甲认为如引进战略投资者乙公司,思瑞公司仍有生机,于是向法院申请重整。关于重整,下列哪一选项是正确的?(2017年,单选)

A. 如甲申请重整,必须附有乙公司的投资承诺

B. 如债权人反对,则思瑞公司不能开始重整

C. 如思瑞公司开始重整,则管理人应辞去职务

D. 只要思瑞公司的重整计划草案获得法院批准,重整程序就终止

考点二 破产管理人和破产债权申报

1 甲公司因资金问题进入破产程序,法院指定了破产管理人乙,吴某是甲公司的大股东、法定代表人。管理人乙向吴某询问公司的财务数据等相关材料时,吴某拒不配合,也不提供相关资料,并表示高某也是公司股东,那些数据材料高某知道得更清楚,可以去问高某。一个月后吴某回外地老家谋求自身发展,管理人乙无法进行财务对接和开展清算工作,清算程序因此无法继续进行,以下说法正确的是:(2023年回忆版,不定项)

A. 高某须配合管理人完成清算

B. 法院可拘留吴某

C. 法院可对吴某罚款

D. 管理人乙可因无法进行清算而向法院申请终结破产程序

2 2021年1月,甲公司向乙公司借款500万元,为担保乙公司债权的实现,甲公司将其持有的价值500万元的玉石质押给乙公司。2021年10月,甲公司破产申请被法院受理,丙律师事务所担任管理人。在乙公司申报债权之前,丙律师事务所决定向乙公司清偿债务并取回玉石加工后出售获利。此时,玉石市场价格下降到300万元。下列说法正确的有哪些?(2022年回忆版,多选)

A. 管理人需要追加200万元作为担保措施

B. 管理人决定取回玉石,应当经法院许可

C. 管理人支付300万元,即可取回玉石

D. 玉石不能覆盖的部分乙公司只能作为普通债权申报

3 a公司申请破产,法院指定甲律所为管理人。因该公司账目复杂,律师财务知识有限,管理人欲聘请3名会计人员,但债权人对此不满意,认为管理员支出了不必要的开销,以下选项正确的是:(2021年回忆版,单选)

A. 聘任3名会计师担任管理人需要债权人委员会的一致同意

B. 管理人自己可以直接决定聘任

C. 3名会计师的工资可以随时从债务人财产里支付

D. 债权人委员会对会计师的工作有权监督

4 A公司因经营不善,资产已不足以清偿全部债务,经申请进入破产还债程序。关于破产债权的申报,下列哪些表述是正确的?(2015年,多选)

A. 甲对A公司的债权虽未到期,仍可以申报

B. 乙对A公司的债权因附有条件,故不能申报

C. 丙对A公司的债权虽然诉讼未决,但丙仍可以申报

D. 职工丁对A公司的伤残补助请求权,应予以申报

考点三 债务人财产

1 2020年1月1日,法院受理了甲公司破产申请,股东张三认缴出资额期限届满,仍未向公司缴纳出资100万元。根据公司章程规定,股东李四的出资期限为2020年10月1日。对此,下列选项正确的是:(2020年回忆版,多选)

A. 管理人有权要求张三向公司缴纳出资

B. 管理人有权要求李四向公司缴纳出资

C. 公司欠张三100万元货款,张三可主张以其出资债务与公司对其负债抵销

D. 公司欠李四100万元货款,李四可主张以其出资债务与公司对其负债抵销

2 甲是某有限公司的工人,2016年8月2日,甲因工伤住院治疗,久治未愈,其间医疗费用、护理费等一直由该公司垫付。2017年9月,该公司向甲支付10万元赔偿金后便不再垫付其后续的医疗费用。甲认为公司支付的赔偿金额过低,于2017年10月向法院提起诉讼,要求该公司支付医疗费、护理费、伤残补助金等共计20万元。2017年11月,该公司经营不善,法院裁定受理其破产申请。对此,下列说法正确的是:(2018年回忆版,单选)

A. 管理人可以要求甲返还医疗费

B. 对于该公司向甲支付的赔偿金,管理人可向法院申请予以撤销

C. 甲经过申报债权后,有权参加债权人会议

D. 法院裁定受理该公司破产申请后,甲提起的诉讼应当中止审理

3 法院受理了利捷公司的破产申请。管理人甲发现,利捷公司与翰扬公司之间的债权债务关系较为复杂。下列哪些说法是正确的?(2016年,多选)

A. 翰扬公司的某一项债权有房产抵押,可在破产受理后行使抵押权

B. 翰扬公司与利捷公司有一合同未履行完毕,甲可解除该合同

C. 翰扬公司曾租给利捷公司的一套设备被损毁,侵权人之前向利捷公司支付了赔偿金,翰扬公司不能主张取回该笔赔偿金

D. 茹洁公司对利捷公司负有债务,在破产受理后茹洁公司受让了翰扬公司的一项债权,因此茹洁公司无须再向利捷公司履行等额的债务

考点四 破产分配

舜泰公司因资产不足以清偿全部到期债务,法院裁定其重整。管理人为维持公司运行,向齐某借款20万元支付水电费和保安费,约定如1年内还清就不计利息。1年后舜泰公司未还款,还因不能执行重整计划被法院宣告破产。关于齐某的债权,下列哪些选项是正确的?(2017年,多选)

A. 与舜泰公司的其他债权同等受偿

B. 应从舜泰公司的财产中随时清偿

C. 齐某只能主张返还借款本金20万元

D. 齐某可主张返还本金20万元和逾期还款的利息

(本章答案及解析见第129页)

第十三章　票　据　法

名师带练

1 考点考查统计

- 票据法
  - 票据法概述
    - 票据的特征 *
    - 票据的种类 *
    - 票据的功能 *
    - 票据法的特征 *
    - 票据法律关系和当事人 *
  - 票据的权利与行为
    - 票据权利的种类和特征 *
    - 票据权利的取得 *
    - 票据权利的行使、保全和消灭 *
    - 票据权利的瑕疵 *
    - 票据行为 *
  - 票据的抗辩与补救
    - 票据抗辩的种类 *
    - 票据抗辩的限制 *
    - 票据的丧失与补救 *
  - 汇票
    - 汇票的特征 *
    - 汇票的当事人 *
    - 汇票的出票 *
    - 汇票的背书转让 *
    - 汇票质押的方式和后果 *
    - 汇票的承兑和保证 *
    - 汇票的追索权 *
  - 支票
    - 支票的概念和特征 *
    - 支票的种类 *
    - 支票的出票 *

2 命题基本规律

本部分主要考查票据法整个知识体系，从票据总论到汇票、本票和支票的具体规定，由于本票考到的概率很小，故未能在子考点中有所体现，票据总论部分包括票据特征、种类、功能，票据法的特征、法律关系和当事人，票据权利和票据行为，票据抗辩和补救等相关内容。而分论部分则是结合总论票据的共性，同时谈到汇票和支票的特殊规定。汇票包括特定的当事人、出票记载事项、背书转让、质押、承兑、保证、付款和追索权，而支票包含支票特殊的特征、出票人资格、支票种类、出票规则等。

本部分知识点考频稳定，难度适中，知识重点形散神聚。从考频来看，几乎每年都会涉及一道左右的票据法的题型，票据法仍然占据常考点席位之一，但是数量较少，分数较少。从难度来看，本部分考点的出题难度集中在基础和中等难度水平，不倾向出较为复杂的疑难题，较容易掌握。从知识重点来说，知识点虽然分布在总论和分论的各个部分，但是核心凝聚在票据的特征，此谓形散神聚。除了涉及总论中票据特征、票据法律关系等内容，在票据抗辩、票据行为、汇票、支票等的有关内容中还贯穿了票据独特的理念和价值，如虽然考查票据责任，但是通过票据要式性、文义性、无因性等特征，对于票据责任承担的条件就很容易把握，因此只有首先理解票据的意义和特征、票据的制度价值和内核，才能整体把握整个票据法的体系。

从未来命题趋势来看，仍然会稳定地对本部分内容进行考查，票据的特征和汇票的相关内容仍是重要的考点，由于本部分考查内容的基础性特征，建议考生应当把握好基础知识，不要失分。

3 设题陷阱

陷阱一：对票据“流通性”的错误理解。票据“流通性”是考生常以为容易理解的考点，在学习基础知识的过程中很容易走马观花式地“看过且过”，而出题人往往就考查对基础性的全面认识。例如，考生因为分论中关于汇票记载“不得转让”的规定而认为并非所有类型的票据都能够转让，但从实质上来看，其之所以有这样的限制正是因为票据本身具有可转让的性质，这样的条款不但没有否定任何类型票据都能够转让的说法，而且进一步印证了票据具有流通性的特征。因为流通性是共性，才通过特别的规定为票据设定特例，满足具体不同的需要。因此，考生在对票据法的总论和分论进行理解时，应当灵活处理，由总论引导对分论知识点的理解和掌握，由分论抽象出总论的特性，从而才不会混淆对特征的认识。

陷阱二：混淆票据抗辩中对物抗辩和对人抗辩的条件。票据的抗辩常常和票据的“无因性”结合考查，是票据知识体系中理解难度较大的一部分，也是易设出题陷阱的部分。票据抗辩是指票据债务人拒绝向持票人支付票据金额。其理由分为对物抗辩和对人抗辩，而二者的区别需要额外注意的原因在于：对物的抗辩往往造成票据的无效，即对任何持票人均可以主张，但是对人的抗辩仅能对特定的持票人抗辩，主要包括与票据债务人有直接债权债务关系且不履行约定义务的情形，以及在直接当事人之间存在票据债务人未受领对价或已经进行了相当于票据金额的给付时票据债务人可提出抗辩的情形。近5年的考题中虽然没有明确涉及该类设题陷阱，但是仍需考生予以关注。

真题快刷

考点一 票据法概述

1 甲公司为支付向乙有限公司采购商品的款项，向乙开具一张金额为100万元的银行承兑汇票,并向丙银行办理了承兑。2018年6月乙又将该票据背书给丁公司,2018年7月丁公司办公楼失火,该张票据被烧毁灭失,仅剩其留档复印件。甲公司、乙公司均在该复印件上签章,以证明彼此间的交易情况。对此,下列说法正确的是:(2018年回忆版,单选)

A. 丙银行无须承担票据责任

B. 丁公司向丙银行出具票据复印件提示付款,丙银行应当无条件付款

C. 丁公司可凭票据复印件向乙公司主张票据权利

D. 丁公司可凭票据复印件向甲公司主张票据权利

2 甲公司为履行与乙公司的箱包买卖合同,签发一张以乙公司为收款人、某银行为付款人的汇票,银行也予以了承兑。后乙公司将该汇票背书赠与丙。此时,甲公司发现乙公司的箱包为假冒伪劣产品。关于本案,下列哪一选项是正确的?(2016年,单选)

A. 该票据无效

B. 甲公司不能拒绝乙公司的票据权利请求

C. 丙应享有票据权利

D. 银行应承担票据责任

考点二 票据的权利与行为

甲未经乙同意而以乙的名义签发一张商业汇票,汇票上记载的付款人为丙银行。丁取得该汇票后将其背书转让给戊。下列哪一说法是正确的?(2013年,单选)

A. 乙可以无权代理为由拒绝承担该汇票上的责任

B. 丙银行可以该汇票是无权代理为由而拒绝付款

C. 丁对甲的无权代理行为不知情时,丁对戊不承担责任

D. 甲未在该汇票上签章,故甲不承担责任

考点三 票据的抗辩与补救

1 东公司向南公司签发汇票,银行承兑后,南公司背书转让给西公司,西公司将其赠与北公司,北公司在持有汇票期间丢失,被张某拾得。张某在背书栏伪造北公司签章,将自己记载为背书人,并注明“委托收款”,在银行获得兑付后携款潜逃。下列哪一说法是正确的?(2020年回忆版,单选)

A. 北公司无对价取得票据,无票据权利

B. 银行因其错误付款,应承担责任

C. 北公司可向东、南、西公司行使票据追索权

D. 张某的背书行为无效

2 甲公司为清偿对乙公司的欠款,开出一张收款人是乙公司财务部长李某的汇票。李某不慎将汇票丢失,王某拾得后在汇票上伪造了李某的签章,并将汇票背书转让给外地的丙公司,用来支付购买丙公司电缆的货款,王某收到电缆后转卖得款,之后不知所踪。关于本案,下列哪些说法是正确的?(2016年,多选)

A. 甲公司应当承担票据责任

B. 李某不承担票据责任

C. 王某应当承担票据责任

D. 丙公司应当享有票据权利

考点四 汇票

1 甲公司基于某一买卖合同关系,背书转让给丙公司一张汇票,出票人是乙公司,由丁银行进行承兑。丙公司提前找丁银行贴现,丁银行经审查发现甲公司债权人已申请保全了甲公司财产,遂拒绝兑现。下列选项正确的是:(2021年回忆版,多选)

A. 丙公司可以在到期前向甲公司追索

B. 丙公司可以在到期前向银行追索

C. 丙公司在到期后可向银行追索　　D. 丙公司可以在到期前向乙公司追索

2 A公司给B公司出票,银行已承兑。B公司到银行提示付款时,银行工作人员查询后发现,A公司余额不足,故口头告知拒付。这时B公司的债权人C公司致电B公司要求还钱。B公司说用汇票支付,故将汇票从银行处要回。C公司又提示银行付款,也被银行拒绝。下列选项错误的是:(2020年回忆版,多选)

A. B公司对C公司的债务因交付票据而消灭

B. 银行口头告知,承兑银行应对C公司承担票据责任

C. B公司对C公司所为的背书无效

D. A公司、C公司承担票据责任

3 甲公司为支付货款向乙公司签发了一张金额为80万元的汇票。丙公司在汇票上作为保证人并签章。下列说法正确的是:(2018年回忆版,单选)

A. 甲公司未在汇票上记载被保证人的名称,则丙公司无须承担保证责任

B. 甲公司未在汇票上记载保证日期的,保证无效

C. 甲公司可以进行附条件保证

D. 丙公司与甲公司对持票人乙公司承担连带责任

考点五　支票

1 陆某在一个展销会上遇见某公司的采购杜某。杜某代表公司向陆某采购了陆某公司生产的货物,双方签订了50万元的订单,杜某以公司名义向陆某开具50万元的支票,但未加盖公司印章。后陆某将支票背书转让给丁某,以购买丁某的货物。对此,下列说法正确的有哪些?(2022年回忆版,多选)

A. 支票缺少公司签章,该支票无效

B. 丁某是合法善意持票人,丁某向银行主张付款,银行应该兑现

C. 丁某只能找陆某要求付款

D. 因公司未签章,丁某有权向杜某主张追索权

2 a公司让甲购买b公司农用车,并由a公司开具支票,支票未填写金额和收票人,但注明"用于张某购买农用车,一个月后付款"。但甲发现b公司电动车有利润,遂填写支票购买电动车若干,a公司得知后不同意支付。下列选项正确的是:(2021年回忆版,单选)

A. 因甲无权填写金额和收票人而致支票无效　　B. 见票1个月支付的记载无效

C. 支票因没有载明金额无效　　D. 支票因没有载明收款人无效

3 东霖公司向忠谙公司购买一个元器件,应付价款960元。东霖公司为付款开出一张支票,因金额较小,财务人员不小心将票据金额仅填写了数码的"¥960元",没有记载票据金额的中文大写。忠谙公司业务员也没细看,拿到支票后就放入文件袋。关于该支票,下列哪些选项是正确的?(2017年,多选)

A. 该支票出票行为无效

B. 忠谙公司不享有票据权利

C. 东霖公司应承担票据责任

D. 该支票在使用前应补记票据金额的中文大写

(本章答案及解析见第134页)

第十四章 证 券 法

名师带练

1 考点考查统计

- 证券法
  - 证券发行
    - 证券发行的基本条件 *
    - 发行种类 *
    - 发行中介机构 *
    - 证券承销 *
  - 证券交易
    - 股票和债券上市 *
    - 信息披露制度 *
    - 上市公司收购 * *
    - 虚假陈述的法律责任 * *
  - 证券投资基金法律制度
    - 证券投资基金当事人 *
    - 公开募集基金的法律规制 *
    - 非公开募集基金的法律规制 *

2 命题基本规律

本部分主要考查证券法律制度,主要包括证券法和证券投资基金法两个知识架构:证券法包括证券的概念特征、证券的发行制度、证券交易制度、证券的上市和上市公司收购制度、证券机构;证券投资基金法主要包括证券投资基金的概述、当事人、公开募集基金和非公开募集基金的法律规制、基金的监督管理等。

本部分知识点总体来看数量繁多但重点集中,主要集中于证券上市、上市公司收购制度和证券投资基金法律制度。尤其是上市公司收购制度、公开和非公开募集基金制度考查频率较高,并在近两年受到相当的关注。在上市公司收购制度中,重点在于要约收购和协议收购的程序和规则以及信息公开制度;而在公开和非公开募集基金制度中,重点则在于信息披露、基金份额持有人大会决议事项和规则、基金份额持有人权利等事项。

本部分知识点考查频率整体来说比较低,但是近年来有提升的趋势,尤其是随着 2019 年《证券法》的修订,关于上市公司收购的制度和信息公开方面考查较多。此外,对于投资者保护制度的重视程度也逐渐提升。由于本部分知识点较为繁杂,考生应当根据考试重难点分布择重进行把握。

3 设题陷阱

陷阱一：基金份额持有人大会决议规则：1/2与2/3的事项不同的把握。该混淆基于对证券投资基金法律制度中涉及基金份额持有人权利的事项的重要性的认定，如基金份额持有人大会决议规则一般是以超过1/2作为通过的规则，但是对于转换基金的运作方式、更换基金管理人或者基金托管人、提前终止基金合同、与其他基金合并这些重大的事项，应当经参加大会的基金份额持有人所持表决权的2/3以上通过。考生在掌握一般规则时应当注意一些例外的情形，避免“只见树木不见森林”。

陷阱二：混淆公募基金和非公募基金的相关规定。关于公募基金和私募基金，规定较为繁杂，在人数限制、投资对象、基金份额持有人的权利和义务等方面均有不同。对于这部分知识点需要考生在理解公募与非公募不同特性的基础上，对重点进行记忆，不要罔顾重点地大量死记硬背，这对于破除该类陷阱无益，同时也浪费宝贵的复习时间。

真题快刷

考点一 证券发行

1 某证券公司的股东a公司占股67%，股东b公司占股30%，自然人张某占股3%。a公司欲让该证券公司为自己的债务提供担保，为达成内部决议，a公司向b公司和张某表示若其作出同意担保的决议，a公司就也同意今年证券公司可以进行分红，其后b公司答应作出同意担保的决议，但张某不同意。下列说法错误的是：(2021年回忆版，多选)

A. 证券监督管理机构可以限制a公司权利

B. 证券监督管理机构可以对b公司处以罚款

C. a公司有权不让张某分红

D. 证券监督管理机构可以责令关闭证券公司

2 百航公司为上市公司，为解决×项目缺口，公司于2020年5月25日通过公开发行公司债券方式，募集资金1亿元，聘嘉德证券公司为债券受托管理人。下列哪项说法是正确的？(2020年回忆版，单选)

A. 债券持有人会议不能决议解除对嘉德证券公司的聘请

B. 若百航公司到期不能兑付债券本息，则嘉德证券公司可接受部分债券持有人的委托，以自己的名义起诉

C. 若百航公司改变所募集资金的用途，则嘉德证券公司有权以自己的名义起诉

D. 百航公司可将所募集的资金，部分用于弥补×项目带来的亏损

考点二 证券交易

1 甲公司持有乙股份公司（上市公司）6.4%股份，为乙公司第四大股东。2016年11月15日，甲公司减持套现2.9%乙公司股份，3个月后，乙公司股价上扬，甲公司又增持1.9%的乙公司股

份。下列说法正确的是:(2018年回忆版,多选)

A. 就增持事项,甲公司应在3日内向证券监管机构和证券交易所作出书面报告,通知乙公司,并予公告

B. 甲公司在增持后的3日内不得再行买卖乙公司的股票

C. 就减持事项,甲公司应在3日内向证券监管机构和证券交易所作出书面报告,通知乙公司,并予公告

D. 就减持事项,乙公司应当立即向证券监管机构和证券交易所报送临时报告,并予公告

2 甲在证券市场上陆续买入力扬股份公司的股票,持股达6%时才公告,被证券监督管理机构以信息披露违法为由处罚。之后,甲欲继续购入力扬公司股票,力扬公司的股东乙、丙反对,持股4%的股东丁同意。对此,下列哪些说法是正确的?(2017年,多选)

A. 甲的行为已违法,故无权再买入力扬公司股票

B. 乙可邀请其他公司对力扬公司展开要约收购

C. 丙可主张甲已违法,故应撤销其先前购买股票的行为

D. 丁可与甲签订股权转让协议,将自己所持全部股份卖给甲

考点三 证券投资基金法律制度

1 某基金管理公司在2003年曾公开发售一只名为"基金利达"的封闭式基金。该基金原定封闭期15年,现即将到期,拟转换为开放式基金继续运行。关于该基金的转换,下列哪一选项是正确的?(2017年,单选)

A. 须经国务院证券监督管理机构核准

B. 转换后该基金应保持一定比例的现金或政府债券

C. 基金份额持有人大会就该转换事宜的决定应经有效表决权的1/2以上通过

D. 转换后基金份额持有人有权查阅或复制该基金的相关会计账簿等财务资料

2 赢鑫投资公司业绩骄人。公司拟开展非公开募集基金业务,首期募集1000万元。李某等老客户知悉后纷纷表示支持,愿意将自己的资金继续交其运作。关于此事,下列哪一选项是正确的?(2016年,单选)

A. 李某等合格投资者的人数可以超过200人

B. 赢鑫公司可在全国性报纸上推介其业绩及拟募集的基金

C. 赢鑫公司可用所募集的基金购买其他的基金份额

D. 赢鑫公司就其非公开募集基金业务应向中国证监会备案

(本章答案及解析见第139页)

第十五章　保　险　法

名师带练

1　考点考查统计

- 保险法
  - 保险合同总论
    - 保险合同的特征和分类 *
    - 保险合同的关系人 *
    - 保险合同的条款和保险合同的成立 *
    - 保险合同的形式 *
    - 保险合同订立时的如实告知义务和说明义务 *
    - 保险合同的生效、无效和解除制度 *
    - 保险人的代位求偿权 *
  - 人身保险合同
    - 人身保险合同的特征 *
    - 人身保险合同当事人的权利和义务 *
    - 保险金的继承 *
    - 人身保险合同的解除 * * *
  - 财产保险合同
    - 财产保险合同的特征 *
    - 财产保险合同当事人的权利和义务 *
    - 保险事故的处理 *

2　命题基本规律

本部分主要分为保险合同总论和保险合同分论两部分。保险合同总论部分主要包括保险合同的特征和分类、保险合同关系人、保险合同的成立和生效、保险合同的无效和解除、保险合同的履行、保险人的代位求偿权等相关知识点。保险合同分论则分为人身保险合同和财产保险合同。两种保险合同中又包括合同特征、当事人的权利与义务、合同解除等内容。

从总体来看，本部分重点和难点都相对集中。保险合同总论主要考查保险合同的成立和生效、保险合同的解除，还有保险合同的代位求偿权、代理问题。人身保险合同主要考查人身保险合同的成立和生效，尤其是关于以死亡为给付保险金条件的人身保险合同的相关问题。财产保险合同主要考查财产保险合同与总论的重合处以及关于其特殊的成立、效力、法定解除问题。

本部分考点重点突出，同时具有综合性特征。重点集中在总论部分，尤其是关于保险合同的成立、生效、解除，保险代理人行为效力，保险人的代位求偿权，保险合同签订时的如实告知和说明义务。考查的综合性体现在两方面：一则体现在总分论知识结合方面，在考查分论时，考生需在对总论有把握后进行针对性的判断；二则体现在将本部分知识与民法中的合同法相结合，由于保险合同是合同的特殊形式，它既有合同的一般特征，又有保险视域下的特殊性，考生应当多注意二者的结合。

从近几年的命题特征来看，保险合同是必考的一个知识点，并且近年考试对其的关注只增不减，作为稳定考点的保险合同的内容，考生应当熟练把握重点，全面了解基础知识点，今后的法考很大概率也会对该部分继续进行考查。

3 设题陷阱

陷阱一：知识点内部混淆：易混淆足额财产险与不足额财产险的赔偿规则。根据保险金额与保险价值的关系，可将财产险分为足额财产险、不足额财产险以及超额财产险。针对这三类财产险，《保险法》有不同的规定，我国禁止超额保险，因此主要涉及的是足额保险和不足额保险适用规则的不同：足额财产险下，保险人可以按保险金额全部赔偿；不足额财产险下，在发生保险事故时，保险人的赔偿责任仅以保险金额为限，超出保险金额以外的部分，保险人不负赔偿责任。对制度本身的理解并不难，难点在于考生是否能从题干中注意对足额财产的提示，及时回溯考点。

陷阱二：一般法律规定和特殊规定的恰当运用。保险合同法中涉及对《民法典》尤其是合同编的一般规定的理解和适用。在做题的过程中考生易出现两种误区：一则只适用保险合同的特殊规定，不以《民法典》的一般规定作为基础，因此不能完全解决选项中透视的知识；二则过多考虑《民法典》中的一般规定而忽视保险合同的特殊规定。

真题快刷

考点一 保险合同总论

1 甲为妻子乙投保了以其死亡为给付保险金条件的人身保险，并指定其子小甲为受益人。甲投保时并未征得乙同意，但在后来保险公司回访时，乙称对于保险合同的内容已知情且对保险金额予以认可。2017 年甲与乙离婚，小甲由乙抚养。2017 年 12 月，在一次交通事故中，乙与小甲死亡，且不能确定死亡先后顺序。对此，下列说法正确的是：(2018 年回忆版，单选)

A. 保险合同有效，保险金归甲所有

B. 保险合同有效，保险金归小甲的继承人

C. 保险合同有效，保险金归乙的继承人

D. 因投保时未征得乙同意，故该保险合同无效，保险公司无须赔偿

2 潘某请好友刘某观赏自己收藏的一件古玩，不料刘某一时大意致其落地摔毁。后得知，潘某已在甲保险公司就该古玩投保了不足额财产险。关于本案，下列哪些表述是正确的？(2015 年，多选)

A. 潘某可请求甲公司赔偿全部损失

B. 若刘某已对潘某进行全部赔偿，则甲公司可拒绝向潘某支付保险赔偿金

C. 甲公司对潘某赔偿保险金后，在向刘某行使保险代位求偿权时，既可以自己的名义，也可以潘某的名义

D. 若甲公司支付的保险金不足以弥补潘某的全部损失，则就未取得赔偿的部分，潘某对刘某仍有赔偿请求权

考点二 人身保险合同

1 2020年，投保人高某为妻子安某购买死亡保险，约定如果安某在60岁之前死亡，由保险公司赔偿200万元，在安某同意下，指定安某的母亲为唯一受益人。2021年12月，高某和安某的儿子小高出生。2022年12月，安某的母亲死亡。2023年1月安某意外去世，享年40岁。高某申请变更自己为保险受益人，到保险公司求偿200万元。则下列说法正确的是：(2023年回忆版，单选)

A. 安某的法定继承人可以获得保险公司200万元的赔偿

B. 小高因继承获得保险公司200万元的赔偿

C. 高某有权变更自己为受益人并获得保险公司200万元的赔偿

D. 安某母亲的法定继承人可以要求保险公司赔偿200万元

2 陈某为其妻子李某(45岁)投了人身保险，受益人是陈某与陈某夫妇的儿子小陈，保险合同约定应缴纳保费至被投保人65岁，陈某已缴纳5年保费，其后陈某公司收益下降，导致陈某收入受到影响，陈某认为无力再负担保费，欲解除该人身保险合同，下列说法正确的是：(2021年回忆版，多选)

A. 解除合同要经过妻子同意

B. 解除合同要经过儿子同意

C. 陈某解除合同的，保险公司须退回保险单的现金价值

D. 陈某可以自行解除合同

3 杨某为全家人投保了人身保险，同时也为全部家庭财产投保了财产险，在两份保险合同的存续期间，保险公司在下列哪项情况下不享有解除保险合同的权利？(2018年回忆版，单选)

A. 杨某全家的人身保险合同中都是约定采用分期缴纳保险费的方式，但是杨某在支付首期保险费后已超过合同约定的期限2年半未缴纳第二期的保险费

B. 杨某的房屋在保险合同成立后，由于周边环境的改变，出现危险程度显著增加的情形

C. 财产保险中保险事故发生后杨某不积极进行施救

D. 人身保险中杨某为其母亲申报的年龄不真实，合同成立3个月后保险公司发现被保险人杨某的母亲的真实年龄不符合合同约定的年龄限制

4 2016年3月，张某向甲保险公司投保重大疾病险，但投保时隐瞒了其患有乙肝的事实。在保险合同订立前，甲保险公司曾要求张某到安康医院体检，并提交体检报告。因安康医院工作人员的失误，未能诊断出张某患有乙肝。2017年4月，张某因乙肝住院治疗，花去医疗费等6.3万元。2017年9月，甲保险公司得知张某隐瞒病情投保的事实。下列说法正确的是：(2018年回忆版，多选)

A. 若张某投保时，体检报告明确显示其患有乙肝，则甲保险公司不能拒赔

B. 甲保险公司发现隐瞒事实1个月后无权解除保险合同

C. 甲保险公司可以在不解除保险合同的情况下，拒绝赔付

D. 若甲保险公司解除保险合同，应当向张某退还保费

5 李某于2000年为自己投保，约定如其意外身故则由妻子王某获得保险金20万元，保险期间为10年。2009年9月1日起李某下落不明，2014年4月法院宣告李某死亡。王某起诉保险公司

主张该保险金。关于本案,下列哪些选项是正确的?(2017年,多选)

A. 保险合同应无效

B. 王某有权主张保险金

C. 李某死亡日期已超保险期间,故保险公司不承担保险责任

D. 如李某确系2009年9月1日下落不明,则保险公司应承担保险责任

6 杨某为其妻王某购买了某款人身保险,该保险除可获得分红外,还约定若王某意外死亡,则保险公司应当支付保险金20万元。关于该保险合同,下列哪一说法是正确的?(2016年,单选)

A. 若合同成立2年后王某自杀,则保险公司不支付保险金

B. 王某可让杨某代其在被保险人同意处签字

C. 经王某口头同意,杨某即可将该保险单质押

D. 若王某现为无民事行为能力人,则无须经其同意该保险合同即有效

考点三 财产保险合同

1 甲买了辆车,甲给车买了商业险和机动车第三者责任强制保险,用来在城际间运输,保险期间是2019年1月1日至2020年1月1日,甲购买车6个月之后,因为运输行情不好,甲将车辆卖给了乙公司,用于上下班接送员工。该车在接送员工途中发生车祸,与其他车辆发生剐蹭。甲未告知保险公司车辆已经卖出的情况。车祸发生后,甲表示可以帮乙公司去以甲之名义申请理赔。下列说法正确的是:(2021年回忆版,单选)

A. 乙公司可以和保险公司协商降低保费

B. 保险公司可对甲拒赔,因为没有可保利益

C. 保险公司可以因该车辆转让没有经过保险公司同意解除保险合同

D. 保险公司可以没有通知保险标的转让而拒赔

2 A单位按照规定对汽车投保第三者责任强制保险。第二年,A单位的司机甲驾驶该汽车发生车祸并且损坏了道路设施,司机甲与车内乘客乙因此受伤,乘客乙因车祸导致无法签订标的额为100万元的合同。后乘客乙对甲及A公司提起诉讼要求赔偿。以下选项正确的是:(2021年回忆版,单选)

A. 司机受伤可由第三者责任强制保险赔偿

B. 道路设施损坏可由第三者责任强制保险赔偿

C. 受伤的乘客乙的受伤损失可由第三者责任强制保险赔偿

D. 乘客乙100万元合同未签订的损失可由第三者责任强制保险赔偿

3 姜某的私家车投保商业车险,年保险费为3000元。姜某发现当网约车司机收入不错,便用手机软件接单载客,后辞职专门跑网约车。某晚,姜某载客途中与他人相撞,造成车损10万元。姜某向保险公司索赔,保险公司调查后拒赔。关于本案,下列哪一选项是正确的?(2017年,单选)

A. 保险合同无效

B. 姜某有权主张约定的保险金

C. 保险公司不承担赔偿保险金的责任

D. 保险公司有权解除保险合同并不退还保险费

(本章答案及解析见第143页)

第十六章　海　商　法

名师带练

1　考点考查统计

海商法——船舶物权——船舶所有权 *

2　命题基本规律

本部分虽然在考试大纲中列明包含海商法概述、船舶与船员、海上运输合同、船舶租用合同、船舶碰撞、海难救助、共同海损、海事赔偿限制、海事诉讼特别程序等内容，但是纵观近几年试题，仅考查过两次该部分的知识点，并且考点集中在船舶物权上，因此考生在复习时可以重点了解有关船舶物权的基础知识。

3　设题陷阱

陷阱：对海商法和物权法知识的结合考查。一方面考生要了解海商法中关于船舶物权的特殊规定，如船舶共有和船舶留置权问题；另一方面也需要结合《民法典》物权编、继承编的相关规定作变通处理。

真题快刷

依据我国《海商法》和《物权法》的相关规定，关于船舶所有权，下列哪一表述是正确的？(2014年，单选)

A. 船舶买卖时，船舶所有权自船舶交付给买受人时移转

B. 船舶建造完成后，须办理船舶所有权的登记才能确定其所有权的归属

C. 船舶不能成为共同共有的客体

D. 船舶所有权不能由自然人继承

（本章答案及解析见第 149 页）

第十七章　外商投资法

名师带练

1　考点考查统计

- 外商投资法
  - 外商投资的定义
  - 投资促进制度
  - 投资管理制度——外商投资企业的设立＊＊＊
  - 投资保护制度

2　命题基本规律

2019 年 3 月颁布《外商投资法》后，国务院及最高人民法院相继颁布《外商投资法实施条例》《关于适用〈中华人民共和国外商投资法〉若干问题的解释》，2020 年法考结合这三部规定进行了考查。同时，由于外商投资法律法规体系与公司法制度紧密相连，今后法考命题趋势可能会将外商投资法与公司法相结合进行考查。

3　命题陷阱

考生应当注意外商投资企业的国民待遇的适用与理解。

真题快刷

某外商在外商投资准入负面清单之外，以股权转让的方式设立了揽月公司，后原股权出让人达丽公司反悔，认为该股权转让的投资合同未经有关部门批准，是未生效的合同，现诉诸法院，依有关规定及司法解释，下列选项正确的是：(2020 年回忆版，单选)

A. 达丽公司以投资合同未经有关部门批准为由主张合同未生效的，人民法院不予支持

B. 如该投资合同签订于《外商投资法》施行前，并不适用负面清单的规定

C. 国家对负面清单之外的外商投资，给予最惠国待遇

D. 该外商进入的负面清单以外的领域，依内外资一致的原则实施管理，不需要批准

(本章答案及解析见第 149 页)

第十八章　信　托　法

名师带练

1　考点考查统计

信托法
- 信托的设立、变更与终止 *
- 信托财产 * *
- 信托当事人 *
- 公益信托 *

2　命题基本规律

《信托法》于2001年颁布施行，2022年纳入考试大纲。从理论上讲，信托分为私益信托和公益信托，但考试主要集中在私益信托上。考生需要掌握信托的基本原理即“三个确定”，理解信托财产的独立性，熟悉信托的设立、变更、终止等运行规则，掌握委托人、受托人、受益人的权利义务。

3　命题陷阱

陷阱一：信托财产的独立性。信托财产源于委托人，但是一旦信托成立并生效，委托人即失去财产权，信托财产独立于委托人。信托财产由受托人管理、处分，但是并不归属于受托人，信托财产独立于受托人。信托财产是为了受益人的利益而存在的，但是也不属于受益人，信托财产独立于受益人。当然，一旦信托终止，信托财产就需要落实其归属问题。具体而言，信托终止的，信托财产归属于信托文件规定的人；信托文件未规定的，按下列顺序确定归属：(1)受益人或者其继承人；(2)委托人或者其继承人。

陷阱二：信托当事人的权利义务及其相互关系。首先，三个身份能否重叠的问题。委托人可以是受益人，也可以是同一信托的唯一受益人。受托人可以是受益人，但不得是同一信托的唯一受益人。委托人不可以是受托人。其次，各自的权利义务和相互关系是《信托法》重点规范的内容，考生需要结合法条理解和掌握。

真题快刷

1　甲乙丙丁共同出资1000万元，通过启航信托公司设立“海潮一号”信托计划，投资于海上风力发电项目。甲乙丙丁是信托受益人。启航信托公司大量从事地产业务投资，因地产市场萎缩，致使启航信托公司大量投资无法收回，于2021年10月破产。对此，下列说法正确的是：(2023年回忆版，单选)

A.“海潮一号”信托计划可以按照信托目的继续存续

B.“海潮一号”的信托财产作为启航信托公司的破产财产

C.“海潮一号”的信托财产作为启航信托公司的清算财产

D.在启航信托公司的破产程序中，甲乙丙丁可以通过破产清算程序受偿

2 方某与甲信托公司签订了《单一事务管理类信托合同》，约定方某委托甲信托公司为乙公司发放信托贷款300万元，一次三个月，每次给乙公司发放100万元，合同没有约定受托人报酬，甲公司收到指令后给乙公司分三笔发放了信托贷款。对此，下列说法正确的有哪些？（2022年回忆版，多选）

A. 甲公司应对方某承担信托义务

B. 虽然双方未约定报酬，但甲公司有权请求信托报酬

C. 未约定报酬不影响信托的效力

D. 因为财产都按委托人的指示处分了，因此信托无效

（本章答案及解析见第150页）

经 济 法

关于经济法客观题的考试说明[①]

经济法是实践性较强的学科，掌握起来有一定难度。该部分考点比较分散，覆盖面比较广，一般主要考法条的直接应用，但也出现越来越多的实务型、案例型选择题。在该部分中，竞争法、消费者法、劳动法历来是重点，考生在掌握法条的基础上要加强理解。其余章节虽分值不高，但几乎每年都考，也不可忽视，需要把握其最重点内容。

从2018～2023年法考真题不完全统计来看，经济法的分值相对比较稳定，变化主要集中在考查内容上而非分值分布上，按大纲顺序，各章节分值分布大致如下。

部门法	分值/分
竞争法	3
消费者法	4
银行业法	2
财税法	3
土地法和房地产法	3
环境保护法	2
自然资源法	2
劳动法	4
社会保障法	2
总计	25

一、命题基本规律

1. 考点分散，覆盖面广

本书所称经济法，在法学院的课程设置中大致相当于经济法、劳动法和环境法三门课程，大纲包含法律、行政法规和司法解释多达30件，其内容之多、覆盖面之广，由此可见一斑。另外，为尊重大纲的权威，命题中几乎每个章节都要涉及，使考点非常分散，重点很难把握。

2. 在章节内部，突出考查与该法之目的直接相关的内容

在宏观上，考点是分散的。但是在章节内部，却有一定规律可循，试题主要集中在体现该法律目的的主要内容上。例如，在消费者法这一章，试题主要集中在经营者对消费者的责任上，包括责

① 由于考查特点相似，本考试说明是对经济法、环境资源法、劳动与社会保障法的一并说明，为行文方便，以下统称为“经济法”。本书章节划分与大纲稍有不同。大纲是以学理上的小部门法为单位划分，本书是以一部部法律为单位划分。——编者注

任主体、责任形式、救济途径等。抓住这些重点,就可以拿下一半以上的分数。

3. 历年考题与法律修订、时事热点、时政政策紧密联系

由于经济法所涉及的内容与国计民生有紧密的联系,从宏观调控和市场监管两个层面发挥着巨大的作用,其本身性质就与生活、生产、消费、分配息息相关,因此,在历年考题中如果涉及某一经济法的下属部门法有最新修订内容或是某一内容与时事热点相呼应,那么对应可考性将大大提高。如据不完全统计,2018 年法考关于《反不正当竞争法》的新修改的内容考查了两道选择题;2019 年法考考查了当年新实施的《个人所得税法》的免税项目;2021 年《审计法》修订,在 2022 年的考试中也有体现,由此可见,经济法对新修改的内容和时事热点的迅速回应能力。

4. 综合性考查初现端倪

就知识体系而言,经济法各部分之间关联度较低,因此难以跨学科考查。但是近年来,也有试题综合考查多个法律。例如,环境污染侵权的民事责任问题,主要考查《民法典》的相关规定,但是《环境保护法》中关于环境服务机构弄虚作假需承担连带责任的规则也可以一起考查。又如,在林地上从事建设活动,会涉及《森林法》、《环境影响评价法》和《土地管理法》的规定。

二、复习技巧

由于前述特点,经济法是法考复习中公认的难题。一方面,它的分值不低,所以不能放弃。另一方面,它的内容实在太多,想要全部抓住,困难极大。因此,考生们可以从以下几个方面入手:

1. 抓住重点,拿下基本分。如前所述,竞争法、消费者法、劳动法是相对比较重要的章节,分值超过经济法的1/3,且这些内容与日常生活息息相关,学习起来相对容易,是必须认真对待的重点章节。在其他章节中,也有相对比较重要的考点,针对性复习的“性价比”也较高。

2. 点滴积累,碎片化学习。对于经济法中传统上的非重点内容,大规模集中投入时间是不太划算的,考生可以在平时利用零散时间碎片化学习。比如,商业银行的业务,特别是贷款业务,内容集中,也不需要深入理解背后的原理,十几分钟就可以过一遍,考生可以利用茶余饭后或地铁公交上去学习。在复习民法、刑法等大科目的间隙,也可以看看环境影响评价制度,转换思维,让大脑休息一下。

3. 重视法条。相对而言,经济法的考题与法条的关联度较高,有一部分较为简单的题目是直接考查法条或法条运用的。考生可以浏览相关法条,把其中内容较为具体的条文勾画出来,利用零散时间阅读和记忆。

4. 重视新法,重视热点。经济法大纲包含30 件法律、行政法规和司法解释,发生修订的概率很高。若遇修订或者新版的法律、行政法规和司法解释,一定要加以重视。此外,一些热点事件或热点案例也会成为考试的素材,考生平时可以多加关注。

5. 注意节奏,前大后小。很多考生平时忽略甚至放弃经济法的复习,寄望于考前突击,这种做法是不可取的。在复习备考早期,可以重点关注竞争法、消费者法、劳动法等相对重要的章节,在复习备考的后期,可以多加关注其他相对不那么重要的章节,让自己投入的时间获得最佳的得分效果。

第一章 反垄断法

名师带练

1 考点考查统计

- 反垄断法
  - 垄断协议
    - 横向垄断协议 * *
    - 纵向垄断协议 * *
  - 滥用市场支配地位：滥用市场支配者地位的认定 *
  - 经营者集中 *
  - 滥用行政权力排除、限制竞争 *

2 命题基本规律

总体来看，本部分考点主要考查垄断协议、滥用市场支配地位的认定，其中垄断协议包括横向垄断协议和纵向垄断协议的认定以及豁免情形；滥用市场支配地位一般认定步骤包括界定相关市场，界定市场支配地位，判断有无滥用市场支配地位的具体行为。虽然对行业协会以及反垄断执法机构的考查力度相对较小，但也需要注意行业协会的义务以及反垄断执法机构的执法。

具体来说，本部分考点相对集中，需要兼顾一般和特殊的规则。在垄断协议的考点中，既要把握横向垄断协议和纵向垄断协议的判定规则，又要明确其中的豁免条件。在反垄断执法机构执法中，关于经营者主动报告制度和承诺制度，属于一般执法以外的特殊情形。由此，体现本部分考点兼顾一般和特殊规则的特点。

从近几年的命题趋势来看，垄断协议仍将成为本部分考点的主要考查对象，考生需要对此熟练掌握。

需要注意的是，2022 年《反垄断法》修改，这些修改之处需要考生在复习时注意：

（1）关于垄断协议。该法第 19 条专门规范了“轴辐合谋”，即经营者不得组织其他经营者达成垄断协议或者为其他经营者达成垄断协议提供实质性帮助。这意味着，以后不仅直接参与合谋的“辐”会遭到处罚，帮助合谋的“轴”也需要承担相应责任。该法第 18 条对纵向垄断协议作了两处例外规定，一是经营者能够证明其不具有排除、限制竞争效果的，不予禁止；二是经营者能够证明其在相关市场的市场份额低于国务院反垄断执法机构规定的标准，并符合国务院反垄断执法机构规定的其他条件的，不予禁止。

（2）关于滥用市场支配地位。该法第 22 条增加一款：“具有市场支配地位的经营者不得利用数据和算法、技术以及平台规则等从事前款规定的滥用市场支配地位的行为。”

（3）关于经营者集中。一是扩大了需要申报的经营者集中范围，其中第 26 条第 2 款规定：“经营者集中未达到国务院规定的申报标准，但有证据证明该经营者集中具有或者可能具有排除、限制竞争效果的,国务院反垄断执法机构可以要求经营者申报。”二是规定了“停表”制度,在特殊情况下延长反垄断执法机构的审查时限,其中第32条规定:“有下列情形之一的,国务院反垄断执法机构可以决定中止计算经营者集中的审查期限,并书面通知经营者:(一)经营者未按照规定提交文件、资料,导致审查工作无法进行;(二)出现对经营者集中审查具有重大影响的新情况、新事实,不经核实将导致审查工作无法进行;(三)需要对经营者集中附加的限制性条件进一步评估,且经营者提出中止请求。自中止计算审查期限的情形消除之日起,审查期限继续计算,国务院反垄断执法机构应当书面通知经营者。”三是引入了经营者集中分类分级制度,其中第37条规定:“国务院反垄断执法机构应当健全经营者集中分类分级审查制度,依法加强对涉及国计民生等重要领域的经营者集中的审查,提高审查质量和效率。”

(4)关于行政垄断。结合实践,将新的行政垄断行为纳入法律调整范围。其中第40条规定:“行政机关和法律、法规授权的具有管理公共事务职能的组织不得滥用行政权力,通过与经营者签订合作协议、备忘录等方式,妨碍其他经营者进入相关市场或者对其他经营者实行不平等待遇,排除、限制竞争。”

(5)关于法律责任。大幅度提升了对垄断行为的处罚力度,增加了对违法行为的威慑。

3 设题陷阱

陷阱一:混淆横向垄断协议内容与滥用市场支配地位的具体行为。横向垄断协议内容要求具有限价限量限技术,分割市场和抵制交易等内容,而滥用市场支配地位具体行为包括垄断价格、倾销、拒绝交易、强制交易等,二者存在某种程度的相似性,如果考生没有清楚记忆,有可能会在短时间的思考过程中得出错误结果,混淆二者具体行为的内容。

陷阱二:混淆滥用市场支配地位的主体。横向垄断协议的主体是相关市场存在竞争关系的双方或多方,纵向垄断协议的主体则是具有上下游关系的经营者,不存在直接竞争关系;而滥用市场支配地位则是具有市场支配地位的经营者向消费者实施。常常有考生混淆这几类垄断行为的主体关系,如垄断高价或者垄断低价是直接产生在经营者和消费者之间的,而非产生在具有上下游关系的生产商和销售商之间的。因此,考生一定要明确各垄断行为的实施主体,方能破题。

真题快刷

考点一 垄断协议

1 a公司占某市场份额60%,b公司占该市场份额30%,a公司与b公司决定一致定价某产品为500元,但尚未投入实施,下列选项正确的是:(2021年回忆版,多选)

A. 因尚未有实际行为,对b公司可处罚不超过50万元

B. 可推定a公司与b公司具备市场支配地位

C. b公司主动报告并提供重要证据可减轻或免除处罚

D. 若b公司承诺将该产品调价至250元,可免予处罚

2 飞快汽车生产公司与好迪4S店达成的下列协议中,哪一选项构成垄断协议?(2020年回忆版,单选)

A. 好迪4S店不得销售美好汽车公司生产的各型号汽车

B. 好迪4S店应向消费者提供汽车保养服务,各项服务价格固定为200元

C. 飞快公司委托好迪4S店代卖轮胎,每个轮胎的价格不得低于200元

D. 好迪4S店向消费者提供升级服务,每项服务价格不得高于200元

考点二 滥用市场支配地位

某燃气公司在办理燃气入户前,要求用户缴纳一笔"预付气费款",否则不予供气。待不再用气时,用户可申请返还该款项。经查,该款项在用户日常购气中不能冲抵燃气费。根据《反垄断法》的规定,下列哪一说法是正确的?(2016年,单选)

A. 反垄断机构执法时应界定该公司所涉相关市场

B. 只要该公司在当地独家经营,就能认定其具有市场支配地位

C. 如该公司的上游气源企业向其收取预付款,该公司就可向客户收取"预付气费款"

D. 县政府规定了"一个地域只能有一家燃气供应企业",故该公司行为不构成垄断

考点三 经营者集中

2018年a公司吸收合并b公司达到国务院规定的经营者集中申报标准,但并未申报。上述合并实施后,a公司在网络音乐市场所占份额达到70%,并通过与唱片公司签订独家版权协议进一步巩固了市场地位,下列说法正确的是:(2021年回忆版,多选)

A. 应在实施合并前,向国务院反垄断执法机构申报

B. 国务院反垄断执法机构对a公司吸收合并b公司进行审查后,作出不予禁止的决定,并可以附加限制性条件,以减少集中对竞争产生的不利影响

C. a公司行为违反了《反垄断法》,可处以50万元以下罚款

D. a公司违反了《反垄断法》,可责令其解除独家版权协议,恢复到集中前的状态

考点四 滥用行政权力排除、限制竞争

某市公安局出台文件,指定当地印章协会统一负责全市新型防伪印章系统的开发建设,强令全市公安机关和刻章企业卸载正在使用的、经公安部门检测通过的软件系统,统一安装印章协会开发的软件系统,并要求刻章企业向印章协会购买刻章设备和章料。根据《反垄断法》的相关规定,反垄断执法机构拟采取下列哪一措施是正确的?(2018年回忆版,单选)

A. 撤销该协会的社团资格

B. 责令该市公安局改正

C. 对该市公安局罚款

D. 建议市人民政府责令该市公安局改正

(本章答案及解析见第151页)

第二章 反不正当竞争法

名师带练

1 考点考查统计

- 反不正当竞争法——反不正当竞争行为类型
  - 混淆行为＊＊＊
  - 虚假宣传行为＊＊
  - 侵犯商业秘密行为＊
  - 诋毁商誉行为＊
  - 互联网不正当竞争行为＊＊

2 命题基本规律

本部分主要考查不正当竞争行为的具体类型及其判定，主要包括混淆行为、虚假宣传行为、侵犯商业秘密行为、诋毁商誉行为和互联网不正当竞争行为，偶尔也会涉及诋毁商誉行为、商业贿赂行为和不正当有奖销售行为。本章法律变动频繁：2017年《反不正当竞争法》有较大修改，2019年再次修改；2020年颁布了最高人民法院《关于审理侵犯商业秘密民事案件适用法律若干问题的规定》；2022年又颁布了最高人民法院《关于适用〈中华人民共和国反不正当竞争法〉若干问题的解释》，可见本章内容的重要程度，考生应加以重视。

3 设题陷阱

本部分出题陷阱集中在对各种不同的不正当竞争行为的判定上。

真题快刷

1 甲公司与乙公司都是电视生产厂家，乙公司的logo是一头可爱的小熊，具有很高的识别度。2022年一条视频爆红网络：一男子对着贴有小熊图案的电视机不断地说：“看不清，雾里看花看不清，雷隐隐雾蒙蒙看不清。”吐槽该电视机屏幕很小、显色差、信号不好，屏幕漏光。该视频获点赞过百万。经调查，视频中的男子是甲公司员工，且乙公司生产的电视机不存在视频中所说的质量问题。对此，下列说法正确的是：(2023年回忆版，单选)

A. 甲公司违法与否要看是否构成混淆

B. 甲公司违法与否要看乙公司小熊标志是否有影响力

C. 甲公司违法与否取决于小熊是否属于商业装潢

D. 甲公司违法与否要看是否影响了乙公司的商品声誉

2 金硕巅峰公司是知名教育培训机构,其广告宣传为“金硕巅峰,已助众多考生圆梦金硕”,飞跃公司为同行业教培机构,在其网站展示“金硕 VIP 全程班”,对此,下列说法正确的是哪一项?(2022 年回忆版,单选)

A. 飞跃公司的行为会让人误认为其与金硕巅峰公司存在特定联系,其行为违法

B. 飞跃公司涉嫌虚假宣传,其行为违法

C. 飞跃公司的行为系合法行为

D. 飞跃公司没有使用金硕的域名,不构成违法

3 甲公司系一家互联网信息公司,未经乙网运营方同意,劫持乙网数据,在乙网主页页面右上角设置弹窗,在用户访问乙网时,甲公司所投放的广告将自动弹出。对于甲公司的行为,下列说法正确的是:(2018 年回忆版,单选)

A. 构成互联网不正当竞争

B. 构成网络避风港原则,不承担责任

C. 构成诋毁商誉

D. 甲公司应为其投放的虚假广告导致的消费者损失承担连带责任

4 某蛋糕店开业之初,为扩大影响,增加销售,出钱雇人排队抢购。不久,该店门口便时常排起长队,销售盛况的照片也频频出现于网络等媒体,附近同类店家生意随之清淡。对此行为,下列哪一说法是正确的?(2017 年,单选)

A. 属于正当的营销行为

B. 构成混淆行为

C. 构成虚假宣传行为

D. 构成商业贿赂行为

5 甲公司拥有“飞鸿”注册商标,核定使用的商品为酱油等食用调料。乙公司成立在后,特意将“飞鸿”登记为企业字号,并在广告、企业厂牌、商品上突出使用。乙公司使用违法添加剂生产酱油被媒体曝光后,甲公司的市场声誉和产品销量受到严重影响。关于本案,下列哪些说法是正确的?(2015 年,多选)

A. 乙公司侵犯了甲公司的注册商标专用权

B. 乙公司将“飞鸿”登记为企业字号并突出使用的行为构成不正当竞争行为

C. 甲公司因调查乙公司不正当竞争行为所支付的合理费用应由乙公司赔偿

D. 甲公司应允许乙公司在不变更企业名称的情况下以其他商标生产销售合格的酱油

(本章答案及解析见第 154 页)

第三章　消费者权益保护法

名师带练

1　考点考查统计

- 消费者权益保护法
  - 消费者权利
    - 消费者知情权 *
    - 消费者自主选择权 *
    - 消费者公平交易权 *
  - 经营者义务与责任
    - 经营者的义务 *
    - 经营者的特殊民事责任 *

2　命题基本规律

本部分主要考查消费者权益的有关内容，消费者的权利与经营者的义务和责任一起构成了本部分的主要考点。消费者权利主要体现为公平交易权、安全保障权、自主选择权、知情权等；经营者义务分为安全保障义务、格式条款提示义务、金融服务的特殊信息提示义务，以及经营者应当承担的责任，其中重点考查的是责任主体和惩罚性赔偿。

此外，本部分与普通人的日常生活息息相关，最高人民法院也多次发布指导案例，这些案例成为考试的重要素材。例如，第 1 号指导案例成为2014 年试题的原型，第64 号指导案例成为2016 年试题的原型。考生要结合典型案例和热点问题复习备考。

3　设题陷阱

陷阱：混淆惩罚性损害赔偿的适用条件。惩罚性损害赔偿并不是消费者受到损害就一定可以适用的规则，其适用一般条件是经营者在提供商品或服务的过程中存在欺诈行为，而适用的特殊条件是明知是缺陷产品还提供缺陷产品导致消费者人身损害的，这两种情形也分别对应不同的惩罚结果。考生在对知识点和法条内容进行把握时应当学会解构条件和结果，以免对本规则混淆适用。

真题快刷

考点一　消费者权利

1 甲在乙公司办理了手机通讯服务，业务单约定：如甲方（甲）预付费使用完毕而未及时补交款项，乙方（乙公司）有权暂停甲方的通讯服务，由此造成损失，乙方概不担责。甲预付了费用，1 年后发现所用手机被停机，经查询方得知公司有“话费有效期满暂停服务”的规定，此时账户尚有余

额，遂诉之。关于此事，下列哪些说法是正确的？(2016年，多选)

A. 乙公司侵犯了甲的知情权

B. 乙公司提供格式条款时应提醒甲注意暂停服务的情形

C. 甲有权要求乙公司退还全部预付费

D. 法院应支持甲要求乙公司承担惩罚性赔偿的请求

2 彦某将一套住房分别委托甲、乙两家中介公司出售。钱某通过甲公司看中该房，但觉得房价太高。双方在看房前所签协议中约定了防“跳单条款”：钱某对甲公司的房源信息负保密义务，不得利用其信息撇开甲公司直接与房主签约，否则支付违约金。事后，钱某又在乙公司发现同一房源，而房价比甲公司低得多。钱某通过乙公司买得该房，甲公司得知后提出异议。关于本案，下列哪些判断是错误的？(2014年，多选)

A. 防“跳单”条款限制了消费者的自主选择权

B. 甲公司抬高房价侵害了消费者的公平交易权

C. 乙公司的行为属于不正当竞争行为

D. 钱某侵犯了甲公司的商业秘密

考点二 经营者义务与责任

1 甲到某著名手机品牌a的官网上买了一个新手机，用了1个月之后，甲发现手机存在问题，遂到维修店对该手机进行检修，检修结果表明该手机为二手手机，甲能够主张下列哪些请求？(2021年回忆版，多选)

A. 以存在欺诈为由，撤销买卖合同

B. 要求退还旧手机，换一部新手机

C. 主张3倍的惩罚性赔偿

D. 保留该手机主张补偿差价

2 在茶叶丰收之际，红旗公司认为茶叶销售旺季将引发其关联产品茶具的火爆销售，遂购进一批产自乙公司的茶具，准备借A市茶具协会举办茶具工艺品展销会之机出售该批茶具。为了顺利参加此次展销会，红旗公司又借来甲公司的营业执照并租来丙公司的柜台，允诺营业执照借期至展销会结束时止。展会期间，展会附近居民小王去展场购买一套茶具回家后，泡了一壶茶竟然发现壶嘴开裂。在展销会结束前，小王可向以下哪一主体主张补救损失？(2019年回忆版，单选)

A. 甲公司

B. 乙公司

C. 茶具协会

D. 丙公司

3 A电动车公司生产的电动车因为质量问题久久未见解决，三个月以前发生过一起自燃事件，经调查发现事故是由电池造成的。B公司是电商平台，出售该款电动车时表明：该车型电动车严格按照检查程序检查，绝对没有质量问题。C购买该电动车回家使用，未到一个月该电动车在一次驾驶中自燃烧毁，致使C残疾。下列说法正确的是：(2019年回忆版，多选)

A. 只能由A公司承担赔偿责任

B. A公司和B电商平台按份承担责任

C. C可以向A公司申请残疾辅助器具补助金和损害赔偿

D. 市场监督管理局应责令A公司召回该电动车

（本章答案及解析见第157页）

第四章　产品质量法

名师带练

1　考点考查统计

- 产品质量法
  - 产品质量监督
    - 产品安全标准 *
    - 产品标识 *
    - 产品质量监督抽查 *
    - 产品召回 *
  - 产品质量责任与法律责任承担
    - 产品瑕疵责任 *
    - 产品缺陷责任 *

2　命题基本规律

本部分主要考查产品质量监督、产品质量责任与法律责任，产品质量责任包括产品瑕疵责任、产品缺陷责任、赔偿范围等问题。产品质量监督则包括产品安全标准、产品标识、产品质量监督抽查、产品召回制度。

总体来看，本部分考点集中在产品质量责任与具体法律责任承担，其中对于产品瑕疵责任的承担和产品缺陷责任的承担是考查的重点，对其配套的赔偿范围也是常考点之一。

从近几年的命题趋势来看，本部分考查的频率相对较小，但是近年对其关注逐步提升，在此基础上，今后的法考很有可能再次针对本部分知识点出题，出题重点仍然集中在产品质量责任这一部分，需要考生多加留意。

3　设题陷阱

陷阱：对产品瑕疵责任和产品缺陷责任的混淆。二者的性质、归责主体、归责原则、免责条件、发生时间、赔偿范围和责任均有不同，考生虽然不易混淆对于瑕疵和缺陷的认定，但是在归责的过程中很可能混淆过错原则和严格责任原则，由于二者的不同点具有混淆性，这就需要考生多加注意，做题时注意分辨。

真题快刷

考点一　产品质量监督

某家具店出售的衣柜，如未被恰当地固定到墙上，可能发生因柜子倾倒致人伤亡的危险。关于此事，下列哪些说法是正确的？（2016年，多选）

A. 该柜质量应符合产品安全性的要求

B. 该柜本身或其包装上应有警示标志或者中文警示说明
C. 质检部门对这种柜子进行抽查,可向该店收取检验费
D. 如该柜被召回,该店应承担购买者因召回支出的全部费用

考点二 产品质量责任与法律责任承担

1 张三在寝室复习法考考试,隔壁寝室的学生李四、王五到张三寝室强烈要求张三打开电视观看世界杯,张三照办。由于质量问题,电视机突然爆炸,张三、李四和王五三人均受重伤。关于三人遭受的损害,下列哪一选项是正确的?(2018 年回忆版,单选)

A. 张三可要求电视机的销售者承担赔偿责任
B. 张三可要求李四、王五承担损害赔偿责任
C. 张三、李四无权要求电视机的销售者承担赔偿责任
D. 张三、李四有权要求王五承担损害赔偿责任

2 霍某在靓顺公司购得一辆汽车,使用半年后前去靓顺公司维护保养。工作人员告诉霍某该车气囊电脑存在故障,需要更换。霍某认为此为产品质量问题,要求靓顺公司免费更换,靓顺公司认为是霍某使用不当所致,要求其承担更换费用。经查,该车气囊电脑不符合产品说明所述质量。对此,下列哪一说法是正确的?(2017 年,单选)

A. 霍某有权请求靓顺公司承担违约责任
B. 霍某只能请求该车生产商承担免费更换责任
C. 霍某有权请求靓顺公司承担产品侵权责任
D. 靓顺公司和该车生产商应当连带承担产品侵权责任

(本章答案及解析见第 160 页)

第五章 食品安全法

名师带练

1 考点考查统计

- 食品安全法
  - 食品安全标准
    - 食品安全国家标准 *
    - 食品安全地方标准 *
    - 食品添加剂 *
  - 食品安全控制
    - 食品召回制度 *
    - 行政机构监管措施 *
    - 食品安全事故 * *
  - 食品安全责任
    - 食品安全损害赔偿 *
    - “知假买假”问题 *

2 命题基本规律

本部分主要考查有关食品安全标准、食品安全控制以及食品安全责任的知识。其中,食品安全标准包括食品安全国家标准和地方标准;食品安全控制包括食品召回制度和行政监督管理措施;食品安全责任则包含食品安全损害赔偿等相关问题,尤其要注意食品安全法上的惩罚性赔偿的要件、赔偿标准以及除外情形。

从历年考查的知识点来看,本部分考点分布比较平衡。食品安全标准和食品安全责任是常考点也是考试重点,而食品安全控制的内容则相对较少。考生应当择重把握本部分知识点,做到有的放矢。

从历年命题的趋势来看,有可能在今后的法考中继续考查有关食品安全责任和标准的相关内容,考生应当对本部分知识点有一个基础的把握,厘清知识点之间的联系。

3 设题陷阱

陷阱一:混淆食品安全标准的制定主体和适用范围。由于国家标准和地方标准有不同的主体和适用范围,考生往往只看见宏观的区别而忽略细小的差异,如某题要求考生既要认识到食品安全国家标准由国务院卫生行政部门制定并适用于全国,又要看到地方标准是针对没有食品安全国家标准的,由省级卫生行政部门制定并报国务院备案的地方性适用标准。另外,国家鼓励企业对自己严格要求,在国家安全标准之上进一步严格规定企业标准。考生应当明晰这些区别,而非单纯认定国家标准即适用于全国,地方标准则适用于地方。

陷阱二:辨析食品安全责任的特殊之处。食品安全责任具有更为严格的评价标准以及惩罚措施,例如,“知假买假”应用于食品安全领域,是应当对消费者进行赔偿的。对于惩罚性赔偿措施往往具有比产品责任更为严格的规定,在食品安全领域中,生产不符合安全标准或明知不符合安全标准的食品,消费者可以要求支付食品价款 10 倍或损失 3 倍的赔偿金,兜底价款为 1000 元。

真题快刷

考点一 食品安全标准

1 某超市销售的速冻水饺标签标注其符合国际食品安全标准,甲购买该速冻水饺后发现,实际上该速冻水饺不符合标签上的国际标准,但是没有违反国家食品安全标准,即速冻水饺标签宣称符合国际标准(国际标准较高),实际只符合国内标准(国内标准较低),则下列说法正确的是:(2021 年回忆版,单选)

A. 甲可要求超市退款,但不能主张食品价款 10 倍赔偿

B. 甲可要求超市退款并支付食品价款 10 倍赔偿

C. 甲无权要求超市退款及支付食品价款的 10 倍赔偿

D. 甲无权要求超市退款,但可主张超市支付食品价款 10 倍赔偿

2 李某花 2000 元购得某省 M 公司生产的苦茶一批,发现其备案标准并非苦茶的标准,且保质期仅为 9 个月,但产品包装上显示为 18 个月,遂要求该公司支付 2 万元的赔偿金。对此,下列哪些说法是正确的?(2017 年,多选)

A. 李某的索赔请求于法有据

B. 茶叶的食品安全国家标准由国家卫计委①制定、公布并提供标准编号

C. 没有苦茶的食品安全国家标准时,该省卫计委可制定地方标准,待国家标准制定后,酌情存废

D. 国家鼓励该公司就苦茶制定严于食品安全国家标准或地方标准的企业标准,在该公司适用,并报该省卫计委备案

3 李某从超市购得橄榄调和油,发现该油标签上有"橄榄"二字,侧面标示"配料:大豆油、橄榄油",吊牌上写明:"添加了特等初榨橄榄油",遂诉之。经查,李某事前曾多次在该超市"知假买假"。关于此案,下列哪些说法是正确的?(2016年,多选)

A. 该油的质量安全管理,应遵守《农产品质量安全法》的规定

B. 该油未标明橄榄油添加量,不符合食品安全标准要求

C. 如李某只向该超市索赔,该超市应先行赔付

D. 超市以李某"知假买假"为由进行抗辩的,法院不予支持

考点二 食品安全控制

1 李某违规在养殖海鲜的饲料里加农药,酒店购入海鲜,造成群体性中毒,下列选项正确的是:(2020年回忆版,单选)

A. 市疾病预防控制中心要向市市场监督管理局提交流行性病学报告

B. 市卫健委要向市市场监督管理局提交流行性病学报告

C. 卫健委应对有关因素进行流行病学调查

D. 卫健委应对事故现场的卫生进行处理

2 消费者曹某从某土特产超市购买了野生菇一包(售价50元),食用后因食物中毒口吐白沫、倒地不起,被紧急送往医院抢救,花费医疗费5000元。事后查明,该野生菇由当地企业蘑菇世家生产,因不符合食品安全标准,已多次发生消费者食物中毒事件。关于本案的责任承担,下列说法正确的是:(2018年回忆版,多选)

A. 土特产超市发现食品安全事故后,可以立即停止销售,召回已经销售野生菇的食品

B. 如果曹某要求土特产超市赔偿,该超市有权以无过错为由拒绝赔偿

C. 曹某有权获得最高1.5万元的惩罚性赔偿金

D. 若生产企业财产不足以同时支付行政罚款和民事赔偿,应当先行支付民事赔偿

(本章答案及解析见第162页)

---

① 2018年机构改革后,调整为卫健委,下同。

第六章　商业银行法

名师带练

1　考点考查统计

- 商业银行法
  - 商业银行的管理机制:商业银行行为规范 *
  - 商业银行的业务规则
    - 商业银行业务范围 *
    - 商业银行贷款规则 * *
    - 商业银行同业拆借 * *
  - 商业银行责任
    - 商业银行的存款安全义务 *
    - 商业银行责任承担 *

2　命题基本规律

本部分主要由商业银行的管理机制、商业银行的业务规则、商业银行责任三方面构成,商业银行的管理机制分为设立管理和退出管理,商业银行业务规则包括贷款业务规则、同业拆借和禁止业务等。

从总体来看,本部分知识点着重考查商业银行的业务规则,尤其是商业银行的贷款业务规则,其中包括贷款业务一般规则、贷款对资产负债比的要求、不良贷款的规定等内容。商业银行的管理机制也是比较重要的内容,虽然并未在近5年考题中直观展示,但是具有较为重要的制度价值,商业银行的设立具有严格的条件,考生可以在复习过程中根据重点进行把握。

从近几年的命题来看,本部分知识点考查频率较低,重点也相对集中,考生可以集中把握重要部分,做到有的放矢。

3　设题陷阱

陷阱:在适用商业银行责任承担规则上,需要结合民法侵权责任的责任分配原则进行理解。应充分结合商业银行的安保义务和过错责任原则进行判断,综合性的思维能够帮助考生灵活地处理考题。

真题快刷

考点一　商业银行的管理机制

某市商业银行2010年通过实现抵押权取得某大楼的所有权,2013年卖出该楼获利颇丰。2014

年该银行决定修建自用办公楼,并决定入股某知名房地产企业。该银行的下列哪些做法是合法的?(2014 年,多选)

A. 2010 年实现抵押权取得该楼所有权　　B. 2013 年出售该楼

C. 2014 年修建自用办公楼　　D. 2014 年入股某房地产企业

考点二　商业银行的业务规则

1 山河银行向金岭银行拆借一部分资金,金岭银行向山河银行拆借了这部分资金,请问下列哪些选项是错误的?(2020 年回忆版,多选)

A. 山河银行交足存款准备金之后,可以借给金岭银行这笔资金

B. 山河银行可以用备付金拆借这笔资金

B. 金岭银行可用这笔资金用于发放个人住房贷款

D. 金岭银行可用这笔资金来购买国债

2 某商业银行,为增加贷款业务量,与李某合作,李某协助该商业银行开拓联系贷款客户和办理贴息贷款业务,并在贴息中获取个人报酬。自 2017 年以来,李某长期使用该银行场地及柜员开展业务,经查李某是该银行离职人员。对此,下列说法正确的是:(2018 年回忆版,多选)

A. 李某可以开展银行贷款业务

B. 银行与李某的合作应该遵循公平竞争原则

C. 商业银行资产的安全性与流动性呈反比关系

D. 商业银行资产的安全性与收益性呈反比关系

3 某商业银行对其资金管理作出了一系列安排,包括向各分支机构拨付相关运营资金、调整流动性比例、处分抵押物及拆入资金等资金使用行为。下列哪些行为不符合法律规定?(2018 年回忆版,多选)

A. 规定本行的流动性资产余额与流动性负债余额的比例不得低于 35%

B. 为扩大经营规模,拨付给各分支行的运营资金总和为总行资金的 65%

C. 因行使抵押权取得的商品房,规定应当自取得之日起 2 年内予以处分

D. 规定可以利用拆入的资金发放固定资产贷款,但不得用于投资

考点三　商业银行责任

甲商业银行的流动性资产余额与流动性负债余额的比例低于 20%,银行业监督管理机构责令其改正,甲银行表示该比率不低,可正常经营,银行业监督管理机构可采取下列哪些措施?(2021 年回忆版,多选)

A. 责令甲商业银行停止新业务　　B. 责令甲商业银行新增分支机构

C. 限制甲银行董事、高级管理人员权利　　D. 责令甲银行停业整顿

(本章答案及解析见第 165 页)

第七章　企业所得税法

名师带练

1　考点考查统计

企业所得税法——企业所得税征税内容
- 居民企业所得税 * *
- 非居民企业所得税 *
- 税收优惠制度 *

2　命题基本规律

本部分围绕企业所得税的内容进行构建，主要包括企业所得税征税内容和企业所得税征收管理。企业所得税征税内容包括对纳税人、税收优惠的规定。其中，纳税人包括居民企业和非居民企业，分别对应不同的征税内容。企业所得税的征收管理则包括纳税担保、税收保全和税收争议等内容。

本部分主要考查对基础知识的掌握，但是具有较大难度，原因在于关于企业所得税的规定往往与消费税、车船税等有关内容结合考查，知识点相对来说比较繁杂，好在考试频率并不高，因此考生在复习本部分知识点时可以量力而行，择重把握。

从命题趋势来看，对于企业所得税征税内容的考查是重点，可以着重把握居民企业和非居民企业征税的区别，应纳税额所得额的计算，特别是扣除问题，以及税收优惠政策，至于企业所得税税收征收管理内容可以结合税收征管法一并把握。

3　设题陷阱

陷阱：对居民企业和非居民企业的认定和征税内容的区别。居民企业和非居民企业的判定条件不同，对应的纳税义务必然不同，因此考生在做题时应当细致把握。

真题快刷

1 依照外国法律成立的在国外登记注册的甲公司在中国 a 省设立甲公司的管理机构乙，甲公司是研发和制造无人机的高新技术企业，受到国家扶持，甲公司的管理机构乙于 2021 年 2～10 月迁往 b 省，下列说法正确的是：(2021 年回忆版，单选)

A. 甲公司应当在 a 省纳税　　B. 甲公司应当在 b 省纳税

C. 甲公司缴纳企业所得税税率为 25%　　D. 甲公司不是纳税居民企业

2 某公司经营过程取得的各项收入中，包括销售货物收入、国债利息、股息收益、财政拨款等各项收入，请问哪些属于企业所得税的免税项目？(2018 年回忆版，多选)

A. 向另一家公司销售货物的收入

B. 购买国债的利息收入

C. 投资国内某互联网公司取得的股息收益

D. 从当地政府获得的财政拨款

3 A基金在我国境外某群岛注册并设置总部，该群岛系低税率地区。香港B公司和浙江C公司在浙江签约设立杭州D公司，其中B公司占95%的股权，后D公司获杭州公路收费权。F公司在该群岛注册成立，持有B公司100%的股权。随后，A基金通过认购新股方式获得了F公司26%的股权，多年后又将该股权转让给境外M上市公司。M公司对外披露其实际收购标的为D公司股权。经查，A基金、F公司和M公司均不从事实质性经营活动，F公司股权的转让价主要取决于D公司的估值。对此，根据我国税法，下列哪些说法是正确的？（2017年，多选）

A. A基金系非居民企业

B. D公司系居民企业

C. A基金应就股权转让所得向我国税务机关进行纳税申报

D. 如A基金进行纳税申报，我国税务机关有权按照合理方法调整其应纳税收入

（本章答案及解析见第168页）

第八章　个人所得税

名师带练

1　考点考查统计

个人所得税
- 个人所得税纳税人＊
- 个人所得税课税对象＊＊
- 个人所得税纳税事项、免税、减税＊＊
- 个人所得税的征收管理＊

2　命题基本规律

本章主要考查个人所得税的有关知识点，主要包括个人所得税的纳税人、个人所得税的课税对象、个人所得税的纳税事项、个人所得税的减免税规定等内容。其中，纳税人分为居民纳税人与非居民纳税人，二者承担的纳税义务不同。纳税事项包括课税对象、税率、应纳税所得额等内容。

从总体来看，个人所得税的内容比较琐碎繁杂，同时考试频率较高。重点主要集中在居民纳税人和非居民纳税人的纳税义务以及纳税具体事项上。考生可以择重掌握。

从近年考试命题趋势来看，个人所得税有很大概率会结合其他税种进行考查，并且个人所得税的知识点也体现出综合考查的趋向，难度较大，难以全面把握，考生可以根据自身能力进行选择。

3　设题陷阱

本章设题陷阱集中在混淆居民纳税人和非居民纳税人的判定上，居民纳税人是指在中国境内

有住所,或者无住所但居住满1年,其计税依据是境内和境外所得;非居民纳税人是在中国境内无住所且不居住或无住所且居住不满1年,仅就境内所得进行纳税。

真题快刷

1 2023年年初,张某准备参加某资格考试,每天在某网络平台直播备考情况,意外收获较多观看,该平台向张某支付了报酬。2023年年底,张某通过考试,取得相应资格,准备在该网络平台拍卖其备考期间的笔记资料,获得拍卖款。关于张某缴纳个人所得税,说法正确的是:(2023年回忆版,单选)

A. 仅张某的拍卖款应缴纳个人所得税

B. 张某要对拍卖款和报酬进行汇算清缴

C. 张某的拍卖款是综合所得

D. 张某的个人所得税可由平台代扣代缴

2 科学家甲因为发明了一个净水装置解决缺水地区饮水问题,广受好评,获得诸多奖励:某国际组织奖励5万美元;甲住所地县政府奖励一套商品房,价值200万元;乙公司(利润总额为50万元)奖励10万元人民币。对此,下列说法正确的是哪一项?(2022年回忆版,单选)

A. 国际组织奖励5万元美金,免征个税

B. 住所地县政府奖励一套商品房,免征个税

C. 乙公司奖励10万元,减征个税

D. 乙公司所奖励的10万元当年可全额抵扣缴纳企业所得税

3 某公司买了一辆车,却登记在法定代表人名下,购车款连同车辆保险费、购置税等一共支出100万元,下列选项正确的是:(2020年回忆版,单选)

A. 车辆购置税应当由公司缴纳

B. 法定代表人应当就这辆车购置款缴纳个人所得税

C. 法定代表人综合所得应当扣除这100万元支出

D. 公司应纳所得额应当扣除这100万元支出

4 关于个人所得税,下列哪些表述是正确的?(2015年,多选)

A. 以课税对象为划分标准,个人所得税属于动态财产税

B. 非居民纳税人是指不具有中国国籍但有来源于中国境内所得的个人

C. 居民纳税人从中国境内、境外取得的所得均应依法缴纳个人所得税

D. 劳务报酬所得适用比例税率,对劳务报酬所得一次收入畸高的,可实行加成征收

(本章答案及解析见第169页)

第九章　税收征收管理法

名师带练

1　考点考查统计

- 税收征收管理法
  - 税务管理
    - 税务机关职权 *
    - 税收复议前置 *
  - 税款征收
    - 税收法定原则 *
    - 税收优先权 *
    - 税收征收期限 *

2　命题基本规律

本部分主要考查税收征收管理的有关知识点，从历年考查的角度来看，主要分为税务管理和税款征收。税务管理包括税务登记、纳税申报、账簿管理、税务机关职权等内容。税款征收则包括税收保全、强制措施，税收优先权，税收代位权，撤销权等内容。

从总体来看，本部分近5年考查的重点集中在税务管理中的税收机关职权，以及税款征收中各税收保障措施，包括税收优先权、税收代位权、撤销权等内容。近几年本部分考查频率不高，也呈现隔年考查的特点，一般考查1~2题，考生可以根据自己的能力对相关知识进行理解和记忆，同时，本部分命题也有综合性的趋向，结合税收实体法进行考查。

从近5年的趋势来看，根据隔年考查的特征，未来法考中税收征收管理仍然会在不同年份出现，考生应当根据考查重点内容，对税款征收的各保障措施进行把握。

3　设题陷阱

陷阱：对税收优先权的混淆。由于税款与债权的缴纳排序规则为：（1）税收 > 抵押权、质权、留置权（注意：前提是欠缴税款发生在抵押、质押财产被留置前）；（2）税收 > 无担保债权；（3）税收 > 罚款、没收违法所得。因此，考生在认定时应当先判定担保物权和税收发生的先后顺序，再根据一般规则来判断。

真题快刷

考点一　税务管理

昌昌公司委托拍卖行将其房产拍卖后，按成交价向税务部门缴纳了相关税款，并取得了完税凭证。3年后,县地税局稽查局检查税费缴纳情况时,认为该公司房产拍卖成交价过低,不及市场价的一半。遂作出税务处理决定:重新核定房产交易价,追缴相关税款,加收滞纳金。经查,该公司所涉拍卖行为合法有效,也不存在逃税、骗税等行为。关于此事,下列哪些说法是正确的?(2017年,多选)

A. 该局具有独立执法主体资格

B. 该公司申报的房产拍卖价明显偏低时,该局就可核定其应纳税额

C. 该局向该公司加收滞纳金的行为违法

D. 该公司对税务处理决定不服,可申请行政复议,对复议决定不服,才可提起诉讼

考点二 税款征收

1 某教师在税务师培训班上就我国财税法制有下列说法,其中哪些是正确的?(2017年,多选)

A. 当税法有漏洞时,依据税收法定原则,不允许以类推适用方法来弥补税法漏洞

B. 增值税的纳税人分为一般纳税人和小规模纳税人,小规模纳税人的适用税率统一为3%

C. 消费税的征税对象为应税消费品,包括一次性竹制筷子和复合地板等

D. 车船税纳税义务发生时间为取得车船使用权或管理权的当年,并按年申报缴纳

2 某企业流动资金匮乏,一直拖欠缴纳税款。为恢复生产,该企业将办公楼抵押给某银行获得贷款。此后,该企业因排污超标被环保部门罚款。现银行、税务部门和环保部门均要求拍卖该办公楼以偿还欠款。关于拍卖办公楼所得价款的清偿顺序,下列哪一选项是正确的?(2014年,单选)

A. 银行贷款优先于税款　　B. 税款优先于银行贷款

C. 罚款优先于税款　　D. 三种欠款同等受偿,拍卖所得不足时按比例清偿

(本章答案及解析见第171页)

第十章 审计法

名师带练

1 考点考查统计

- 审计法——审计机关的职责和权限
  - 审计机关的职责 *
  - 审计机关的权限 *
  - 审计程序 *

2 命题基本规律

本部分主要考查审计法有关内容,主要包括审计机关的职责和审计权限。其中,审计机关的职

责包括财政收支、预算和决算，财务收支，资产、负债和损益，审计程序等内容；审计权限包括双重领导，监督权的行使，复议、诉讼和行政裁决等有关内容。

从总体来看，本部分考查频率较低，每年最多 1 道题。2021 年 10 月 23 日全国人民代表大会常务委员会颁布《关于修改〈中华人民共和国审计法〉的决定》并于 2022 年 1 月 1 日正式实施，该部分内容可能成为近年考试考查的对象，考生应加以注意。

3 设题陷阱

陷阱一：易混淆之处在于对审计机关作出决定不服的处理，常常与行政法紧密联系，即被审计单位对审计机关作出的有关财务收支的审计决定不服的，可以申请行政复议或者提起行政诉讼，也可以提请审计机关本级人民政府裁决，本级人民政府的裁决为最终决定。

陷阱二：关于审计机关的权限，特别是查询和冻结账户问题，容易混淆。审计机关经县级以上人民政府审计机关负责人批准，有权查询被审计单位在金融机构的账户。审计机关有证据证明被审计单位违反国家规定将公款转入其他单位、个人在金融机构账户的，经县级以上人民政府审计机关主要负责人批准，有权查询有关单位、个人在金融机构与审计事项相关的存款。注意"负责人"与"主要负责人"的区分。经县级以上人民政府审计机关负责人批准，有权封存有关资料和违反国家规定取得的资产；对其中在金融机构的有关存款需要予以冻结的，应当向人民法院提出申请。注意冻结账户应向法院申请。

真题快刷

1 某县开展扶贫资金专项调查，对申请财政贴息贷款的企业进行核查。审计中发现某企业申请了数百万元贴息贷款，但其生产规模并不需要这么多，遂要求当地农业银行、扶贫办和该企业提供贷款记录。对此，下列哪一说法是正确的？（2017 年，单选）

A. 只有审计署才能对当地农业银行的财政收支情况进行审计监督

B. 只有经银监机构同意，该县审计局才能对当地农业银行的财务收支进行审计监督

C. 该县审计局经上一级审计局副职领导批准，有权查询当地扶贫办在银行的账户

D. 申请财政贴息的该企业并非国有企业，故该县审计局无权对其进行审计调查

2 某县污水处理厂系扶贫项目，由地方财政投资数千万元，某公司负责建设。关于此项目的审计监督，下列哪些说法是正确的？（2016 年，多选）

A. 审计机关对该项目的预算执行情况和决算，进行审计监督

B. 审计机关经银监局局长批准，可冻结该项目在银行的存款

C. 审计组应在向审计机关报送审计报告后，向该公司征求对该报告的意见

D. 审计机关对该项目作出审计决定，而上级审计机关认为其违反国家规定的，可直接作出变更或撤销的决定

（本章答案及解析见第 173 页）

第十一章　土地管理法

名师带练

1　考点考查统计

土地管理法
- 集体经营性建设用地＊＊
- 土地违法行为的责任＊
- 耕地保护＊

2　命题基本规律

本部分考查频率较低，主要涉及耕地保护、土地违法行为的责任等问题。此外，建设用地管理，特别是集体经营性建设用地问题，是2019年8月《土地管理法》的重大修改，也是我国集体土地制度的重大变革，应多加关注。

3　设题陷阱

本部分没有特定的混淆类型，考试主要难度在于制度本身的复杂性。

真题快刷

1 根据县规划相关主管部门，某镇划定蔬菜生产基地，关于该基地耕地保护，下列选项正确的是：(2020年回忆版，单选)

A. 经省政府批准，国家建设工程可占用该基地部分耕地

B. 基地内可挖塘养鱼

C. 该基地可在从事蔬菜生产同时适当发展林果业

D. 镇政府应将该基地位置范围信息向社会公告

2 某村办工厂因生产的拖拉机产能过剩，资金周转不灵，将其所有的一块集体经营性建设用地使用权出让给新兴公司。新兴公司拟在该土地上开办养殖场，须申请变更城乡规划。对此，下列选项正确的是：(2020年回忆版，多选)

A. 村办工厂应经2/3以上村民代表的同意方能出让该地

B. 如新兴公司未经批准改变该地用途，经村委会决议可收回

C. 新兴公司可将该建设用地用于抵押

D. 新兴公司可向村委会提出变更城乡规划的申请

(本章答案及解析见第175页)

第十二章　房地产法

名师带练

1　考点考查统计

- 房地产法
  - 城市房地产管理制度
    - 商品房预售＊＊
    - 房地产转让＊＊
  - 不动产登记＊

2　命题基本规律

本部分由城市房地产管理制度和不动产登记构成。城市房地产管理制度包括房地产开发、交易合同、房地产转让、房地产抵押、房屋租赁等问题。不动产登记则包含不动产登记程序等知识点。

从总体来看，本部分的重点集中于城市房地产管理制度上，其中又以房地产转让中的土地使用权转让、商品房预售制度为考查的重点。这要求考生在对土地法理解的基础上，进一步了解在房地产管理法中房地一体转移的操作规则，以及房地产开发的重要事项，考生可以针对本章考查的重点内容对本部分知识进行把握。

未来的考题中，有较小的概率考查本部分知识点，考生可以根据自身情况对本部分知识点进行复习。

3　设题陷阱

陷阱：出让土地使用权和划拨土地使用权的区别。出让和划拨是取得国有土地使用权的两种主要方式，二者在适用范围、取得程序、转让条件、使用期限等方面均有明显不同，考生应理解并能够运用。

真题快刷

考点一　城市房地产管理制度

1 在加大房地产市场宏观调控的形势下，某市政府对该市房地产开发的管理现状进行检查，发现以下情况，其中哪些做法是需要纠正的？（2017年，多选）

A. 房地产建设用地的供应，在充分利用现有建设用地的同时，放宽占用农用地和开发未利用地的条件

B. 土地使用权出让，符合土地利用总体规划、城市规划或年度建设用地计划之一即可

C. 预售商品房，要求开发商交清全部土地使用权出让金，取得土地使用权证书，并持有建设工

程规划许可证等

D. 采取税收减免等方面的优惠措施,鼓励房地产开发企业开发建设商业办公类住宅,方便市民改作居住用途

2 甲企业将其厂房及所占划拨土地一并转让给乙企业,乙企业依法签订了出让合同,土地用途为工业用地。5年后,乙企业将其转让给丙企业,丙企业欲将用途改为商业开发。关于该不动产权利的转让,下列哪些说法是正确的?(2015年,多选)

A. 甲向乙转让时应报经有批准权的政府审批

B. 乙向丙转让时,应已支付全部土地使用权出让金,并取得国有土地使用权证书

C. 丙受让时改变土地用途,须取得有关国土部门和规划部门的同意

D. 丙取得该土地及房屋时,其土地使用年限应重新计算

考点二 不动产登记

1 王某从甲市搬迁到乙市,王某将甲市的房产赠与其亲戚张某,并计划去房地产交易中心办理房屋变更登记,以下说法正确的是:(2021年回忆版,单选)

A. 办理登记前交易中心工作人员必须去实地查看房源

B. 王某和张某需要共同申请

C. 赠与合同公证书是必备的登记材料

D. 完成登记后交易中心要核发不动产登记簿复印件

2 申请不动产登记时,下列哪一情形应由当事人双方共同申请?(2015年,单选)

A. 赵某放弃不动产权利,申请注销登记

B. 钱某接受不动产遗赠,申请转移登记

C. 孙某将房屋抵押给银行以获得贷款,申请抵押登记

D. 李某认为登记于周某名下的房屋为自己所有,申请更正登记

(本章答案及解析见第176页)

第十三章 城乡规划法

名师带练

1 考点考查统计

- 城乡规划法
  - 城乡规划制定与实施
    - 城乡规划制定 *
    - 城乡规划的实施 *
  - 城乡规划主管部门职责及权限
    - 城乡规划主管部门职责 *
    - 城乡规划主管部门权限 *

2 命题基本规律

本部分主要由城乡规划的制定和实施与城乡规划主管部门职责及权限两部分组成。城乡规划的制定主要包括体系规划、城市规划、总体规划等内容，规定了城乡规划从总体到细节的制定规则。城乡规划的实施主要包括建设用地规划许可（又可分为划拨土地和出让土地）、建设工程规划许可、乡村建设规划许可、临时建设规划许可，以及规划违法行为的责任。城乡规划主管部门职责及权限主要考查其强制拆除、罚款等相应职权。本部分考查频率较低，考点也不集中，因此考生可根据具体情况对本部分知识点择重把握。

3 设题陷阱

本部分由于考查频率较低，又偏重对基础知识的考查，很少涉及知识混淆、综合应用等设题陷阱。考生需要注重对基础知识的把握。

真题快刷

考点一 城乡规划制定与实施

1 "红旗"酒品加工厂位于某市南城工业园区内，该酒厂独自研发的酱香型酒品原料要经过地窖长期储藏以及晾晒处理。该厂于是在加工厂秘密挖建地窖及在厂房楼顶扩建厂棚以生产该酒品，不料由于劳资纠纷被员工向城乡规划部门举报，规划主管部门成立督导组前往该酒品加工厂，检查中发现工厂地窖和楼顶厂棚均未获得建设工程规划许可证。关于本案，下列说法正确的是哪一项？（2019 年回忆版，单选）

A. 对于已建的地窖，"红旗"酒品加工厂可为其补办建设工程规划许可证

B. 对于"红旗"酒品加工厂私建的地下工程，城乡规划主管部门可直接采取查封施工现场、强制填埋等措施

C. 对于已建的楼顶厂棚，"红旗"酒品加工厂可为其补办临时建设工程许可证

D. 城乡规划主管部门可直接责令"红旗"酒品加工厂限期拆除楼顶厂棚，并处厂棚造价 1 倍的罚款

2 某镇拟编制并实施镇总体规划，根据《城乡规划法》的规定，下列哪一说法是正确的？（2016 年，单选）

A. 防灾减灾系镇总体规划的强制性内容之一

B. 在镇总体规划确定的建设用地范围以外，可设立经济开发区

C. 镇政府编制的镇总体规划，报上一级政府审批后，再经镇人大审议

D. 建设单位报批公共垃圾填埋场项目，应向国土部门申请核发选址意见书

考点二 城乡规划主管部门职责及权限

某市混凝土公司新建临时搅拌站，在试运行期间通过暗管将污水直接排放到周边，严重破坏当地环境。公司经理还指派员工潜入当地环境监测站内，用棉纱堵塞空气采集器，造成自动监测数据多次出现异常。有关部门对其处罚后，公司生产经营发生严重困难，拟裁员 20 人以上。

关于该临时搅拌站建设,下列说法正确的是:(2017 年,不定项)

A. 如在该市规划区内进行建设,应经市城管执法部门批准

B. 如该搅拌站影响该市近期建设规划的实施,有关部门不得批准

C. 如该搅拌站系未经批准进行临时建设,由市政府责令限期拆除

D. 如该搅拌站超过批准时限不拆除,由市城乡规划部门采取强制拆除措施

(本章答案及解析见第 178 页)

环境资源法

环境资源法

名师带练

1 考点考查统计

- 环境资源法
  - 环境保护法基本制度
    - 环境规划和生态保护制度 *
    - 环境影响评价 * *
    - 排污标准 *
    - 环境质量标准 *
  - 环境法律责任
    - 环境民事责任 * *
    - 公益诉讼 * *
    - 环境行政责任 * *
  - 资源法
    - 矿产资源法 *
    - 森林法 *

2 命题基本规律

本学科围绕环境保护法进行构建，主要由环境保护法基本制度和环境法律责任两部分组成。环境保护法基本制度包括环境规划、总量控制、环境质量标准、排污标准、环境监测、信息公开与公众参与、生态保护、政府监管等众多内容，体系丰富。环境法律责任则包括环境民事责任和行政责任，其中环境民事责任包括环境公益诉讼制度。另外，本学科 2018 年新增有关资源法的内容，主要包括森林法和矿产资源法的内容。

从总体来看，本学科知识点考点分布均匀且集中，难度跨度由易到难，难度分布也相对均匀。对于环境保护法基本制度，考试重点考查对基础知识的掌握，但由于本部分知识体系庞杂，因此这也是难点之一。而对于环境法律责任的考查则更注重在把握基本知识的前提下，理解和运用制度。

从近几年的命题趋势来看，环境保护法由于较好地结合了环境法、行政法、民法等相关内容而成为一个考查频率相对较高的基础知识考点，考生在把握本部分知识点的同时要学会灵活运用行政法和民法的基础知识辅助解答问题。今后的法考仍将对本部分考点进行相应的考查，考生应当多加注意。新增加的有关资源法的内容,考生可适当关注。

3 设题陷阱

陷阱一:混淆环境公益诉讼的主体和条件。从主体角度看,应当明确的是,除了满足条件的社会组织以外,检察院在特定情形下也可以提起环境公益诉讼。从环境公益诉讼的范围领域来看,环境公益诉讼不受地域限制,环保社会组织可以跨地区提起公益诉讼。因此,考生在做题的过程中应当尽量全面地把握知识点,不要"一叶障目",有时以为自己掌握了全部,却可能漏掉了最为关键的解题知识点。

陷阱二:需要综合运用环境法、民法、行政法中的基础知识进行分析。环境责任常常与民法中的侵权法,行政法中的行政处罚法、行政强制法、行政许可法等相联系。考生在解题的过程中需要综合运用三个部门法的知识和原则来对题目进行分析,找到最终正确的答案。

真题快刷

考点一 环境保护法基本制度

1 公立医院的承建商甲在项目开始建设前已完成了环境影响评价文件,但因为资金问题一直没有动工建设。6年后,甲开工建设,针对甲承建商开工建设,下列说法正确的是:(2021年回忆版,单选)

A. 重新做环境影响评价文件不影响原来环境影响评价文件的执行

B. 甲承建商只需要补充登记表

C. 环境影响评价文件重新报原部门审核

D. 甲承建商可先开工建设,后补充审批环境影响评价手续

2 甲企业已获得A市林木采伐许可证,并已申请可以借用某地临时存放施工物品。施工期间,有多名居民反映施工噪声太大而扰民,经查,该噪声已超过环境影响审批许可标准,以下说法正确的是:(2021年回忆版,单选)

A. 甲企业应当采取措施降低噪声并报A市环境管理部门备案

B. 市场监督管理局可责令甲企业进行噪声影响后评估,并采取措施降噪

C. 甲企业应该对该工程施工进行评估备案后再行施工

D. 甲企业可只针对噪声影响进行评估备案

3 甲乙两公司于H省省内修高速公路,已经通过环境影响评价的程序审批,但是现在因为业务需要,要将该高速公路修到S省,对此,下列说法正确的是:(2019年回忆版,单选)

A. 补充材料继续按原环境影响评价程序获得审批

B. 由S省负责审批环境影响评价文件

C. 需要有规划环境影响评价

D. 环境影响评价未经环保部门审查不得开工

4 某市林业和草原局与规划局正在编制当地林业远期发展规划,对此,下列说法正确的是:(2018年回忆版,不定项)

A. 林业发展规划不是建设规划,不需要进行环境影响评价

B. 林业发展规划属于专门性规划，在规划草案上报审批前应进行环境影响评价，并出具环境影响报告书

C. 为了促进林业发展规划审批，应明确环境保护林的对外转让价，并征求公众意见

D. 应在林业发展规划编制过程中组织环境影响评价，编写有关环境影响的篇章或说明

5 某采石场扩建项目的环境影响报告书获批后，采用的爆破技术发生重大变动，其所产生的粉尘将导致周边居民的农作物受损。关于此事，下列哪一说法是正确的？（2016 年，单选）

A. 建设单位应重新报批该采石场的环境影响报告书

B. 建设单位应组织环境影响的后评价，并报原审批部门批准

C. 该采石场的环境影响评价，应当与规划的环境影响评价完全相同

D. 居民将来主张该采石场承担停止侵害的侵权责任，受 3 年诉讼时效的限制

考点二　环境法律责任

1 国务院环保检查组至某市巡查时，发现某市频发重大环境污染案件，请问责任主体是：（2018 年回忆版，单选）

A. 该市政府　　B. 该市生态环境局

C. 该市市长　　D. 该市生态环境局局长

2 某市混凝土公司新建临时搅拌站，在试运行期间通过暗管将污水直接排放到周边，严重破坏当地环境。公司经理还指派员工潜入当地环境监测站内，用棉纱堵塞空气采集器，造成自动监测数据多次出现异常。有关部门对其处罚后，公司生产经营发生严重困难，拟裁员 20 人以上。

关于该公司的行为，下列说法正确的是：（2017 年，不定项）

A. 如该公司应报批而未报批该搅拌站的环评文件，不得在缴纳罚款后再向审批部门补报

B. 该公司将防治污染的设施与该搅拌站同时正式投产使用前，可在搅拌站试运行期间停运治污设施

C. 该公司的行为受到罚款处罚时，可由市环保部门自该处罚之日的次日起，按照处罚数额按日连续处罚

D. 针对该公司逃避监管的违法行为，市环保部门可先行拘留责任人员，再将案件移送公安机关

3 某省天洋市滨海区一石油企业位于海边的油库爆炸，泄漏的石油严重污染了近海生态环境。下列哪一主体有权提起公益诉讼（其中，所列组织均专门从事环境保护公益活动连续 5 年以上且无违法记录）？（2015 年，单选）

A. 受损海产养殖户推选的代表赵某

B. 依法在滨海区民政局登记的“海蓝志愿者”组织

C. 依法在邻省的省民政厅登记的环境保护基金会

D. 在国外设立但未在我国民政部门登记的“海洋之友”团体

考点三　资源法

1 村民甲要将承包的集体林地里的枣树砍掉种樱桃树，申请林木采伐许可证。对此，下列说法正确的是哪一项？（2022 年回忆版，单选）

A. 如果该县今年采伐限额已满，甲明年自动取得采伐许可证

B. 甲砍伐枣树无须申请林木采伐许可证

C. 乡镇政府可根据委托颁发采伐许可证

D. 如果同村乙有采伐许可证，甲能租用

2 甲企业已经获得在已探明的稀土矿1公里内的开采权，但在甲企业开采稀土矿的过程中发现了该区域周围存在放射铀矿资源。以下说法正确的是：(2021年回忆版，多选)

A. 首先向省政府矿产管理部门申请稀土矿开采许可

B. 首先向省矿产管理部门申请铀矿开采许可

C. 向国务院地质矿产主管部门申请稀土矿开采许可

D. 向国务院地质矿产主管部门申请铀开采许可

3 甲有限公司与乙有限公司签订合作协议，约定两方合作对某区域进行煤炭资源勘探，由此所获利益双方平分。对此，下列说法正确的是：(2018年回忆版，不定项)

A. 甲公司与乙公司组成的联合勘探主体，在勘探中的投入达到最低比例后，可将探矿权予以转让

B. 甲公司与乙公司完成勘探后，有权优先取得勘查作业区内煤炭资源的采矿权

C. 需县级政府审批

D. 矿区地面归集体所有，地下资源归公司所有

（本章答案及解析见第180页）

劳动与社会保障法

第一章 社会保险法

名师带练

1 考点考查统计

社会保险法
- 基本养老保险 *
- 工伤保险 * *
- 失业保险 * *
- 军人保险法

2 命题基本规律

本部分主要考查社会保险基本制度和社会保险的险种,其中社会保险险种包括养老险、失业险、医疗险、生育险、工伤保险等内容。此外,军人保险法也规定了四种军人保险制度。

这一部分属于必考内容,其中,基本养老保险、工伤保险、失业保险属于相对比较重要的内容。此外,社会保险基金、社会保险费的征缴等内容也偶有涉及。

3 设题陷阱

陷阱:工伤保险待遇。工伤保险是社会保险法上最为重要的内容,也是实务中发生纠纷较多的部分。从法考角度讲,考生应重点关注工伤保险待遇、单位未缴费的后果、第三人侵权造成的工伤等问题。关于工伤保险待遇,用人单位应承担治疗工伤期间的工资、福利,五级、六级伤残职工按月领取的伤残津贴、一次性伤残就业补助金等,而其他工伤保险待遇则由工伤保险基金承担。

真题快刷

1 王某入职甲公司工作3年,后甲公司倒闭,王某失业。失业后,王某积极找工作,一直忘记领取失业保险金,后来王某找到了保险销售的工作,工作8年后,保险公司因业务违规被保险监督管理机构吊销业务许可证,王某再次失业。在职期间,两公司均给王某缴纳了"五险一金"。王某第二次失业后进行了失业登记。1年后,王某被确诊为乙肝,不久去世。下列说法正确的是:(2023年回忆版,多选)

A. 王某的治疗费用只能自费

B. 王某可以通过医保报销治疗费用

C. 王某的遗属可以同时领取失业保险金和丧葬补助金

D. 王某最长能领取24个月失业保险金

2 张三入职甲公司,9月2日在工作中受伤,已认定为工伤,9月20日死亡。甲公司的工伤保险费缴到7月15日,张三发生工伤时已经断缴一个月。张三妻子去社保中心申领赔偿金,社保中心以未缴工伤保险为由拒绝申领,甲公司想补缴由于缴费系统设置的规则,得下个月才能补上,问乙的工伤赔偿由谁支付?(2022年回忆版,单选)

A. 工伤保险基金支付　　　　B. 甲公司支付

C. 工伤保险基金和甲公司共同支付　　　　D. 甲自己承担

3 张某是农民,只能靠网络直播卖农产品特产获取生活收入。张某自其50岁开始缴纳社保,已缴纳10年养老保险。2020年因为意外事故致使其丧失了劳动能力,以下说法正确的是:(2021年回忆版,多选)

A. 张某再缴五年即可以领取养老保险　　　　B. 张某缴的社保费用都存入他的个人账户

C. 张某可以领病残津贴　　　　D. 张某还可以转入新型农村基本养老保险

4 根据《军人保险法》的相关规定,下列说法正确的是:(2018年回忆版,不定项)

A. 全军的军人保险工作由中国人民解放军军人保险主管部门负责

B. 军人保险基金包括军人伤亡保险基金、军人退役养老保险基金、军人退役医疗保险基金和随军未就业的军人配偶保险基金

C. 军人保险基金由个人缴费、中央财政负担的军人保险资金以及利息收入等资金构成

D. 军人服现役年限视同职工基本医疗保险缴费年限,可以与入伍前和退出现役后参加职工基本医疗保险的缴费年限合并计算

5 农民姚某于2016年3月8日进入红海公司工作,双方未签订书面劳动合同,红海公司也未给姚某缴纳基本养老保险,姚某向社保机构缴纳了基本养老保险费。同年12月8日,姚某以红海公司未为其缴纳社会保险为由申请辞职。经查,姚某的工资属于所在地最低工资标准额。关于此事,下列哪些说法是正确的?(2017年,多选)

A. 姚某自2016年3月8日起即与红海公司建立劳动关系

B. 红海公司自2016年4月8日起,应向姚某每月支付2倍的工资

C. 姚某应参加新型农村社会养老保险,而不应参加基本养老保险

D. 姚某就红海公司未缴养老保险费而发生争议的,可要求社保行政部门或社保费征收机构处理

(本章答案及解析见第185页)

第二章　劳动合同法

名师带练

1　考点考查统计

- 劳动合同法
  - 劳动合同的订立、解除与终止
    - 集体劳动合同＊＊
    - 劳动合同的订立＊＊
    - 劳动合同的解除＊＊
    - 无固定期限劳动合同＊
  - 劳动合同的条款
    - 经济性裁员＊
    - 服务期＊＊
  - 非全日制用工＊
  - 劳务派遣＊

2　命题基本规律

本部分主要考查与劳动合同有关的法律规定，具体包括劳动合同的订立、劳动合同的条款、无固定期限劳动合同的规定、劳动合同的解除、劳务派遣、非全日制用工等内容。其中，劳动合同的特殊条款包括关于试用期、保密条款、竞业限制、服务期等内容的规定。劳动合同的解除包括解除的理由、程序以及解约后果。

从总体来看，本部分考查重点集中在劳动合同的订立、解除上，其中包括解除合同的经济补偿金制度，合同订立中的无固定期限劳动合同、集体劳动合同和一般劳动合同。关于劳动合同特殊条款则重点集中于试用期、保密条款和竞业禁止的内容上。

本部分考查频率较高、考点集中、难度中等偏大，需要考生多加理解和记忆。本部分考点虽然分布于合同订立、解除上，但是历年考点重合度也并不多，这表明整个制度都是考试考查的内容，而非像其他考点一样，有完全明确的重点子考点，所以考生对于整个劳动合同制度需要仔细理解、用心记忆。难度层级的提高表明本部分综合性较强，往往结合社会保险制度进行考查，或者结合基础考点下多个子考点进行考查。

从近年的命题趋势来看，本部分仍将维持其考查的频率和重点，考生应当较为全面地把握劳动合同的制度和规则，尽力获得相应的分数。

3　设题陷阱

陷阱：混淆劳动合同不同解除理由下的解除方式。其具体表现为医疗期内无过错不得解约与医疗期内因过错而解约的制度规定。对于劳动合同的解除，法律规定了不同的解约理由、对应理由和经济补偿。根据《劳动合同法》，劳动者因职业病、工伤等问题处于医疗期，且该劳动者无过错的情况下，用人单位不得单方解除。往往考生容易忽视该情况下不得解除劳动合同的两个条件：一是劳动者无过错，二是用人单位单方面解除。也就是说，倘若劳动者确实因上述原因处于医疗期，但是他有过错，那么用人单位可以单方解除，因为不满足“无过错”的条件；如果因上述原因处于医疗期，且劳动者无过错，但双方仍可协议解除，这是因为不满足上述“单方”的条件。考生应当仔细把握限定条件，对制度有举一反三的认知，灵活处理题干中的条件，方能排除干扰，获得正确答案。

真题快刷

考点一 劳动合同的订立、解除与终止

1 2023年1月1日，方某入职甲公司担任网文编辑，方某与甲公司签订了一份2年期的劳动合同，约定试用期至6月30日（为期6个月），试用期和转正后的工资均为5000元。4月1日，方某因先天心脏病发作住院，治疗结束后甲公司认为方某不能从事原来的工作，5月1日，甲公司与方某解除合同。后因甲公司业务激增，人手欠缺，7月1日，甲公司决定回聘方某，并与方某签订无固定期限劳动合同。以下说法正确的是哪一项？（2023年回忆版，单选）

A. 甲公司与方某第一份劳动合同约定的试用期是合法的

B. 甲公司第一次解除劳动合同是违法的

C. 甲公司以无固定期限劳动合同回聘方某后，仍可约定6个月试用期

D. 甲公司解除劳动合同，无须将理由通知工会

2 2020年1月8日，甲公司与焦某订立为期1年的书面劳动合同，试用期1个月。同年12月8日，焦某在外地旅游时受伤住院，截至2021年3月8日治愈出院。关于甲公司与焦某劳动合同的终止日期，下列哪一选项是正确的？（2022年回忆版，单选）

A. 2021年1月8日　　B. 2021年2月8日

C. 2020年12月8日　　D. 2021年3月8日

3 用人单位甲与单位职工签订集体劳动合同，下列说法正确的是：（2021年回忆版，单选）

A. 集体合同可以跟劳动者约定每个月加班48小时，年假多放5天

B. 甲单位须跟工会签订集体劳动合同补充协议才能生效

C. 集体合同草案须经甲单位股东半数通过

D. 集体合同签订并报劳动行政部门后，劳动行政部门15日内没有提出异议即生效

4 2018年1月5日，元某至妙姿公司工作，3个月后，公司要求签订合同，元某以违约金过高为由拒绝签订。2019年1月2日，元某离职，申请劳动仲裁，要求公司支付未签合同的3倍工资差额以及经济补偿金。经查，公司多次找元某签订合同未果，但未书面通知元某解除劳动关系。则公司下列做法中正确的是：（2020年回忆版，单选）

A. 应赔付3倍工资，并支付经济补偿　　B. 不应赔付3倍工资，但应支付经济补偿

C. 应赔付3倍工资，不应支付经济补偿　　D. 应赔付2倍工资，并支付经济补偿

5 甲公司进入破产重整程序，裁员30人，下列哪些说法是正确的？（2020年回忆版，多选）

A. 杨某劳动合同因裁员而终止

B. 陆某在甲公司工作3年8个月，甲公司应支付4个月工资的经济补偿

C. 马某工作15年，甲公司可对马某解除合同

D. 牛某25岁，离婚，抚育一位未成年子女，不得解除劳动合同

6 2017年1月，张某入职飞信科技有限公司，担任总经理。截至2018年3月，公司一直未与其签订书面劳动合同。为方便开展业务，公司为张某配置了一辆小轿车，2018年10月，张某离职并要求公司支付双倍工资，遭到拒绝。张某遂将汽车留置，公司要求其返还。对此，下列说法正确的是：(2018年回忆版，不定项)

A. 张某可以留置该汽车

B. 张某应当向公司返还汽车

C. 张某有权主张2017年2月至离职之日的双倍工资

D. 张某可直接向法院主张要求公司支付双倍工资

7 关于集体劳动合同，根据《劳动合同法》，下列哪些说法是正确的？(2017年，多选)

A. 甲公司尚未建立工会时，经其2/3以上的职工推举的代表，可直接与公司订立集体合同

B. 乙公司系建筑企业，其订立的行业性集体合同，报劳动行政部门备案后即行生效

C. 丙公司依法订立的集体合同，对全体劳动者，无论是否为工会会员，均适用

D. 因履行集体合同发生争议，丁公司工会与公司协商不成时，工会可依法申请仲裁、提起诉讼

考点二 劳动合同的条款

1 甲在乙公司工作，2015年乙公司计划安排甲到美国分支机构工作，对此支付15万元专业英语培训费用，并和甲约定5年服务期。对此，下列说法正确的是：(2020年回忆版，单选)

A. 若甲于2016年主动辞职，应当向乙公司支付违约金15万元

B. 乙公司可以与甲约定，若甲在服务期内离职，违约金总额30万元

C. 2017年乙公司经营困难，无法发出工资，甲因此通知公司解除劳动合同，则无须支付违约金

D. 在服务期内，甲无法进行岗位调整

2 某市混凝土公司新建临时搅拌站，在试运行期间通过暗管将污水直接排放到周边，严重破坏当地环境。公司经理还指派员工潜入当地环境监测站内，用棉纱堵塞空气采集器，造成自动监测数据多次出现异常。有关部门对其处罚后，公司生产经营发生严重困难，拟裁员20人以上。

当该公司裁员时，下列说法正确的是：(2017年，不定项)

A. 无须向劳动者支付经济补偿金

B. 应优先留用与本公司订立无固定期限劳动合同的职工

C. 不得裁减在该公司连续工作满15年的女职工

D. 不得裁减非因公负伤且在规定医疗期内的劳动者

考点三 非全日制用工

甲到乙公司应聘清洁工的职位，人力资源部开出如下聘用条件：甲需1周工作7天，每天3小时，试用期为1个月。甲对乙人力资源部反映丙公司开价1周工作6天，每天2小时，没有试用期。若乙公司意欲争取甲的留任，下述行为中哪项是合法的？(2019年回忆版，单选)

A. 允许甲在不影响工作的前提下同时于两家公司工作

B. 试用期由一个月改为3天

C. 将工资结算从为1月一结算改为20日一结算

D. 将工作时间改为4小时

考点四 劳务派遣

1 甲被劳务派遣公司派到乙公司上班，没有交工伤保险，后来甲因公死亡。对此，下列说法中，正确的是哪一项？（2022年回忆版，单选）

A. 劳务派遣公司和乙公司承担按份赔偿责任

B. 劳务派遣公司和乙公司承担连带赔偿责任

C. 劳务派遣公司承担赔偿责任

D. 乙公司承担赔偿责任

2 山南公司与杨某签订劳动合同后，与海北公司签订劳务派遣协议，将杨某派遣至海北公司工作。对此，下列哪一说法是错误的？（2020年回忆版，单选）

A. 杨某有权在海北公司依法参加工会

B. 山南公司应当将劳务派遣协议的内容告知杨某

C. 杨某享有与海北公司的劳动者同工同酬的权利

D. 海北公司可将杨某派遣到其他公司

（本章答案及解析见第187页）

第三章 劳动基准法与劳动争议

名师带练

1 考点考查统计

- 劳动基准法与劳动争议
  - 劳动基准法
    - 工作时间与休息休假 *
    - 职业安全卫生 *
    - 女职工保护 *
    - 未成年工保护 *
  - 劳动争议处理机构与程序
    - 劳动争议的调解 *
    - 劳动仲裁的条件 *
    - 劳动仲裁的申请、管辖、当事人 *
    - 劳动仲裁的效力 *

2 命题基本规律

本部分主要分为劳动基准法和劳动争议两个部分。劳动基准法包括工作时间、工资的基础规定，以及对女职工和未成年工的特殊保护规定，但是近年来仅考到过一次女职工权益保护问题，考查频率较低，考生了解即可。而劳动争议处理则包括了劳动争议的解决方式，劳动仲裁的范围，劳动仲裁的申请、当事人、管辖、举证、时效、裁决效力等程序性问题。

从总体来看，本部分重难点都集中在劳动争议处理，并且在劳动争议中更以劳动仲裁的相关知识点为核心考查对象。劳动仲裁的申请、当事人、管辖、时效、调解、先予执行等内容综合贯穿于考题中的各个选项，尤其对于一裁终局的考频呈现较高的趋势。本部分的难点在于其考查的体系化和综合性，只有对这个特殊仲裁制度有全面的把握，才能针对难题作出正确的回应。

从近年命题的趋势来看，劳动争议的处理，尤其是劳动仲裁的相关内容，仍是未来法考很可能侧重考查的知识点，这要求考生系统全面地把握劳动仲裁制度。

3 设题陷阱

陷阱一：对一裁终局的案件范围的理解失误。一裁终局的案件主要是小额纠纷和特殊劳动标准纠纷，对于劳动者不服的起诉没有限制，但是对于用人单位不服裁决的则不能起诉，这体现了对劳动者的倾斜性保护。因此考生在遇见有关一裁终局劳动争议案件时，首先应当判断是否是一裁终局的案件范围，其次观察提出异议的主体是劳动者还是用人单位，最后得出结论，一环扣一环，以破除出题陷阱。

陷阱二：对于是否属于劳动争议范畴的争议的误判。用人单位与劳动者发生的与劳动关系有关的争议属于劳动争议的范畴。如果其中主体，即用人单位和劳动者双方任何一方不满足条件即不成立劳动争议，如社会保险经办机构与劳动者的纠纷；同样地，如果争议内容与劳动关系无关，也不能归属于劳动争议，如劳动者与用人单位因住房制度改革产生的公有住房转让纠纷。

陷阱三：忽视劳务派遣单位与用工单位承担连带赔偿责任的前提。劳务派遣单位与用工单位承担连带赔偿责任的前提是用工单位给被派遣劳动者造成损害，如果考生在具体适用制度时忽略这个前提，就可能得出完全错误的结果。

真题快刷

考点一 劳动基准法

1 因公司旧矿的采集量减少，甲采矿公司准备建设新的矿井。为加快矿井建设，甲公司用高薪聘请人才进行新矿井的建设，张某夫妇报名参加了新矿井建设项目。根据我国《劳动法》的规定，甲公司下列哪一做法是符合法律规定的？（2021 年回忆版，单选）

A. 矿井建设完成后安装防瓦斯泄漏装备

B. 为井下工作人员提供新型防尘口罩并收取部分费用

C. 安排张某夫妇在井下负责设备管理工作

D. 为井下工作人员安排定期健康检查

2 王某，女，1990 年出生，于 2012 年 2 月 1 日入职某公司，从事后勤工作，双方口头约定每月工资为人民币 3000 元，试用期 1 个月。2012 年 6 月 30 日，王某因无法胜任经常性的夜间高处作业而提出离职，经公司同意，双方办理了工资结算手续，并于同日解除了劳动关系。同年 8 月，王某以双方未签书面劳动合同为由,向当地劳动争议仲裁委员会申请仲裁,要求公司再支付工资12000元。关于女工权益,根据《劳动法》的规定,下列说法正确的是:(2016年,不定项)

A. 公司应定期安排王某进行健康检查

B. 公司不能安排王某在经期从事高处作业

C. 若王某怀孕6个月以上,公司不得安排夜班劳动

D. 若王某在哺乳婴儿期间,公司不得安排夜班劳动

考点二 劳动争议处理机构与程序

1 甲公司拖欠陈某劳动报酬,双方经人民调解委员会达成调解协议,甲公司应当在1个月内向陈某一次性支付劳动报酬5万元。双方在调解协议书上签字、盖章。1个月后,甲公司未支付陈某的劳动报酬。对此,以下说法正确的是:(2023年回忆版,不定项)

A. 陈某可以以甲公司拖欠劳动报酬为由,申请劳动仲裁

B. 陈某可以以甲公司违约为由,向法院起诉

C. 陈某可持调解协议书向法院申请支付令

D. 陈某可持调解协议书向法院申请执行

2 甲劳务派遣公司把李某派遣到乙公司工作,一年来一直没支付其工资,李某分别向劳务派遣公司所在地劳动争议仲裁委员会和用工单位乙公司所在地劳动争议仲裁委员会申请了仲裁,则本案最终应由哪个仲裁机构管辖?(2021年回忆版,单选)

A. 由劳务派遣甲公司所在地劳动争议仲裁委员会仲裁

B. 由用工单位乙公司所在地劳动争议仲裁委员会仲裁

C. 由李某与甲公司劳动合同签订地劳动争议仲裁委员会管辖

D. 由先受理仲裁申请的劳动争议仲裁委员会仲裁

3 邹某系甲公司员工,双方未签订书面劳动合同,后邹某因工受伤,再未到公司工作,公司也未出具解除劳动合同证明。后因解除劳动合同问题,邹某提起仲裁,要求公司支付未签订劳动合同的双倍工资差额,公司不服仲裁裁决提起诉讼。下列选项说法错误的是:(2018年回忆版,多选)

A. 邹某在仲裁时,未提供由甲公司掌握管理的入职资料的,应承担不利后果

B. 邹某在诉讼中,应对提供由甲公司掌握管理的工资清单承担举证责任

C. 甲公司在仲裁时,未及时提供由其掌握管理的邹某工资清单的,应承担不利后果

D. 如甲公司系小微企业,在诉讼时就无须对解除劳动合同时间承担举证责任

4 王某,女,1990年出生,于2012年2月1日入职某公司,从事后勤工作,双方口头约定每月工资为人民币3000元,试用期1个月。2012年6月30日,王某因无法胜任经常性的夜间高处作业而提出离职,经公司同意,双方办理了工资结算手续,并于同日解除了劳动关系。同年8月,王某以双方未签书面劳动合同为由,向当地劳动争议仲裁委员会申请仲裁,要求公司再支付工资12000元。如当地月最低工资标准为1500元,关于该仲裁,下列说法正确的是:(2016年,不定项)

A. 王某可直接向劳动争议仲裁委员会申请仲裁

B. 如王某对该仲裁裁决不服,可向法院起诉

C. 如公司对该仲裁裁决不服,可向法院起诉

D. 如公司有相关证据证明仲裁裁决程序违法时,可向有关法院申请撤销裁决

(本章答案及解析见第193页)

知识产权法

第一章 著作权法

名师带练

1 考点考查统计

- 著作权
  - 著作权归属
    - 委托作品的著作权 * * *
    - 视听作品的著作权 * *
    - 合作作品的著作权 * * *
    - 职务作品的著作权 * *
    - 美术作品的著作权 * *
  - 著作权内容和限制
    - 信息网络传播权 * * *
    - 复制权 * *
    - 表演权 * * *
    - 出租权 * * *
    - 发行权 * * *
    - 发表权 *
    - 修改权和保护作品完整权 * *
    - 署名权 * *
    - 合理使用和法定许可 * *
  - 邻接权
    - 表演者权 * * *
    - 录音录像制作者权 * * *
    - 播放者权 * *

2 命题基本规律

从历年考查情况来看,著作权法的命题主要集中在著作权的归属、著作权的内容和邻接权上。从命题方式来看,著作权法以法条直接考查为主,因此考生在复习时应当加强对《著作权法》及其司法解释的复习力度。与此同时,某些基本原理,比如独创性的判断、著作权与物权的关系等,也很重要,考生要能够准确地理解。具体而言,考生应当重点从以下方面掌握本部分的命题规律:

1. 著作权的归属。它是著作权法历年的考查重点,考生应当重点掌握委托作品、合作作品、美术作品、汇编作品、职务作品、视听作品等作品的著作权人的确定,特别是委托作品、合作作品的著作权人,是历年考查的重中之重。例如,2023 年的考题,涉及职务作品的著作权归属。

2. 著作权的内容和限制。就著作权的内容而言,考生应熟练掌握 4 种著作人身权和 12 种著作财产权,尤其是署名权、修改权、保护作品完整权、复制权、发行权、出租权、表演权、信息网络传播权。就著作权的限制而言,考生应重点掌握合理使用和法定许可的具体类型及其区别,尤其是教学科研使用、免费表演、教科书汇编、报刊转载、广播电台、电视台播放已经发表的作品等。

3. 邻接权。邻接权是重点和难度重叠的领域。其中的表演者权、录音录像制作者权尤其难以理解。考生需要准确记忆我国著作权法赋予它们的权利,在记忆的基础上理解。在答题的时候,首先要确定每一个主体的身份,然后回忆它们所享有的权利,最后进行分析和判断,切忌根据生活经验或朴素正义感答题。

特别提醒考生注意的有两点:第一,2020 年 11 月 11 日,第十三届全国人大常委会第二十三次会议修改了《著作权法》,对特殊职务作品的归属、职务表演的权利归属、表演者权、录音录像制作者权和播放者权的内容都作了补充性的规定,同时增加了惩罚性赔偿制度。以上修改内容在 2022 年和 2023 年的考试中有所体现,但是还有一些内容尚未考查,在以后的年度内可能涉及。第二,著作权法的试题综合性比较强,比如一道题目同时涉及著作权的归属、著作权的内容和邻接权,这就要求考生的基础扎实、知识全面。

3 设题陷阱

陷阱一:委托作品著作权无约定时应当归属于受托人而非委托人。设题陷阱主要基于《民法典》合同编和《著作权法》对委托的不同处理原则。根据《民法典》合同编的规定,委托合同中权利义务的最终承受者是委托人,而非受托人;但根据《著作权法》的规定,委托作品的著作权无约定时应为受托人,而非委托人,考生如果简单利用《民法典》合同编关于委托合同的理论解决《著作权法》中委托作品的权利归属问题,就会落入陷阱。

陷阱二:著作权的内容。这一部分主要是考查考生对著作权人各项权利实质内涵的掌握程度,如果考生不能对著作权人享有的各项著作权的权利内涵有实质理解,就无法判断一项行为是否侵犯著作权。如 2022 年试题考查侵犯机械表演权,考生如果不能了解著作权人运用唱片、光盘等物质载体形式公开播送作品的权利属于著作权人表演权的内容,就不能认定他人行为构成了侵犯著作权人的机械表演权。

陷阱三:合理使用和法定许可的区别。考生应当掌握他人合理使用著作权的,无须征得著作权人同意,也无须支付报酬。而法定许可虽无须征得著作权人的同意,但却应当支付报酬,而且著作权人有在先声明不得使用的情况时,不适用法定许可。考生应当精确记忆合理使用以及法定许可的不同情形,防止出现混淆而落入陷阱。

真题快刷

考点一 著作权的归属

1 程某是某报社常驻A国的记者，该报社要求程某每周固定写一篇关于A国风土人情文化的随笔，刊发在报纸专栏上，并在报纸的头版刊登“未经报社许可，任何人禁止将本报中作者写作内容转载、复制或收录在其他报刊中”。程某撰写的某篇随笔还曾获得奖项。下列哪些行为侵犯了该报社的著作权？(2023年回忆版，多选)

A. 某教育出版社将该随笔收录进义务教育教科书，随后向报社寄送费用

B. 某广播电台在美文鉴赏节目中朗读了该随笔，随后向程某寄送费用

C. 程某辞职后，将该随笔收录到自己出版的作品集中

D. 某期刊转载了该随笔，随后向程某寄送费用

2 甲歌舞团高薪委托舞蹈家李某编舞《春风》，并在歌舞团内的年会表演，舞蹈由甲歌舞团的舞蹈演员赵某领舞。各方对于权利归属均未约定。演出当天，王某看节目的时候偷拍了领舞赵某跳舞的高光时刻，上传到微信朋友圈。关于王某的行为，下列哪一选项是正确的？(2022年回忆版，单选)

A. 侵犯了甲歌舞团的表演者权

B. 侵犯了甲歌舞团的著作权

C. 侵犯了领舞赵某的表演者权

D. 侵犯了舞蹈家李某的发表权

3 老王委托老张为自己写传记《王者风范》，双方没有约定谁享有著作权。自传写成后，老王、老张相继去世。老张的儿子小张认为自己享有《王者风范》的著作权，老王的儿子小王则认为该书著作权由自己享有，于是小王把小张告上法院。下列选项正确的是：(2021年回忆版，单选)

A. 小王享有本书著作权中的财产权

B. 小张享有本书著作权中的财产权

C. 小王不可以继承老王的著作权中的财产权

D. 小张不可以继承老张著作权中的财产权

4 某电影公司委托王某创作电影剧本，但未约定该剧本著作权的归属，并据此拍摄电影。下列哪一未经该电影公司和王某许可的行为，同时侵犯二者的著作权？(2017年，单选)

A. 某音像出版社制作并出版该电影的DVD

B. 某动漫公司根据该电影的情节和画面绘制一整套漫画，并在网络上传播

C. 某学生将该电影中的对话用方言配音，产生滑稽效果，并将配音后的电影上传网络

D. 某电视台在“电影经典对话”专题片中播放30分钟该部电影中带有经典对话的画面

5 牛博朗研习书法绘画30年，研究出汉字的独特写法牛氏“润金体”。“润金体”借鉴了“瘦金体”，但在布局、线条、勾画、落笔以及比例上自成体系，多出三分圆润，审美价值很高。牛博朗将其成果在网络上发布，并注明“版权所有，未经许可，不得使用”。羊阳洋公司从该网站下载了九个“润金体”字，组成广告词“小绵羊、照太阳、过海洋”，为其从国外进口的羔羊肉做广告。关于“润金

体”及羊阳洋公司的行为，下列哪些选项是正确的？（2017年，多选）

A. 字体不属于著作权保护的范围，故羊阳洋公司不构成侵权

B. “润金体”具有一定的独创性，可认定为美术作品而受著作权法保护

C. 羊阳洋公司只是选取了有限的数个汉字，不构成对“润金体”整体著作权的侵犯

D. 羊阳洋公司未经牛博朗同意，擅自使用“润金体”汉字，构成对牛博朗著作权的侵犯

考点二 著作权的内容

1 作曲家A写了首曲子《欢乐的一天》，并请B乐手用吉他演奏，A未经过B同意就把曲子授权给某音乐App运营公司，用户付费即可在App收听这首曲子。玩具厂F未经许可，在该App将这首曲子下载，置于该厂生产的儿童唱歌玩具里。李丰购买了儿童唱歌玩具，播放该歌曲给儿子听。下列说法正确的是：（2021年回忆版，多选）

A. 音乐App运营公司侵犯了B乐手的表演者权

B. 玩具厂F侵犯了B乐手的表演者权

C. 李丰侵犯了B乐手的表演者权

D. 玩具厂F侵犯了作曲家A的著作权

2 摄影师张某于1955年拍摄了一张黑白风景照片并于同年出版，照片右下角签署张某的名字。张某于2010年去世。下列未经张某继承人许可的行为中，属于侵犯著作权的有：（2020年回忆版，多选）

A. 请画家精准描摹并出版该绘画

B. 去除张某署名，并将照片在网络上传播

C. 公开展览该照片的复印件

D. 采用数字技术将照片转化为彩色照片出版

3 朱某为法学院退休教授，陈某经过朱某同意之后将朱某的演讲录音资料整理为文字，按体系汇编。许某基于个人兴趣对该书中的专业术语用自己的理解与观点进行注释。陈某与某出版社达成协议约定由该出版社独家出版陈某汇编的版本。现某网络平台未经许可发布电子版于网络。对此，下列说法正确的是：（2020年回忆版，不定项）

A. 出版社侵犯了朱某的著作权

B. 出版社侵犯了许某的著作权

C. 许某对朱某稿件进行注释应当征得朱某同意

D. 网络平台侵犯了出版社的权利

4 甲写了个侮辱英烈陈某的小说，发在网上，丙是甲的朋友，然后据此小说拍成了电视剧。乙根据小说画了漫画，陈某的遗孀现在要起诉他们。对此，下列哪些说法是正确的？（2019年回忆版，多选）

A. 可以起诉甲侵犯陈某的名誉

B. 可以起诉乙侵犯陈某的名誉

C. 丙侵犯了甲的著作权

D. 乙侵犯了甲的著作权

5 曹某、孟某、刘某三人是司法考试的培训老师，利用业余时间共同完成一幅绘画作品《从头

再来》,他们的好朋友李某提供了一些创作上的建议,并提出在署名的时候最好把自己的名字署上,这样可以利用自己的知名度提高作品的影响力,曹某、孟某、刘某三人一致同意。孟某提议要把这个作品公开发表,曹某说最好还是低调一些,自己欣赏就可以了,刘某则不置可否。孟某不顾曹某的反对把作品在招生现场进行了展览,结果被现场咨询报班的明星学员岳某看中,出价10000元予以购买,曹某、孟某、刘某三人均表示同意。岳某购买后随即拍照在微博上进行发布,一时引起热议。下列说法正确的是:(2018年回忆版,单选)

A. 李某对作品的完成提出了建议,应是作者

B. 曹某、孟某、刘某三人同意李某在作品上署名,李某也表示同意,该署名行为合法

C. 孟某不顾曹某的反对把该画发表的做法合法

D. 岳某购买后随即拍照在微博上进行发布的行为合法

考点三 邻接权

1 甲电视台请张某在电视讲座节目中讲解养生之道,并经张某许可,制作和销售节目录像光盘。乙电视台购入该光盘后,擅自在其电视节目上播出。关于乙电视台的行为,下列哪些说法是正确的:(2020年回忆版,多选)

A. 侵犯了甲电视台的广播组织权

B. 侵犯了张某的著作权

C. 侵犯了张某的表演者权

D. 侵犯了甲电视台的录像制作权

2 甲创作歌曲《法考之路》,乙在某商业场合对其进行了演唱,丙公司将乙的演唱制成唱片,丁酒店把该唱片买回后在酒店大厅作为背景音乐播放,戊广播电台在《法考倒计时》栏目中进行了播出,对此,下列说法正确的是:(2018年回忆版,单选)

A. 乙演唱该歌曲需要经过甲的同意并付费

B. 丙公司把乙的演唱制成唱片,不需要经过甲的同意并付费

C. 丁酒店在酒店大厅将该歌曲作为背景音乐播放,不需要经过甲的同意并付费

D. 戊广播电台的播放行为需要经过甲的同意并付费

3 甲创作了一首歌曲《红苹果》,乙唱片公司与甲签订了专有许可合同,在聘请歌星丙演唱了这首歌曲后,制作成录音制品(CD)出版发行。下列哪些行为属于侵权行为?(2014年,多选)

A. 某公司未经许可翻录该CD后销售,向甲、乙、丙寄送了报酬

B. 某公司未经许可自聘歌手在录音棚中演唱了《红苹果》并制作成DVD销售,向甲寄送了报酬

C. 某商场购买CD后在营业时间作为背景音乐播放,只经过甲许可并向其支付了报酬

D. 某电影公司将CD中的声音作为电影的插曲使用,只经过了甲许可

(本章答案及解析见第197页)

第二章　专　利　法

名师带练

1　考点考查统计

- 专利法
  - 专利权的取得和消灭
    - 不授予专利权的客体 * *
    - 授予专利的条件 * *
    - 专利无效 * *
  - 专利权的内容和限制
    - 独占实施权 * *
    - 专利权转让和许可 * *
    - 强制许可和开放许可 * *
  - 专利权的保护
    - 善意侵犯专利权 * *
    - 外观设计专利权侵权 * *
    - 不视为专利侵权的情形 * * *
    - 现有技术抗辩 * * *
    - 平行进口 * *

2　命题基本规律

从历年考查来看,专利法部分考点主要集中在专利权的取得和消灭、专利权的转让和许可、专利侵权的判断上。从考查方式来看,专利法基本是对法条的直接考查,但考查比较全面,如在专利申请这一考点中,涉及授予专利实质条件的“新颖性、创造性和实用性”认定、不授予专利权的客体、专利申请优先权等内容,而且《专利法》与《民法典》合同编中技术合同的内容多有交叉。因此,考查全面性及综合性加大了专利法的难度,考生在复习时应注意对法条内容全面复习,防止挂一漏万。具体而言,考生应重点掌握以下命题点:

1. 专利权的取得。专利申请的命题主要集中在以下几方面:一是专利申请的原则,考生应当掌握专利法规定的书面申请原则、单一性原则以及先申请原则的含义和表现形式;二是授予专利的实质条件,考生应当重点掌握新颖性、创造性、实用性的含义,以及我国法律规定的哪些情形不丧失专利的新颖性,它是专利权历年考查的重点;三是不授予专利权的客体,它是专利权近年来的考查热点;四是专利申请的优先权,考生应当注意掌握专利法规定的申请优先权的情形,它也是考试中的热点问题。此外,发明专利申请中的临时保护问题也是重点。

2. 专利权的许可。专利权许可分为普通许可、排他许可和独占许可,考生需要掌握三种许可的区别,每一种许可情形中许可人和被许可人的权利义务不同,在发生第三方侵权行为时,三种许可中的哪些被许可人是可以提起诉讼的也有所不同。

3. 专利无效宣告。专利无效宣告的程序和专利无效宣告的效力是考查的热点。考生需要牢记专利无效宣告后的溯及力,要区分无效宣告前的判决、合同等是否已执行或履行完毕。同时,专利无效宣告程序启动后,正在进行的同一个专利的侵权诉讼是否能中止也是常考考点。

4. 专利侵权的判断。专利侵权命题主要集中在专利侵权的各种表现形式上,它是专利法近年来的必考项,考生应重点掌握,其抓手在于记住关键动词,比如发明和实用新型专利的“制作、使用、许诺销售、销售和进口”,外观设计专利的“制作、许诺销售、销售和进口”。同时在设计专利侵权类型题目时,不视为专利侵权行为的情形经常作为干扰项,考生务必要牢记专利法规定的几种不视为专利侵权的使用专利的行为。另外,平行进口和现有技术抗辩也是排除专利侵权的重要理由,常常与专利侵权结合考查,如 2021 年对此进行了考查。

提醒考生注意的是,2020 年《专利法》第四次修改中增加了惩罚性赔偿制度,完善了专利侵权赔偿数额证据规则、专利行政保护制度和专利审查制度等,以上修改内容是考查的重点,请考生务必掌握。

3 设题陷阱

陷阱一:不授予专利权的客体。设题陷阱在于对专利法规定的专利不予保护对象的记忆和理解上。考生需要在熟记专利法重点法条的基础上,判断分析哪些客体属于不授予专利权的客体。例如,关于交通规则,考生如果不能记忆智力活动的规则和方法不能授予专利,并判断交通规则属于智力活动的规则和方法中的一类,就无法确定交通规则不能获得专利。又如,关于药品、医疗器械能否获得专利保护,考生应当记忆疾病的诊断和治疗方法不能取得专利保护,但药品、医疗器械可以获得专利保护。

陷阱二:专利侵权的认定。设题陷阱在于认定专利侵权时,不视为专利侵权情形是否予以排除,考生应该熟记专利法规定的五种不视为专利侵权的情形,这些行为虽然外表具有侵权行为的外观,但为了平衡公共利益,专利法给予了特别侵权豁免规定。考生如果未掌握本部分内容,在判断专利侵权情形时就容易混淆,而落入陷阱。

真题快刷

考点一 专利权的取得和消灭

关于下列成果可否获得专利权的判断,哪一选项是正确的?(2017 年,单选)

A. 甲设计的新交通规则,能缓解道路拥堵,可获得方法发明专利权

B. 乙设计的新型医用心脏起搏器,能迅速使心脏重新跳动,该起搏器不能被授予专利权

C. 丙通过转基因方法合成一种新细菌,可过滤汽油的杂质,该细菌属动物新品种,不能被授予专利权

D. 丁设计的儿童水杯,其新颖而独特的造型既富美感,又能防止杯子滑落,该水杯既可申请实用新型专利权,也可申请外观设计专利权

考点二 专利权的内容

甲公司获得一项智能手机显示屏的发明专利权后，将该技术以在中国大陆独占许可方式许可给乙公司实施。乙公司付完专利使用费并在销售含有该专利技术的手机过程中，发现丙公司正在当地电视台做广告宣传具有相同专利技术的手机，便立即通知甲公司起诉丙公司。法院受理该侵权纠纷后，丙公司在答辩期内请求宣告专利无效。下列哪些说法是错误的？(2015 年，多选)

A. 乙公司获得的专利使用权是债权，在不通知甲公司的情况下不能直接起诉丙公司

B. 专利无效宣告前，丙公司侵犯了专利实施权中的销售权

C. 如专利无效，则专利实施许可合同无效，甲公司应返还专利使用费

D. 法院应中止专利侵权案件的审理

考点三 专利权的保护

1 A 公司发明了一款新型车用电池，2021 年 3 月 1 日，A 公司发布了该新型车用电池的专利权申请公告。甲电池制造企业看到后，根据申请文件迅速制造出相同的电池出售。在专利申请期间，乙汽车制造公司批量购入该电池安装在其生产的货车上；丙运输公司购买了安装该电池的货车到丁国运输货物，丁国和我国均为《巴黎公约》的缔约国。2023 年 6 月 1 日，A 公司被授予发明专利权。下列哪些说法是正确的？(2023 年回忆版，多选)

A. 2023 年 6 月 1 日以后，甲电池制造企业只要停止制造销售电池，就不用支付费用

B. 2023 年 6 月 1 日以后，甲电池制造企业销售专利获批前生产的电池，不构成侵犯专利权

C. 2023 年 6 月 1 日以后，乙汽车制造公司使用专利获批前购买的电池生产货车，不构成侵犯专利权

D. 2023 年 6 月 1 日以后，丙运输公司使用安装该电池的货车从我国到《巴黎公约》成员国丁国运货，不构成侵犯专利权

2 甲获得一项外观设计专利，并自愿声明对该外观设计专利实行开放许可。乙公司与专利权人甲签订实施许可合同后，擅自许可丙公司实施该外观设计专利，丙公司利用该外观设计专利生产产品，并销售给丁公司，丁公司将该外观设计专利产品在生产经营中使用，甲发现后，起诉乙、丙两公司侵犯其外观设计专利权。乙公司在答辩期内请求国务院专利行政部门宣告甲的专利权无效。下列哪一说法是正确的？(2022 年回忆版，单选)

A. 丙公司侵犯甲专利权

B. 丁公司侵犯甲专利权

C. 法院应中止专利侵权案件的审理

D. 丁公司应停止使用该外观设计专利产品并承担赔偿责任

3 甲公司研发出一种新型培育方法，可以培育出 A 型对虾，并申请了专利。乙公司未获得授权，私自采用该方法培育 A 型对虾，并将对虾卖给丙公司生产虾酱，丁超市向丙公司批发大量虾酱用于销售，戊科学研究所为实验需要，运用甲公司的培育方法培育对虾后，发现对虾质量不高，所以改良和创新了培育方法，培育出了高质量的 A 型对虾，请问下列哪些主体侵犯了甲公司的专利权？(2021 年回忆版，不定项)

A. 乙公司　　　　B. 丙公司

C. 丁超市　　　　D. 戊科学研究所

4 甲发明了一种轻薄口罩,口罩具有良好的过滤效果,申请了某项专利,专利的技术参数是A+B,后乙改进了工艺,使这款口罩更加轻薄且过滤效果更好,专利技术参数是A+B+C,问下列选项正确的是:(2020年回忆版,多选)

A. 乙应当经过甲的同意

B. 丙公司若要生产A+C型口罩需要经过乙的同意

C. 丙公司若要生产A+B+C+D型的口罩需要经过甲乙的同意

D. 丙公司若要生产A+B+C+D型的口罩只需要经乙的同意

5 根据《专利法》的规定,下列行为中,属于侵犯专利权的行为的是:(2018年回忆版,多选)

A. 发明专利权申请公布后,专利局公告授权之前,第三人未经同意实施该技术的行为

B. 专利权人制造的专利产品售出后,使用该产品的行为

C. 专为科学研究而制造有关专利产品的

D. 为生产经营目的使用不知道是未经专利权人许可制造而售出的专利产品,能证明本产品合法来源的

6 甲、乙两公司各自独立发明了相同的节水型洗衣机。甲公司于2013年6月申请发明专利权,专利局于2014年12月公布其申请文件,并于2015年12月授予发明专利权。乙公司于2013年5月开始销售该种洗衣机。另查,本领域技术人员通过拆解分析该洗衣机,即可了解其节水的全部技术特征。丙公司于2014年12月看到甲公司的申请文件后,立即开始制造并销售相同的洗衣机。2016年1月,甲公司起诉乙、丙两公司侵犯其发明专利权。关于甲公司的诉请,下列哪些说法是正确的?(2017年,多选)

A. 如甲公司的专利有效,则丙公司于2014年12月至2015年11月使用甲公司的发明构成侵权

B. 如乙公司在答辩期内请求专利复审委员会宣告甲公司的专利权无效,则法院应中止诉讼

C. 乙公司如能证明自己在甲公司的专利申请日之前就已制造相同的洗衣机,且仅在原有制造能力范围内继续制造,则不构成侵权

D. 丙公司如能证明自己制造销售的洗衣机在技术上与乙公司于2013年5月开始销售的洗衣机完全相同,法院应认定丙公司的行为不侵权

7 奔马公司就其生产的一款高档轿车造型和颜色组合获得了外观设计专利权,又将其设计的“飞天神马”造型注册为汽车的立体商标,并将该造型安装在车头。某车行应车主陶某请求,将陶某低价位的旧车改装成该高档轿车的造型和颜色,并从报废的轿车上拆下“飞天神马”标志安装在改装车上。陶某使用该改装车提供专车服务,收费高于普通轿车。关于上述行为,下列哪一说法是错误的?(2016年,单选)

A. 陶某的行为侵犯了奔马公司的专利权　　B. 车行的行为侵犯了奔马公司的专利权

C. 陶某的行为侵犯了奔马公司的商标权　　D. 车行的行为侵犯了奔马公司的商标权

(本章答案及解析见第206页)

第三章　商　标　法

名师带练

1　考点考查统计

- 商标法
  - 商标分类
    - 集体商标 *
    - 证明商标 *
  - 商标注册的申请
    - 商标注册代理机构的义务 * *
    - 商标国际注册申请 *
    - 商标注册的条件 * *
  - 商标无效宣告
    - 在先权利 * *
    - 商标无效宣告 * *
  - 商标侵权行为 * *

2　命题基本规律

从历年考查情况来看,商标法的命题重点主要集中在商标分类、商标注册的申请、驰名商标的保护、商标无效宣告、商标侵权上。从命题方式来看,商标法基本以对法条直接考查为主,因此考生在复习时应加强对商标法及其司法解释的复习力度。具体而言,考生应重点从以下方面掌握本部分的命题规律:

1. 商标注册。这一部分的命题主要集中在对商标注册的原则、程序以及商标注册禁止条件的考查上,考生应当掌握商标注册的在先原则和自愿注册原则,了解商标注册的程序,特别是商标申请代理,它是近年来商标法考查的重点。除此之外,考生还应当重点掌握商标注册优先权以及不应当予以商标注册的情形,它是商标法历年的考查重点。

2. 驰名商标。这一部分的命题主要集中在对驰名商标特殊保护规则的考查上,考生应当重点掌握驰名商标的跨类别保护、未注册驰名商标的特别保护、驰名商标所有人无效宣告不受 5 年时间限制等驰名商标特殊保护规则以及商业宣传不得使用“驰名商标”字样。它是商标法历年来的考查重点,在 2022 年考试中也有所涉及。

3. 商标无效宣告。商标宣告无效的程序和效力是历年考查的热点,这一部分的命题主要集中在以下两个方面:一是商标宣告无效的事由及时间限制;二是商标无效宣告后的溯及力。考生应当重点掌握商标无效宣告的,非撤销时无效,而是自始不存在效力,但是对已经执行的工商行政管理机关处理决定以及已经履行的商标转让或使用许可合同不具有溯及力。

4. 商标侵权行为。这一部分的命题主要集中在对侵犯注册商标专用权行为的认定上,考生应当充分掌握《商标法》《商标法实施条例》及司法解释规定的各类商标侵权行为的构成要件及表现形式,它是商标法历年的必考项。除此之外,考生还应当重点掌握商标侵权成立但是免除赔偿责任的情形,它也是商标法历年考查重点。

3 设题陷阱

陷阱一:驰名商标注册和保护的特别规定。商标法对驰名商标的保护高于普通商标,如驰名商标的跨类别保护、未注册驰名商标的特别保护、驰名商标所有人无效宣告不受5年时间限制、驰名商标认定的个案审查制度、商业广告中不得使用"驰名商标"字样等。考生如果对驰名商标特别保护规定未充分掌握,就会将驰名商标保护与普通商标保护混为一谈而落入陷阱。

陷阱二:商标侵权行为。商标侵权行为是商标法考查的重中之重,这一部分的设题陷阱主要表现在以下两个方面:一是商标侵权行为认定的全面考查。从历年考查情况来看,对商标侵权行为的考查面比较广,各类商标侵权行为都进行过考查。考生如果对《商标法》第57条规定的六种侵权形式、《商标法实施条例》第75条和第76条以及最高人民法院《关于审理商标民事纠纷案件适用法律若干问题的解释》第1条补充规定的各类商标侵权未充分掌握,或者未能熟悉各类侵权行为的构成要件和特点,就会因为遗漏而导致错误判断。特别是帮助商标侵权行为、将他人商标作为企业名称或商标装潢或域名使用、驰名商标跨类侵权等商标侵权行为是历年的考查重点,考生应当重点掌握。二是认定商标侵权成立但无须承担赔偿责任的情形。考生应当掌握行为人无主观故意销售不知道是侵犯注册商标专用权的商品,且能证明该商品是自己合法取得并说明提供者情形的,应当认定其行为构成了商标侵权行为,只是不承担赔偿责任而已。考生很容易将其记忆为不构成商标侵权行为而落入设题陷阱。

真题快刷

考点一 商标分类

河川县盛产荔枝,远近闻名。该县成立了河川县荔枝协会,申请注册了"河川"商标,核定使用在荔枝商品上,许可本协会成员使用。加入该荔枝协会的农户将有"河川"商标包装的荔枝批发给盛联超市销售。超市在销售该批荔枝时,在荔枝包装上还加贴了自己的注册商标"盛联"。下列哪些说法是正确的?(2015年,多选)

A. "河川"商标是集体商标

B. "河川"商标是证明商标

C. "河川"商标使用了县级以上行政区划名称,应被宣告无效

D. 盛联超市的行为没有侵犯商标权

考点二 商标注册的申请

1 下列关于《商标法》的规定,说法正确的是:(2018年回忆版,多选)

A. 声音也可被注册为商标

B. 商标注册申请人通过一份申请只能就一个类别的商品申请注册同一商标

C. 同中央国家机关的名称、标志相同的,不得作为商标注册

D. 经营者不得将驰名商标字样用于商品的广告宣传当中

2 营盘市某商标代理机构,发现本市甲公司长期制造销售“实耐”牌汽车轮胎,但一直未注册商标,该机构建议甲公司进行商标注册,甲公司负责人鄢某未置可否。后鄢某辞职新创立了乙公司,鄢某委托该商标代理机构为乙公司进行轮胎类产品的商标注册。关于该商标代理机构的行为,下列哪一选项是正确的?(2016 年,单选)

A. 乙公司委托注册“实耐”商标,该商标代理机构不得接受委托

B. 乙公司委托注册“营盘轮胎”商标,该商标代理机构不得接受委托

C. 乙公司委托注册普通的汽车轮胎图形作为商标,该商标代理机构不得接受委托

D. 该商标代理机构自行注册“捷驰”商标,用于转让给经营汽车轮胎的企业

考点三 商标无效宣告

1 时装公司在新品发布会上发布一款“轻燕”运动鞋,该商标具有一定的影响力。贸易公司发现时装公司的“轻燕”商标没有注册,于是抢先注册了“轻燕”商标。贸易公司与时装公司接洽,希望时装公司以 100 万元购买“轻燕”商标,被时装公司拒绝。贸易公司便向法院起诉时装公司侵犯注册商标专用权。经法院查明,贸易公司经营范围并没有鞋类经营;此前在衣服、鞋子、母婴等领域多次注册了他人已使用但未注册的商标,且并未生产相关产品。对此,以下说法正确的是:(2023 年回忆版,多选)

A. 任何个人都可随时申请“轻燕”商标无效

B. 时装公司应当停止使用轻燕商标,但是不承担赔偿责任

C. 国家知识产权局可主动宣告贸易公司的“轻燕”商标无效

D. 时装公司只能在注册之日起 5 年内申请宣告“轻燕”商标无效

2 奔兔公司在其制造和销售的箱包上使用“奔兔”商标,产生了一定影响,但未进行商标注册。其经销商甲发现该商标未获注册后,就在箱包产品上注册了“奔兔”商标,并在箱包产品上使用“奔兔”商标。乙公司以囤积商标为业,其预料奔兔公司今后可能也会制造和销售皮带,就在皮带商品上注册了“奔兔”商标,以期高价出售给奔兔公司,但从未使用。则下列选项正确的是:(2020 年回忆版,不定项)

A. 奔兔公司只能在甲公司注册“奔兔”商标后 5 年内请求其注册商标无效

B. 如奔兔公司在皮带上使用“奔兔”商标 3 年后,乙公司对其提起商标侵权之诉,要求其赔偿损失,奔兔公司可以乙公司此前从未使用进行抗辩

C. 如果甲公司起诉奔兔公司在箱包上使用“奔兔”商标侵犯其注册商标专用权,奔兔公司可以自己率先使用为由进行抗辩

D. 奔兔公司只能在乙公司注册“奔兔”商标后 5 年内请求其注册商标无效

3 韦某开设了“韦老四”煎饼店,在当地颇有名气。经营汽车配件的个体户肖某从外地路过,吃过后赞不绝口。当发现韦某尚未注册商标时,肖某就餐饮服务注册了“韦老四”商标。关于上述行为,下列哪一说法是正确的?(2017 年,单选)

A. 韦某在外地开设新店时,可以使用“韦老四”标识

B. 如肖某注册“韦老四”商标后立即起诉韦某侵权,韦某并不需要承担赔偿责任

C. 肖某的商标注册恶意侵犯韦某的在先权利,韦某可随时请求宣告该注册商标无效

D. 肖某注册商标核定使用的服务类别超出了肖某的经营范围,韦某可以此为由请求宣告该注册商标无效

考点四　商标侵权

1 "佳加"商标是咖啡服务类商标,"佳加"咖啡店经营多年颇具知名度,并开设多家分店,2020年在商标侵权诉讼中"佳加"被认定为驰名商标。"佳加"咖啡店员工乙离职后经营一家餐饮店,店铺装潢与员工服装均与"佳加"咖啡店一致。5年后,"佳加"咖啡店想进军餐饮行业申请注册商标时,发现"佳加"商标在快餐服务类已被乙注册。对此,下列说法正确的是?(2022年回忆版,不定项)

A. "佳加"咖啡店有权向有关部门申请"佳加"商标在快餐服务类无效

B. "佳加"咖啡店有权要求餐饮店赔偿,法院应当支持

C. "佳加"咖啡店有权要求餐饮店停止使用"佳加"商标,法院应当支持

D. 乙的行为涉嫌恶意注册,任何人均有权申请宣告其注册商标无效

2 佳普公司在其制造和出售的打印机和打印机墨盒产品上注册了"佳普"商标。下列未经该公司许可的哪一行为侵犯了"佳普"注册商标专用权?(2015年,单选)

A. 甲在店铺招牌中标有"佳普打印机专营"字样,只销售佳普公司制造的打印机

B. 乙制造并销售与佳普打印机兼容的墨盒,该墨盒上印有乙的名称和其注册商标"金兴",但标有"本产品适用于佳普打印机"

C. 丙把购买的"佳普"墨盒装入自己制造的打印机后销售,该打印机上印有丙的名称和其注册商标"东升",但标有"本产品使用佳普墨盒"

D. 丁回收墨水用尽的"佳普"牌墨盒,灌注廉价墨水后销售

(本章答案及解析见第211页)

答案及解析

商　　法

第一章　公司法概述

考点一　公司的分类

1 [答案]　BC

[考点]　总公司与分公司

[解析][1]　依照公司内部的统筹内容,可将公司区分为总公司与分公司。总公司是指依法首先设立以管辖全部公司组织的总管理机构,并以此为中心支配公司的营业活动和资金的调度。分公司是指在总公司设立后或同时所设立的受总公司支配的分支机构。《公司法》第 13 条第 2 款规定:“公司可以设立分公司。分公司不具有法人资格,其民事责任由公司承担。”分公司无论是从经济上还是从法律上,都不具有独立性。

因此,在债务承担问题中,总公司以其全部资产为限对分公司在经营中的债务承担责任。最高人民法院《关于民事执行中变更、追加当事人若干问题的规定》第 15 条规定:“作为被执行人的法人分支机构,不能清偿生效法律文书确定的债务,申请执行人申请变更、追加该法人为被执行人的,人民法院应予支持。法人直接管理的责任财产仍不能清偿债务的,人民法院可以直接执行该法人其他分支机构的财产。作为被执行人的法人,直接管理的责任财产不能清偿生效法律文书确定债务的,人民法院可以直接执行该法人分支机构的财产。”分公司 B 不具备法律上独立法人的地位,应当由总公司承担民事责任,故 B 选项正确,A 选项错误。

分公司属于非法人组织,拥有提起民事诉讼的原告资格。甲为分公司 B 的负责人,故甲能够以分公司 B 的名义起诉应诉,C 选项正确。

最高人民法院《关于适用〈中华人民共和国民法典〉有关担保制度的解释》(以下简称《民法典担保制度解释》)第 11 条第 1 款规定:“公司的分支机构未经公司股东(大)会或者董事会决议以自己的名义对外提供担保,相对人请求公司或者其分支机构承担担保责任的,人民法院不予支持,但是相对人不知道且不应当知道分支机构对外提供担保未经公司决议程序的除外。”分公司 B 应当经总公司 A 内部决议程序后方能对外提供担保,因此 D 选项错误。

综上,应当选 B、C 选项。

[难度系数]　*

2 [答案]　D

---

① 为适应考生备考需求,如无特殊说明,本书解析部分均适用现行有效法律法规,特此说明。

[考点] 总公司与分公司

[解析] 本题A选项考查分公司的性质。分公司对外从事经营活动必须以总公司的名义进行,因此,甲分公司的负责人在分公司的经营范围内,当然能以植根公司的名义对外从事经营活动。故A选项正确,不当选。

B选项、C选项、D选项考查分公司的责任承担。分公司不具有法人资格,不具有独立财产,由总公司以其全部资产为限对分公司在经营中的债务承担责任。在总公司或分公司作为被执行人,但所直接管理的财产不能清偿债务时,均可主张强制执行其所有分公司或总公司及其他分公司直接管理的财产。据此,B选项、C选项正确,D选项错误。本题为选非题,正确答案为D选项。

[难度系数] * *

考点二 有限责任原则和法人人格否认

[答案] A

[考点] 法人人格否认制度

[解析] 公司法人人格否认制度是源自"刺穿公司面纱"的理论,或称为"直索理论",是指为阻止公司独立人格的滥用和保护公司债权人利益及社会公共利益,就具体法律关系中的特定事实,责令公司的股东对公司债权人或公共利益直接负责,以实现公平正义目标之要求而设置的一种法律措施。《公司法》第23条第1款规定,公司股东滥用公司法人独立地位和股东有限责任,逃避债务,严重损害公司债权人利益的,应当对公司债务承担连带责任。

本案中,甲公司滥用自己在零盛公司的股东地位,将零盛公司的资产全部用于甲公司的一个大型投资项目,使其与零盛公司的财产混同,严重损害了公司债权人丙公司的利益,应当对公司债务承担连带责任,乙公司作为其他股东,应以出资额为限对公司债务承担有限责任,故A选项甲公司对丙公司应承担清偿责任正确,B选项、C选项均错误。此时要"刺穿公司面纱",债权人丙公司可以直接请求该股东甲公司对零盛公司的债务承担连带清偿责任,故D选项丙公司只能通过零盛公司的破产程序来受偿,错误。

[难度系数] *

考点三 公司担保

1 [答案] AC

[考点] 一人公司

[解析] 有限公司股东对外转让股权时,其他股东享有同等条件下的优先购买权。b公司与a公司分别为两个独立法人,且不存在持股关系,不适用有限责任公司股权转让的相关规定,A选项错误。

《公司法》第15条第2款规定:"公司为公司股东或者实际控制人提供担保的,必须经股东会或者股东大会决议。"然而,一人有限公司不设股东会,无法完成前述规定程序。那么一人有限公司能否为其唯一股东提供担保呢?对此,《民法典担保制度解释》第10条规定:"一人有限责任公司为其股东提供担保,公司以违反公司法关于公司对外担保决议程序的规定为由主张不承担担保责任的,人民法院不予支持。公司因承担担保责任导致无法清偿其他债务,提供担保时的股东不能证明公司财产独立于自己的财产,其他债权人请求该股东承担连带责任的,人民法院应予支持。"由此可知,一人有限公司为其股东提供担保,无须决议。因此,B选项正确,C选项错误。a公司应当承担担保责任,D选项正确。

综上,应当选 A、C 选项。

[难度系数] * *

2 [答案] ABD

[考点] 公司担保

[解析] 《公司法》第 15 条规定:"公司向其他企业投资或者为他人提供担保,按照公司章程的规定,由董事会或者股东会、股东大会决议;公司章程对投资或者担保的总额及单项投资或者担保的数额有限额规定的,不得超过规定的限额。公司为公司股东或者实际控制人提供担保的,应当经股东会决议。前款规定的股东或者受前款规定的实际控制人支配的股东,不得参加前款规定事项的表决。该项表决由出席会议的其他股东所持表决权的过半数通过。"若公司为自己的股东提供担保,根据上述规定,必须经股东会决议,且被担保的股东不得参与决议。大地公司提交的是董事会决议而非股东会决议,因此 B 选项错误。

C 选项中,大地公司提供的是甲公司全体股东签字同意的决议,虽然被担保的股东大地公司不享有表决权,但是其他股东均同意该担保事项,扣除大地公司的表决权之后,仍然符合《公司法》第 15 条规定的表决比例,应认定该担保属于公司的真实意思,担保有效,C 项说法正确,不当选。

《民法典担保制度解释》第 7 条规定:"公司的法定代表人违反公司法关于公司对外担保决议程序的规定,超越权限代表公司与相对人订立担保合同,人民法院应当依照民法典第六十一条和第五百零四条等规定处理:(一)相对人善意的,担保合同对公司发生效力;相对人请求公司承担担保责任的,人民法院应予支持……第一款所称善意,是指相对人在订立担保合同时不知道且不应当知道法定代表人超越权限。相对人有证据证明已对公司决议进行了合理审查,人民法院应当认定其构成善意,但是公司有证据证明相对人知道或者应当知道决议系伪造、变造的除外。"本题 A 选项的说法过于绝对,未考虑可能存在银行为善意第三人的情形(此时担保有效),故 A 选项错误。根据题干,除非能够证明银行知道或者应当知道决议系伪造、变造的或其他排除银行善意之证据,否则银行仍有权要求公司承担保证责任,D 选项无法推定银行"明知或应知"这一主观状态,因此 D 选项错误。

综上,应当选 ABD 选项。

[难度系数] * *

第二章 公司设立

考点一 公司设立

[答案] AC

[考点] 一人有限责任公司、公司设立

[解析] 根据我国《公司法》和《民法典》关于股东的相关规定,股东是对出资人的特别称谓,并且对行为能力没有特别要求,因此股东既可以是自然人、法人、非法人组织,也可以是国家。根据题干,润恒有限责任公司(自然人独资)和复星制衣厂(个人独资)可出资设立有限责任公司,故 A 选项正确。

《公司法》第 23 条第 3 款规定:"只有一个股东的公司,股东不能证明公司财产独立于股东自己的财产的，应当对公司债务承担连带责任。”这是关于一人公司法人人格否认制度的特别规定，其特殊性在于举证责任倒置。也就是说，股东要证明不存在人格混同的事实，否则就推定发生了人格混同，股东对公司债务承担连带责任。但是，这并不意味着一人公司的股东一律要为公司债务承担连带责任，因此 B 选项错误。

2023 年修订前《公司法》第 58 条规定：“一个自然人只能投资设立一个一人有限责任公司。该一人有限责任公司不能投资设立新的一人有限责任公司。”但是修订后的《公司法》取消了这一规定，所以 C 选项正确。张某投资设立个人独资企业当然没有限制，因此 D 选项错误。

考生回答本题的时候应当明确一人有限责任公司与个人独资企业的区别，并把握好一人有限责任公司相关的特殊规定，尤其是人格混同的情形和对发起人再投资设立公司的限制。综上，本题应当选 AC 选项。

[难度系数] * *

考点二 公司设立时的股东的责任

[答案] A

[考点] 公司设立时的股东的责任

[解析] 关于公司设立时的股东的责任问题，《公司法》第 44 条第 2 款规定：“公司未成立的，其法律后果由公司设立时的股东承受；设立时的股东为二人以上的，享有连带债权，承担连带债务。”本题中，虽然买卖合同是李某所签，但他的目的是设立公司，因此，其行为的后果由成立后的公司承受；若公司未成立，则由设立时的股东承担连带责任，在本题中即由李某和王某承担连带责任。通观四个选项，只有 A 项正确。

[难度系数] * *

第三章 股东与股东会

考点一 股东身份

1 **[答案]** ABC

[考点] 冒名股东

[解析] 《公司法解释(三)》第 28 条规定：“冒用他人名义出资并将该他人作为股东在公司登记机关登记的，冒名登记行为人应当承担相应责任；公司、其他股东或者公司债权人以未履行出资义务为由，请求被冒名登记为股东的承担补足出资责任或者对公司债务不能清偿部分的赔偿责任的，人民法院不予支持。”按照这一规定，被冒名者既不享有股东权利，也不承担股东义务或责任。故 A、B、C 选项错误。甲是实际股东，应当由甲承担出资义务，故 D 选项正确。

综上，应当选 A、B、C 选项。

[难度系数] * *

2 **[答案]** B

[考点] 股东资格、股权让与担保

[解析] 在张某与荣某之间，发生的是普通的股权转让。在荣某善意的情况下，他与张某之间

的股权转让合同效力无任何瑕疵。问题在于,股权转移的效果何时发生?对此问题,学理上有不同观点。有人认为,股权变动模式应采用"债权意思主义",股权转让合同生效时股权转移。但主流观点认为,股权变动模式应采用"债权形式主义",股权转让合同生效时,股权尚未移转,需要完成股东名册的记载方能对公司发生效力,还需要办理工商变更登记方能产生对抗善意第三人的效力。因此,荣某自被记载于股东名册之日取得股权,与是否付清价款无关,A 项错误。股权变更登记仅发生对抗效力,故 C 项错误。

在张某与何某之间,发生的是股权让与担保。《民法典担保制度解释》第 68 条第 1 款、第 2 款规定:"债务人或者第三人与债权人约定将财产形式上转移至债权人名下,债务人不履行到期债务,债权人有权对财产折价或者以拍卖、变卖该财产所得价款偿还债务的,人民法院应当认定该约定有效。当事人已经完成财产权利变动的公示,债务人不履行到期债务,债权人请求参照民法典关于担保物权的有关规定就该财产优先受偿的,人民法院应予支持。债务人或者第三人与债权人约定将财产形式上转移至债权人名下,债务人不履行到期债务,财产归债权人所有的,人民法院应当认定该约定无效,但是不影响当事人有关提供担保的意思表示的效力。当事人已经完成财产权利变动的公示,债务人不履行到期债务,债权人请求对该财产享有所有权的,人民法院不予支持;债权人请求参照民法典关于担保物权的规定对财产折价或者以拍卖、变卖该财产所得的价款优先受偿的,人民法院应予支持;债务人履行债务后请求返还财产,或者请求对财产折价或者以拍卖、变卖所得的价款清偿债务的,人民法院应予支持。"根据题干,张某与何某订立合同,约定将股权转让给何某,以担保张某向何某的借款 30 万元,符合上述让与担保的条件,故根据该司法解释,该股权转让担保合同有效,B 选项正确。

张某向何某借款 30 万元,以其在泉嘉有限公司的股权提供担保。此后,张某将股权转让给荣某并办理了变更登记,荣某取得了泉嘉有限公司的股权。因此,何某不具有被登记为公司股东的可能。并且股权让与担保的本质是以张某的股权担保何某的债权,并非股权转让,故即使借款到期,何某也无权要求泉嘉有限公司将其登记为股东,D 项错误。

[难度系数] * * *

3 [答案] A

[考点] 股东资格的认定

[解析] 取得股东资格,应当具备基础性法律关系(如出资等原始取得方式、受让股权等继受取得方式),并且具备权利外观(记载于股东名册、办理公司登记等)。就权利外观而言,通常情况下,应遵循对内以股东名册为准、对外以公司登记为准的原则。但是,如果权利外观与基础性法律关系不一致,在内部问题上,应以基础性法律关系为准。在本案中,与陆某某股东资格问题有关的事实有:(1)认缴出资;(2)股东登记;(3)实缴出资。不利于陆某某股东资格认定的事实有:(1)未取得股东出资证明书;(2)公司未置备股东名册。但是由于其认缴出资并实缴出资的基础性法律关系存在,股东登记也已完成,综合上述因素,应当认定其具备股东资格。A 选项正确。

[难度系数] * *

考点二 股东出资义务

1 [答案] ACD

[考点] 股东出资、利润分配

[解析] 关于利润分配,《公司法》第 210 条第 4 款规定:"公司弥补亏损和提取公积金后所余税后利润,有限责任公司按照股东实缴的出资比例分配利润,全体股东约定不按照出资比例分配利

润的除外;股份有限公司按照股东所持有的股份比例分配利润,公司章程另有规定的除外。”问题在于,如果股东用不动产或者知识产权出资,交付和过户的时间不一致,应以何时作为履行出资义务之时?当然是交付和过户均完成时。但是,基于实际受益原则,股东自交付时即可享有分配利润的权利。本题中,第1项决议未经丁的同意,剥夺了丁的权利,是无效的,A项正确。第2项决议完全符合《公司法》的规定,是有效的,B项错误。关于股东出资义务,从理论上讲,它也是股东之间的合同义务,因此,股东违反出资义务构成违约,须向其他股东承担违约责任,其他股东也有权请求其向公司继续履行出资义务,所以C、D选项正确。

[难度系数] * * *

2 **[答案]** AC

[考点] 抽逃出资、股东失权

[解析] 关于抽逃出资的法律后果,《公司法》第53条规定:“公司成立后,股东不得抽逃出资。违反前款规定的,股东应当返还抽逃的出资;给公司造成损失的,负有责任的董事、监事、高级管理人员应当与该股东承担连带赔偿责任。”总结起来就是两个方面:一是责任主体为股东和负有责任的董事、监事、高级管理人员,二是责任内容为返还加赔偿。这和《公司法解释(三)》第14条的规定有较大不同。后者规定:“股东抽逃出资,公司或者其他股东请求其向公司返还出资本息、协助抽逃出资的其他股东、董事、高级管理人员或者实际控制人对此承担连带责任的,人民法院应予支持。公司债权人请求抽逃出资的股东在抽逃出资本息范围内对公司债务不能清偿的部分承担补充赔偿责任、协助抽逃出资的其他股东、董事、高级管理人员或者实际控制人对此承担连带责任的,人民法院应予支持;抽逃出资的股东已经承担上述责任,其他债权人提出相同请求的,人民法院不予支持。”本题中,就责任主体而言,股东霓美公司抽逃出资,源圣公司董事长陈某负有个人责任,二者承担连带责任,应返还抽逃的出资,故A项正确。

就责任内容而言,是否要返还利息呢?我们注意到,《公司法》第53条采用了赔偿公司损失的规则,而这里的损失可能不止是利息损失,还包括其他损失。在本题中,股东霓美公司抽逃出资,导致源圣公司现金不足,最终未能获得该环保项目,前期投入的500万元也无法收回,意味着还有其他损失,这些都应由霓美公司和陈某承担连带责任,所以,B项不够准确,不宜当选。霓美公司抽逃出资,对公司的利润没有贡献,股东会决议可以限制其利润分配请求权,故C选项正确。

关于股东失权,《公司法》第52条第1款规定:“股东未按照公司章程规定的出资日期缴纳出资,公司依照前条第一款规定发出书面催缴书催缴出资的,可以载明缴纳出资的宽限期;宽限期自公司发出催缴书之日起,不得少于六十日。宽限期届满,股东仍未履行出资义务的,公司经董事会决议可以向该股东发出失权通知,通知应当以书面形式发出。自通知发出之日起,该股东丧失其未缴纳出资的股权。”《公司法解释(三)》第17条第1款规定的解除股东资格,适用条件包括完全未出资和抽逃全部出资。二者关系如何?考虑到《公司法》的位阶高,且修改时间在后,应该认为,股东失权制度取代了解除股东资格制度。股东失权的条件只有违反出资义务且在宽限期内仍未履行,不包括抽逃出资,所以D项是错误的。

[难度系数] * *

考点三 股东代表诉讼制度

[答案] AD

[考点] 股东代表诉讼

[解析]　股东代表诉讼,又称派生诉讼、股东代为诉讼,是指当公司的合法权益受到不法侵害而公司却怠于起诉时,股东即以自己的名义起诉,所获赔偿归于公司的一种诉讼制度。它赋予了股东为公司利益而以自己的名义直接向法院提起诉讼的权利。

《公司法》第189条规定:"董事、高级管理人员有前条规定的情形的,有限责任公司的股东、股份有限公司连续一百八十日以上单独或者合计持有公司百分之一以上股份的股东,可以书面请求监事会向人民法院提起诉讼;监事有前条规定的情形的,前述股东可以书面请求董事会向人民法院提起诉讼。监事会或者董事会收到前款规定的股东书面请求后拒绝提起诉讼,或者自收到请求之日起三十日内未提起诉讼,或者情况紧急、不立即提起诉讼将会使公司利益受到难以弥补的损害的,前款规定的股东有权为公司利益以自己的名义直接向人民法院提起诉讼。他人侵犯公司合法权益,给公司造成损失的,本条第一款规定的股东可以依照前两款的规定向人民法院提起诉讼。公司全资子公司的董事、监事、高级管理人员有前条规定情形,或者他人侵犯公司全资子公司合法权益造成损失的,有限责任公司的股东、股份有限公司连续一百八十日以上单独或者合计持有公司百分之一以上股份的股东,可以依照前三款规定书面请求全资子公司的监事会、董事会向人民法院提起诉讼或者以自己的名义直接向人民法院提起诉讼。"本题中,股东认为董事长陈某失职造成源圣公司损失500万元,多次书面请求监事会无果,而甲、乙、丙三人分别持股25%、8%、7%,都满足提起股东代表诉讼的条件。所以A选项甲可以起诉霓美公司,正确。B选项乙、丙不能起诉霓美公司,错误。股东代表诉讼的效果归属于公司,所以D项正确。

[陷阱点拨]　需要注意的是,新修订的《公司法》确立了双重股东代表诉讼制度。也就是说,在全资子公司利益受损时,母公司的股东可以提起股东代表诉讼,这是一个新制度,以前还没有考过,但实践中已经发生过,考生务必留意。

[难度系数]　* *

考点四　股东会

1 [答案]　AB

[考点]　股东代表诉讼制度、股东会的召集

[解析]　《公司法》第62条规定:"股东会会议分为定期会议和临时会议。定期会议应当按照公司章程的规定按时召开。代表十分之一以上表决权的股东、三分之一以上的董事或者监事会提议召开临时会议的,应当召开临时会议。"在本题中,甲为该公司股东,持有30%的股权,有权提议召开临时股东会,因此,A选项正确。

基于股东之间的合同关系,某股东未履行出资义务,其他股东有权请求其向公司履行,B选项正确。

乙作为公司法定代表人违规让公司为本人提供担保,给公司造成损失100万元,损害了公司利益,但是并未直接损害股东甲的利益,甲不能以个人名义要求乙赔偿,应当由公司向其主张权利,要求乙赔偿其对公司造成的损失,故C项错误。在公司未主张赔偿的情况下,股东可以通过股东代表诉讼来维护公司的利益,但诉讼请求应该是向公司赔偿,而非向原告自己赔偿,所以D选项错误。

[难度系数]　* * *

2 [答案]　AD

[考点]　股东会的召集和主持

[解析]　有限责任公司股东会的召集和主持适用《公司法》第63条的规定,该条明确:"股东

会会议由董事会召集,董事长主持;董事长不能履行职务或者不履行职务的,由副董事长主持;副董事长不能履行职务或者不履行职务的,由过半数的董事共同推举一名董事主持。董事会不能履行或者不履行召集股东会会议职责的,由监事会召集和主持;监事会不召集和主持的,代表十分之一以上表决权的股东可以自行召集和主持。”源圣公司为有限责任公司,公司董事长不履行召集股东会会议职责,且监事会保持沉默,代表1/10以上表决权的股东可以自行召集和主持。增资后,甲持有25%的股份,甲、乙、丙三人共同持有40%的股份,可以由甲单独或者甲、乙、丙三人一同召集和主持股东会。所以A选项、D选项正确。乙只持有公司8%的股份,丙只持有公司7%的股份,不符合单独召集和主持股东会的要求,所以B选项、C选项错误。

[难度系数] * *

考点五	股权回购

1 [答案] C

[考点] 股权回购

[解析] 结合《公司法》第229条、第230规定,公司章程规定的营业期限届满,但是尚未向股东分配财产的,经持有2/3以上表决权的股东通过,可以通过修改公司章程或者经股东会决议而存续。也就是说,营业期限届满并不是必然的解散事由,公司未必进入清算阶段,所以A项、B项错误。

关于有限公司股权回购,《公司法》第89条规定:“有下列情形之一的,对股东会该项决议投反对票的股东可以请求公司按照合理的价格收购其股权:(一)公司连续五年不向股东分配利润,而公司该五年连续盈利,并且符合本法规定的分配利润条件;(二)公司合并、分立、转让主要财产;(三)公司章程规定的营业期限届满或者章程规定的其他解散事由出现,股东会通过决议修改章程使公司存续。自股东会决议作出之日起六十日内,股东与公司不能达成股权收购协议的,股东可以自股东会决议作出之日起九十日内向人民法院提起诉讼。公司的控股股东滥用股东权利,严重损害公司或者其他股东利益的,其他股东有权请求公司按照合理的价格收购其股权。公司因本条第一款、第三款规定的情形收购的本公司股权,应当在六个月内依法转让或者注销。”本案例符合股权回购条件,故C项正确。需要注意的是,股东的股权回购请求权对象是公司,而非其他股东,故D项错误。

[难度系数] * *

2 [答案] ACD

[考点] 股份回购

[解析] 《公司法》第162条规定:“公司不得收购本公司股份。但是,有下列情形之一的除外:(一)减少公司注册资本;(二)与持有本公司股份的其他公司合并;(三)将股份用于员工持股计划或者股权激励;(四)股东因对股东大会作出的公司合并、分立决议持异议,要求公司收购其股份;(五)将股份用于转换上市公司发行的可转换为股票的公司债券;(六)上市公司为维护公司价值及股东权益所必需。公司因前款第一项、第二项规定的情形收购本公司股份的,应当经股东会决议;公司因前款第三项、第五项、第六项规定的情形收购本公司股份的,可以按照公司章程或者股东会的授权,经三分之二以上董事出席的董事会会议决议。公司依照本条第一款规定收购本公司股份后,属于第一项情形的,应当自收购之日起十日内注销;属于第二项、第四项情形的,应当在六个月内转让或者注销;属于第三项、第五项、第六项情形的,公司合计持有的本公司股份数不得超过本公

司已发行股份总数的百分之十,并应当在三年内转让或者注销。上市公司收购本公司股份的,应当依照《中华人民共和国证券法》的规定履行信息披露义务。上市公司因本条第一款第三项、第五项、第六项规定的情形收购本公司股份的,应当通过公开的集中交易方式进行。公司不得接受本公司的股份作为质权的标的。”

本题中,上市公司因为业绩不佳,要用未分配利润收购本公司股份,属于因上述第 162 条第 1 款第 6 项而回购股份,故应当遵守上述股份回购的规定。针对第 6 项事由而回购股权的要求包括:(1)在决策上,“可以依照公司章程的规定或者股东会的授权,经三分之二以上董事出席的董事会会议决议”;也就是说,股东会决议或者特别董事会决议均可,A 项正确。(2)在回购股份份额和时间限制上,“公司合计持有的本公司股份数不得超过本公司已发行股份总数的百分之十,并应当在三年内转让或者注销”;B 选项要求半年内转让,是错误的。C 项的比例是正确的。(3)在交易方式上,“应当通过公开的集中交易方式进行”。D 项符合这一条件,是正确的。

[难度系数] * *

第四章 公司事务

考点一 公司的变更

1 [答案] CD

[考点] “对赌协议”、增资时股东优先认缴权、公司对外担保

[解析] 本题首先考查“对赌协议”的效力。实践中俗称的“对赌协议”,又称估值调整协议,是指投资方与融资方在达成股权性融资协议时,为解决交易双方对目标公司未来发展的不确定性、信息不对称以及代理成本而设计的包含了股权回购、金钱补偿等对未来目标公司的估值进行调整的协议。从订立“对赌协议”的主体来看,有投资方与目标公司的股东或者实际控制人“对赌”,投资方与目标公司“对赌”,投资方与目标公司的股东、目标公司“对赌”等形式。对于投资方与目标公司的股东或者实际控制人订立的“对赌协议”,如无其他无效事由,认定有效并支持实际履行,实践中并无争议。投资方与目标公司订立的“对赌协议”在不存在法定无效事由的情况下,目标公司仅以存在股权回购或者金钱补偿约定为由,主张“对赌协议”无效的,人民法院不予支持,但投资方主张实际履行的,人民法院应当审查是否符合《公司法》关于“股东不得抽逃出资”及股份回购的强制性规定,判决是否支持其诉讼请求。从本题案情可知,这是投资者蓝鸥公司与原股东汪某之间的、以股权回购为内容的对赌协议,应认定有效,A 项、B 项错误。

关于有限公司增资时股东的优先认缴权,《公司法》第 227 条第 1 款规定:“有限责任公司增加注册资本时,股东在同等条件下有权优先按照实缴的出资比例认缴出资。但是,全体股东约定不按照出资比例优先认缴出资的除外。”本题中,汪某代表全体股东放弃优先认缴权,应理解为汪某本人放弃了优先认缴权,但是其他股东是否放弃优先认缴权,还需要有明确的约定或授权。在未获其他股东授权的情况下,该协议侵害了其他股东的优先认缴权,应认定无效,C 项正确。

公司为股东提供担保,必须经股东会决议,且被担保的股东不得参加前款规定事项的表决,该项表决由出席会议的其他股东所持表决权的过半数通过。可知 D 项正确。

[难度系数] * * *

2 [答案]　AD

[考点]　公司的变更、合并与分立

[解析]　股份公司增加注册资本，新增股份可以由原股东认购，也可以向特定对象募集，还可以向不特定对象募集。题干中，公司净资产为 1.7 亿元，变更后的注册资本为 2 亿元，需要募集 3000 万元，既可以向社会公开募集，也可以向原来的股东定向募集，故 A 选项正确，B 选项错误。

《公司法》第 108 条规定："有限责任公司变更为股份有限公司时，折合的实收股本总额不得高于公司净资产额……"但实收股本和注册资本并不是一个概念。本题中，有限公司变更组织形式为股份公司，变更之前注册资本为 1 亿元，若变更后股份公司注册资本为 1.7 亿元，则需要通过增资程序来变更注册资本，故 C 选项错误。

《公司法》第 99 条规定："发起人不按照其认购的股份缴纳股款，或者作为出资的非货币财产的实际价额显著低于所认购的股份的，其他发起人与该发起人在出资不足的范围内承担连带责任。"由 D 选项及题干所知，由于漏记了一笔 1000 万元的对外债务，使公司的净资产价值低于 1.7 亿元，相当于非货币财产出资不实，发起人甲、乙、丙应当承担连带责任。因此，D 选项正确。

[难度系数]　* * *

考点二　公积金制度

[答案]　A

[考点]　公积金制度

[解析]　《公司法》第 210 条第 2 款规定："公司的法定公积金不足以弥补以前年度亏损的，在依照前款规定提取法定公积金之前，应当先用当年利润弥补亏损。"故 A 项正确。第 3 款规定："公司从税后利润中提取法定公积金后，经股东会决议，还可以从税后利润中提取任意公积金。"故 B 项错误。关于提取法定公积金的数额，利润额在弥补亏损之后仅剩下 0.4 亿元，按照最低提取利润 10% 的比例，最低提取额为 0.04 亿元，D 项错误。此外，资本公积金与法定公积金、任意公积金不同，资本公积金来源于发行溢价、接受捐赠等，而法定公积金和任意公积金均来源于公司利润，所以 C 项错误。

[难度系数]　* *

考点三　公司的解散、清算制度

1 [答案]　B

[考点]　公司解散诉讼

[解析]　《公司法》第 231 条规定："公司经营管理发生严重困难，继续存续会使股东利益受到重大损失，通过其他途径不能解决的，持有公司百分之十以上表决权的股东，可以请求人民法院解散公司。"最高人民法院《关于适用〈中华人民共和国公司法〉若干问题的规定（二）》（以下简称《公司法解释（二）》）第 1 条第 1 款规定："单独或者合计持有公司全部股东表决权百分之十以上的股东，以下列事由之一提起解散公司诉讼，并符合公司法第一百八十二条规定的，人民法院应予受理：（一）公司持续两年以上无法召开股东会或者股东大会，公司经营管理发生严重困难的；（二）股东表决时无法达到法定或者公司章程规定的比例，持续两年以上不能做出有效的股东会或者股东大会决议，公司经营管理发生严重困难的；（三）公司董事长期冲突，且无法通过股东会或者股东大会解决，公司经营管理发生严重困难的；（四）经营管理发生其他严重困难，公司继续存续会使股东利

益受到重大损失的情形。"虽然公司经营状况良好,但是若符合公司僵局的条件,包括持续2年以上无法召开股东会,则符合解散公司之诉的条件,故A选项"因该公司经营状况良好,法院不应受理该公司解散之诉"的说法是错误的。

关于解散公司之诉的原告,应为单独或者合计持有公司全部股东表决权10%以上的股东,所以a、b都可以起诉但应该以自己的名义而不能以公司的名义,所以B项正确,C项错误。c只有2%的表决权,不能单独起诉,D项错误。

[难度系数] * *

2 [答案] D

[考点] 公司解散诉讼,董事的忠实、勤勉义务

[解析] A选项考查董事的忠实、勤勉义务。忠实、勤勉义务的来源是公司与董事之间类似于委托合同的法律关系,这种关系以信任为基础,董事的忠实、勤勉义务不可强制执行,若有违反可用损害赔偿来解决,故A选项错误。

B选项、C选项、D选项考查公司解散诉讼。基于上题引用的《公司法解释(二)》第1条第1款规定,李桃持有14%的股份,在公司董事之间矛盾不断且导致公司经营管理出现严重困难的情形下,其有权提起解散公司的诉讼。此外,《公司法解释(二)》第4条第1款规定:"股东提起解散公司诉讼应当以公司为被告。"因此,D选项正确。

《公司法解释(二)》第2条规定:"股东提起解散公司诉讼,同时又申请人民法院对公司进行清算的,人民法院对其提出的清算申请不予受理……"由此可知,李桃在提起解散公司诉讼时,不得同时提起对公司进行清算的诉讼。因此,B选项说法错误。

《公司法解释(二)》第3条规定:"股东提起解散公司诉讼时,向人民法院申请财产保全或者证据保全的,在股东提供担保且不影响公司正常经营的情形下,人民法院可予以保全。"可知,在提起解散公司诉讼时:首先,股东必须向法院提出财产保全申请;其次,只有在申请股东提供担保且不影响公司正常经营的情形下,人民法院才可予以保全。因此,股东不能直接要求法院采取财产保全措施,C选项说法错误。

[难度系数] * *

第五章　有限责任公司组织机构

考点一　股东会与股东会决议

1 [答案] BD

[考点] 股东会决议

[解析] 《公司法》第25条规定:"公司股东会、董事会的决议内容违反法律、行政法规的无效。"《公司法》第26条规定:"公司股东会、董事会的会议召集程序、表决方式违反法律、行政法规或者公司章程,或者决议内容违反公司章程的,股东自决议作出之日起六十日内,可以请求人民法院撤销。但是,股东会、董事会的会议召集程序或者表决方式仅有轻微瑕疵,对决议未产生实质影响的除外。未被通知参加股东会会议的股东自知道或者应当知道股东会决议作出之日起六十日内,可以请求人民法院撤销;自决议作出之日起一年内没有行使撤销权的,撤销权消灭。"本题中,公

司章程规定了特殊的利润分配条件,按照公司章程应当向周某分配10万元,剩余1万元向陈某分配。但是股东会会议决议将当年全部利润分配给了陈某,该决议内容违反了公司章程,属于法律规定的可主张撤销之诉的情形;该决议内容没有违反法律法规的有关规定,并非法律规定的可主张无效之诉的情形。故周某可请求法院撤销该决议但不能主张该决议无效。因此,A选项错误,B选项正确。

《公司法》第21条第2款规定:"公司股东滥用股东权利给公司或者其他股东造成损失的,应当承担赔偿责任。"本题中,未表明公司实施了损害周某的行为,因此周某无权要求公司赔偿其损失,C选项错误;但是陈某滥用股东权利,损害了周某的权利,根据上述规定周某可以要求陈某赔偿其损失,D选项正确。

[难度系数] * *

2 [答案] D

[考点] 有限责任公司股东会决议、有限责任公司的股权回购

[解析] 《公司法》第64条第1款规定:"召开股东会会议,应当于会议召开十五日前通知全体股东;但是,公司章程另有规定或者全体股东另有约定的除外。"本题中,公司章程规定的通知时间是10天,但实际通知时间是5天,召集程序违反了公司章程,但没有违反法律。那么,这个程序瑕疵是否影响该股东会决议效力呢?由题意可知,这个程序瑕疵是轻微的,且对公司决议没有产生实质性影响,故该决议不应被撤销,更不应被宣告无效,所以A项、C项都错误。此外,所有否定公司决议效力的诉讼,都应该以公司为被告,D项正确。

本题B选项还涉及股权回购,由题意可知,李某应该收到通知并出席了股东会,但是没有投反对票,因此无权要求公司收购其股份,B项错误。

关于公司决议效力,应从"决议内容""决议程序"上分别判断公司作出的决议(包括股东会决议和董事会决议)是否有效,具体归纳如下:

效力	具体情形	处理方式
决议有效	略	略
决议无效	股东会或股东大会、董事会的决议内容因违反法律、行政法规而无效	股东、董事、监事请求确认决议不成立的,人民法院应当受理
可撤销决议	(1)作出决议的程序违法; (2)作出决议的程序违反章程(例外:会议召集的程序或者表决方式仅有轻微瑕疵,且未对决议产生实质影响的,股东不可请求撤销); (3)决议的内容违反章程	(1)资格:请求撤销决议的原告,应当在起诉时具有公司股东资格; (2)共同原告:一审法庭辩论终结前,其他有原告资格的人以相同的诉讼请求申请参加前款规定诉讼的,可以列为共同原告; (3)时间:决议作出之日起60日内,未被通知参加股东会会议的股东自知道或者应当知道股东会决议作出之日起60日内可主张撤销,自决议作出之日起1年内没有行使撤销权的,撤销权消灭
尚未成立的决议	(1)公司未召开会议; (2)会议未对决议事项进行表决; (3)出席会议的人数或者股东所持表决权不符合公司法或公司章程规定; (4)会议表决结果未达到公司法或公司章程规定通过比例	股东、董事、监事等请求确认决议不成立的,人民法院应当依法予以受理

[难度系数] * * *

考点二　董事会和高级管理人员

[答案]　D

[考点]　章程的效力、董事会和股东会的职权、高级管理人员的特定义务

[解析]　A选项考查合同的效力问题。本案中,因公司业务需要车辆,蔡某与公司签订的合同是在双方意思表示真实的情况下成立生效的,且不存在法律规定的导致合同无效的情形,所以租赁合同是有效的。A选项该租赁合同无效的说法错误。

B选项考查公司董事会、股东会的职权。根据《公司法》第67条的规定,董事会的职权包括决定聘任或者解聘公司经理及其报酬事项,并根据经理的提名决定聘任或者解聘公司副经理、财务负责人及其报酬事项。本案中,蔡某作为公司的总经理,应当由董事会决定解聘,因此B选项股东会可以解聘蔡某,错误。

C选项考查公司章程的效力。《公司法》第5条规定:"设立公司应当依法制定公司章程。公司章程对公司、股东、董事、监事、高级管理人员具有约束力。"蔡某作为公司的总经理,受公司章程的约束,故C选项该章程规定对蔡某没有约束力,错误。

D选项考查高级管理人员的自我交易限制规则。《公司法》第182条第1款规定:"董事、监事、高级管理人员,直接或者间接与本公司订立合同或者进行交易,应当就与订立合同或者进行交易有关的事项向董事会或者股东会报告,并按照公司章程的规定经董事会或者股东会决议通过。"第186条规定:"董事、监事、高级管理人员违反本法第一百八十一条至第一百八十四条规定所得的收入应当归公司所有。"本案中,蔡某作为烽源公司的总经理,属于高级管理人员,违反自我交易限制规则虽不影响合同效力,但其收入归公司所有,D选项烽源公司有权拒绝支付租金,正确。

[难度系数]　*

考点三　监事会

[答案]　BCD

[考点]　监事会的职权

[解析]　《公司法》第78条规定:"监事会行使下列职权:(一)检查公司财务;(二)对董事、高级管理人员执行职务的行为进行监督,对违反法律、行政法规、公司章程或者股东会决议的董事、高级管理人员提出解任的建议;(三)当董事、高级管理人员的行为损害公司的利益时,要求董事、高级管理人员予以纠正;(四)提议召开临时股东会会议,在董事会不履行本法规定的召集和主持股东会会议职责时召集和主持股东会会议;(五)向股东会会议提出提案;(六)依照本法第一百八十九条的规定,对董事、高级管理人员提起诉讼;(七)公司章程规定的其他职权。"据此,监事会无权提议召开董事会,但有权提议召开股东会,A选项错误,B选项正确。监事会认为董事狄某将紫云公司的标底暗中透露给其好友的公司,监事会可以提出罢免狄某(新《公司法》用的是"解任",更为准确,但意思是一样的)的建议,C项正确。

《公司法》第79条第2款规定:"监事会发现公司经营情况异常,可以进行调查;必要时,可以聘请会计师事务所等协助其工作,费用由公司承担。"因此D选项监事会聘请律师协助调查,正确。

[难度系数]　*

第六章　有限责任公司事务

考点一　有限责任公司的设立与出资

［答案］　AB

［考点］　公司资本制度、公司变更登记

［解析］　A 选项考查增资比例。《公司法》第 227 条第 1 款规定："有限责任公司增加注册资本时，股东在同等条件下有权优先按照实缴的出资比例认缴出资。但是，全体股东约定不按照出资比例优先认缴出资的除外。"也就是说，增资时各股东的认缴比例，并非强制性规定，A 选项的说法正确。

B 选项考查公司的出资制度。《公司法》第 228 条第 1 款规定："有限责任公司增加注册资本时，股东认缴新增资本的出资，依照本法设立有限责任公司缴纳出资的有关规定执行。"也就是说，股东可以按照章程规定在 5 年内缴足出资，而不必在增资时实缴，B 项正确。C 选项考查公司章程。《公司法》第 46 条规定："有限责任公司章程应当载明下列事项：（一）公司名称和住所；（二）公司经营范围；（三）公司注册资本；（四）股东的姓名或者名称；（五）股东的出资额、出资方式和出资日期；（六）公司的机构及其产生办法、职权、议事规则；（七）公司法定代表人的产生、变更办法；（八）股东会认为需要规定的其他事项。股东应当在公司章程上签名或者盖章。"注册资本是公司章程中的必载事项，故在新增资本后，应该修改公司章程。因此，C 选项错误。

D 选项考查公司变更登记。新修订的《公司法》以专章规定公司登记，其中第 32 条第 1 款规定："公司登记事项包括：（一）名称；（二）住所；（三）注册资本；（四）经营范围；（五）法定代表人的姓名；（六）有限责任公司股东、股份有限公司发起人的姓名或者名称。"第 34 条进一步规定："公司登记事项发生变更的，应当依法办理变更登记。公司登记事项未经登记或者未经变更登记，不得对抗善意相对人。"因此 D 选项错误。

［难度系数］　*

考点二　有限责任公司股东

1［答案］　BC

［考点］　有限责任公司股东的知情权

［解析］　股东知情权，在理论上属于固有权，公司章程、股东之间的协议等不得实质性剥夺股东知情权，因此 A 选项错误。

在具体规则上，《公司法》第 57 条规定："股东有权查阅、复制公司章程、股东名册、股东会会议记录、董事会会议决议、监事会会议决议和财务会计报告。股东可以要求查阅公司会计账簿、会计凭证。股东要求查阅公司会计账簿、会计凭证的，应当向公司提出书面请求，说明目的。公司有合理根据认为股东查阅会计账簿、会计凭证有不正当目的，可能损害公司合法利益的，可以拒绝提供查阅，并应当自股东提出书面请求之日起十五日内书面答复股东并说明理由。公司拒绝提供查阅的，股东可以向人民法院提起诉讼。股东查阅前款规定的材料，可以委托会计师事务所、律师事务所等中介机构进行。股东及其委托的会计师事务所、律师事务所等中介机构查阅、复制有关材料，应当遵守有关保护国家秘密、商业秘密、个人隐私、个人信息等法律、行政法规的规定。股东要求查阅、复制公司全资子公司相关材料的，适用前四款的规定。”其中，不正当目的一般包括存在竞争关系和刺探商业机密两种情况。本题中，甲在b公司中经营与a公司主营业务有实质竞争关系业务，属于“不正当目的”，因此a公司可以拒绝甲查阅公司会计账簿，B选项、C选项正确。但是查阅、复制财务会计报告等六个一般性文件的权利，不受“不正当目的”的限制，因此D选项错误。

［难度系数］ * *

2 ［答案］ B

［考点］ 股东利润分配权

［解析］ 《公司法》第210条第4款规定：“公司弥补亏损和提取公积金后所余税后利润，有限责任公司按照股东实缴的出资比例分配利润，全体股东约定不按照出资比例分配利润的除外……”由于题干中全体股东均达成分红的一致约定，该利润分配方案有效，辛某不参与分红，辛某可就约定一致的方案请求支付90万元的年薪，但其分红请求不会得到支持，故A选项错误，B选项正确，D选项错误。

根据上述《公司法》的规定，一般情形下公司按照实缴出资比例分红，对于2019年年底的可分配利润300万元，赵某应当按照实缴出资比例分得利润，但是题干中没有交待其他股东实缴出资情况，故无法计算赵某的实缴出资比例，但是C选项按照认缴出资比例计算，肯定是错误的。

［难度系数］ * *

考点三 有限责任公司章程

［答案］ D

［考点］ 公司章程、无权代理

［解析］ 《公司法》第5条规定：“设立公司应当依法制定公司章程。公司章程对公司、股东、董事、监事、高级管理人员具有约束力。”这一规定明确了公司章程的内部效力。第32条第1款规定：“公司登记事项包括：（一）名称；（二）住所；（三）注册资本；（四）经营范围；（五）法定代表人的姓名；（六）有限责任公司股东、股份有限公司发起人的姓名或者名称。”这一规定将公司章程明确排除在登记事项之外，换句话说，公司章程不必登记，不需要公示。由此可知A选项、B选项错误，D选项正确。《民法典担保制度解释》第7条规定：“公司的法定代表人违反公司法关于公司对外担保决议程序的规定，超越权限代表公司与相对人订立担保合同，人民法院应当依照民法典第六十一条和第五百零四条等规定处理：（一）相对人善意的，担保合同对公司发生效力；相对人请求公司承担担保责任的，人民法院应予支持。（二）相对人非善意的，担保合同对公司不发生效力；相对人请求公司承担赔偿责任的，参照适用本解释第十七条的有关规定。法定代表人超越权限提供担保造成公司损失，公司请求法定代表人承担赔偿责任的，人民法院应予支持。第一款所称善意，是指相对人在订立担保合同时不知道且不应当知道法定代表人超越权限。相对人有证据证明已对公司决议进行了合理审查，人民法院应当认定其构成善意，但是公司有证据证明相对人知道或者应当知道决议系伪造、变造的除外。”本案中，该保证行为对佳远公司是否发生效力，以及佳远公司是否承担连带保证责任，取决于相对人是否善意，但是因为题目所给条件不够，我们无从判断相对人是否善意，也就无从判断佳远公司是否应承担连带保证责任，C选项笼统地说佳远公司有权拒绝承担保证责任，是错误的。

［难度系数］ * *

考点四 有限责任公司的股权转让

1 [答案] BD

[考点] 有限公司股权转让,代持股

[解析] 本题涉及公司法理论和实践中长期存在争议的问题:股权变动模式。公司法学界对我国股权变动模式提出了不同的主张,主要可归纳为以下四种:(1)纯粹意思主义,该说认为双方当事人达成转让合意时,股权即发生变动。(2)修正意思主义,该说在纯粹意思主义的基础上,还将"公司认可"作为股权变动的对抗要件。(3)记载形式主义,该说认为除转让合意外,还需公司将受让人记载于股东名册,股权方发生变动。(4)登记形式主义,该说将股权变更登记作为股权变动的生效要件。以上学术主张各有利弊。但是,《公司法》第56条第2款规定:"记载于股东名册的股东,可以依股东名册主张行使股东权利。"第34条第2款规定:"公司登记事项未经登记或者未经变更登记,不得对抗善意相对人。"第86条第2款规定:"股权转让的,受让人自记载于股东名册时起可以向公司主张行使股东权利。"依据这一规定,我国公司法采用了"记载形式主义+登记对抗主义"的股权变动模式。具体而言,就股东与公司之间的内部关系而言,应以股东名册记载为准,在股权转让时,受让股东须被记载于股东名册方能行使股东权利。就外部关系而言,应以公司登记为准,未经登记不得对抗善意第三人。在代持股关系中,同样遵循这一原则,实际出资人在"浮出水面"之前,既不能对公司主张行使股权,其"股权"也不能对抗善意第三人。

基于上述分析,本题解析如下:刘某为代持股关系中的实际出资人,不能对公司行使股权,故A项错误。张某为名义股东,被记载于股东名册,故公司应通知张某参加股东会,B项正确。股东陈某经其他股东同意将股权转让给吕某,在转让人和受让人之间产生债权法上的效力,但因未办理股东名册和工商登记的变更手续,股权变动尚未发生,吕某暂未取得股权,故C项错误,D项正确。

[难度系数] * *

2 [答案] BC

[考点] 有限责任公司的股权转让、其他股东优先购买权

[解析] 《公司法》第84条第规定:"有限责任公司的股东之间可以相互转让其全部或者部分股权。股东向股东以外的人转让股权的,应当将股权转让的数量、价格、支付方式和期限等事项书面通知其他股东,其他股东在同等条件下有优先购买权。股东自接到书面通知之日起三十日内未答复的,视为放弃优先购买权。两个以上股东行使优先购买权的,协商确定各自的购买比例;协商不成的,按照转让时各自的出资比例行使优先购买权。公司章程对股权转让另有规定的,从其规定。"本题中,乙作为a有限责任公司的股东,在另一股东甲对外转让股权时,享有同等条件下的优先购买权,但是因甲与丙约定的对价为丙在b公司所持有的股权,该对价具有特殊性,乙不具备满足同等条件的能力。因此,乙不能优先购买甲拟转让的股权,故A选项错误,B选项正确。

关于丁能否取得股权质权,以及如何取得股权质权,需要从股权变动模式问题入手。正如上一题解析中所分析的,我国公司法采用"记载形式主义+登记对抗主义"的股权变动模式。在本题中,甲向丙转让股权的行为是有效的,但是由于未记载于股东名册、未办理变更登记,丙没能取得股权,或者说,该股权仍属于甲。在此前提之下,甲将股权出质于丁,也是有权处分,再加上已经办理质押登记,丁取得了股权质权,C项正确。甲的出质行为,对丙构成了违约,若丙有损失,可向甲追偿,但与a公司的执行董事戊无关,D项错误。

综上,应当选B选项、C选项。

[陷阱点拨]　本题的难点在于对于有限责任公司股东对外转让股权时其他股东在同等条件下享有优先购买权的判断,其中对于“同等条件”的认定为核心难点。同等条件包括“数量、价格、支付方式和期限等”,也即应当充分考虑交易的内容。鉴于本题未告知股权数量情况,不能据此作出判断,但需提醒考生注意的是股权的数量和比例决定着公司的决策权,在公司战略发展层面具有重要意义,因此在题干有所提示的情况下,考生需要重视股权数量及比例。本题的股权的价格、支付方式均脱离现金交易股权的模式,其中对于交易来说最重要的是价格,而考试通常也以价格作为判断“同等条件”的主要角度。因而,有观点认为可以将丙的股权价值的评估结果作为丙与甲实质交易的对价,若乙能提供与丙股权同价值的现金对价,也能被认为是满足了“同等条件”。但是,笔者认为经济市场中的商业决策的考量往往比价值换算更为复杂,如果仅将价值作为“同等条件”的唯一标准并不利于公司进行战略安排、促进市场交易,同时上海市第二中级人民法院在(2012)沪二中民四(商)终字第16号案件中也认为应当充分考量“投资、业务合作”的条件,故不应当仅将换算股权价值作为条件对等的唯一参考指标。

[难度系数]　* * *

3 [答案]　C

[考点]　股权强制执行及股权变更

[解析]　《公司法》第85条规定:“人民法院依照法律规定的强制执行程序转让股东的股权时,应当通知公司及全体股东,其他股东在同等条件下有优先购买权。其他股东自人民法院通知之日起满二十日不行使优先购买权的,视为放弃优先购买权。”注意此法条规定的“通知”是在法院进行强制执行时通知,而非申请执行人申请强制执行时通知,且是法院通知,而非永平公司通知。因此,A选项错误。

兴荣公司的其他股东自人民法院通知之日起20日内而不是1个月内不主张行使优先购买权,即被视为放弃优先购买权。因此,B选项错误。

股权是可以分割的财产,可以部分转让或全部转让,股权也可部分强制执行或全部强制执行。股权执行的范围限于法律文书所确定的数额,如果股权价值超过执行数额,则原股东仍享有剩下的股权;如果股权价值低于执行数额,则不足部分债权人仍然依民事诉讼法的规定保留追索的权利。因此,C选项正确。

正常情况下,股权转让的,受让人自记载于股东名册时起可以向公司主张行使股东权利。在强制执行程序中,变更登记是股权变动的对抗要件。因此,D选项错误。

[难度系数]　*

第七章　股份有限公司组织机构

1 [答案]　B

[考点]　董事任期及股东代表诉讼

[解析]　A选项、B选项考查董事任期。《公司法》第70条第2款规定:“董事任期届满未及时改选,或者董事在任期内辞任导致董事会成员低于法定人数的,在改选出的董事就任前,原董事仍应当依照法律、行政法规和公司章程的规定,履行董事职务。”第3款规定:“董事辞任的,应当以书面形式通知公司,公司收到通知之日辞任生效,但存在前款规定情形的,董事应当继续履行职务。”

该规定虽然是针对有限公司的,但是《公司法》第120条第2款规定:“本法第六十七条、第六十八条第一款、第七十条、第七十一条的规定,适用于股份有限公司。”因此,A选项错误,B选项正确。

C选项考查董事的义务及民事责任。董事彭兵无心公司事务,显然违反了勤勉义务,给公司造成损失的,应承担赔偿责任。但是,董事会是集体决策机构,负有责任的董事都应当承担赔偿责任,而不仅仅是董事长一人,所以C选项认为彭兵应承担全部赔偿责任,并不准确。

D选项考查股东代表诉讼。但是,股东代表诉讼有前置程序的要求,即书面请求交叉起诉,而且,股份公司的股东提起股东代表诉讼,还有资格限制,即“180天+1%”,D选项笼统地说公司股东有权提起股东代表诉讼,也不准确。

[难度系数] * *

2 [答案] AB

[考点] 股份有限公司董事会及经理职权

[解析] 《公司法》第67条规定了有限公司董事会的职权,这一规定也适用于股份公司,该条第2款、第3款规定:“董事会行使下列职权:(一)召集股东会会议,并向股东会报告工作;(二)执行股东会的决议;(三)决定公司的经营计划和投资方案;(四)制订公司的利润分配方案和弥补亏损方案;(五)制订公司增加或者减少注册资本以及发行公司债券的方案;(六)制订公司合并、分立、解散或者变更公司形式的方案;(七)决定公司内部管理机构的设置;(八)决定聘任或者解聘公司经理及其报酬事项,并根据经理的提名决定聘任或者解聘公司副经理、财务负责人及其报酬事项;(九)制定公司的基本管理制度;(十)公司章程规定或者股东会授予的其他职权。公司章程对董事会职权的限制不得对抗善意相对人。”基于该规定可知,A选项正确,C选项、D选项错误。

B选项考查股份有限公司经理的职权。新修订的《公司法》一改过去列举经理职权的方式,采用概括性条款规定经理的职权。第126条规定:“股份有限公司设经理,由董事会决定聘任或者解聘。经理对董事会负责,根据公司章程的规定或者董事会的授权行使职权。经理列席董事会会议。”这里所说的“根据公司章程的规定或者董事会的授权行使职权”,主要针对的是内部事务。在对外问题上,我国理论和实践均认可经理的职务代理权,故经理有权以公司名义对外签订合同,B选项正确。

[难度系数] * *

第八章 股份有限公司事务

考点一 股份有限公司的设立

[答案] AD

[考点] 成立大会

[解析] 新修订的《公司法》将创立大会改为成立大会,并修改了具体规则。第103条规定:“募集设立股份有限公司的发起人应当自公司设立时应发行股份的股款缴足之日起三十日内召开公司成立大会。发起人应当在成立大会召开十五日前将会议日期通知各认股人或者予以公告。成立大会应当有持有表决权过半数的认股人出席,方可举行。以发起设立方式设立股份有限公司成立大会的召开和表决程序由公司章程或者发起人协议规定。”第104条规定:“公司成立大会行使下

列职权:(一)审议发起人关于公司筹办情况的报告;(二)通过公司章程;(三)选举董事、监事;(四)对公司的设立费用进行审核;(五)对发起人非货币财产出资的作价进行审核;(六)发生不可抗力或者经营条件发生重大变化直接影响公司设立的,可以作出不设立公司的决议。成立大会对前款所列事项作出决议,应当经出席会议的认股人所持表决权过半数通过。"根据上述规定,A 项、D 项都是成立大会的职权,正确。B 项不准确,成立大会审核发起人非货币财产出资的作价,而非验资证明。C 项属于公司成立后股东会的职权,也不当选。

[难度系数] * *

考点二 股份有限公司的股份转让

[答案] B

[考点] 公司回购、股份转让

[解析] A 选项考查股份公司股份回购的规定。虽然新修订的《公司法》第 161 条第 1 款规定了"公司连续五年不向股东分配利润,而公司该五年连续盈利,并且符合本法规定的分配利润条件""公司合并、分立、转让主要财产""公司章程规定的营业期限届满或者章程规定的其他解散事由出现,股东会通过决议修改章程使公司存续"三种适用于股份公司的股份回购事由,但本题并不符合其中任何一个,所以 A 项错误。

基于股份公司的资合性,《公司法》第 157 条规定:"股份有限公司的股东持有的股份可以向其他股东转让,也可以向股东以外的人转让;公司章程对股份转让有限制的,其转让按照公司章程的规定进行。"也就是说,对外转让股份不需要其他股东同意,且不适用优先购买权规则,但章程限制为例外,因此 B 项正确、D 项错误。

关于 C 项,需要从理论上分析。虽然《公司法》第 157 条允许公司章程对股份转让作出限制,但是,这种限制不能是禁止转让或者实质性禁止转让,否则将侵害股东的固有权,因此,C 项错误。

[难度系数] * *

第九章 普通合伙企业事务执行和责任

考点一 普通合伙事务的执行

1 [答案] C

[考点] 普通合伙企业的事务执行

[解析] 综合《合伙企业法》的规定,合伙企业的事务执行有三种方式:合伙人共同执行、各合伙人分别单独执行和部分合伙人受托执行。本题即为第三种方式,在这种事务执行方式下,受托人应该按照合伙协议的约定对外处理合伙事务,且应遵守《合伙企业法》的规定。

A 项属于合伙企业的事务执行问题,但甲单独代表合伙企业与供应商 A 公司签约的行为,违反了合伙协议的约定,属于越权行为,并非有权行为,故 A 项错误。对于甲的越权行为,与其共同执行合伙事务的乙当然有权提出异议,同时,因为甲违反了合伙协议的约定,其他合伙人也有权提出异议,直至撤销对甲的委托,所以 B 项错误。C 项是甲、乙共同执行合伙事务,完全符合合伙协议的约定,是有权行为,故 C 项正确。

D 项考查合伙份额的质押。对此,《合伙企业法》第 25 条规定:“合伙人以其在合伙企业中的财产份额出质的,须经其他合伙人一致同意;未经其他合伙人一致同意,其行为无效,由此给善意第三人造成损失的,由行为人依法承担赔偿责任。”因此,丙质押合伙份额,须经其他合伙人一致同意,方为有效,且须办理质押登记,C 公司才能有效取得质权,故 D 项错误。

[**难度系数**]　*

2 [**答案**]　C

[**考点**]　合伙人对外行为效力、合伙人责任

[**解析**]　《合伙企业法》第 31 条规定:“除合伙协议另有约定外,合伙企业的下列事项应当经全体合伙人一致同意:……(五)以合伙企业名义为他人提供担保;(六)聘任合伙人以外的人担任合伙企业的经营管理人员。”因此,在合伙企业内部,本次担保事项应当经全体合伙人一致同意,但是未经全体合伙人一致同意并不一定导致担保无效,还需要判断第三人是否善意。《合伙企业法》第 26 条第 2 款规定:“按照合伙协议的约定或者经全体合伙人决定,可以委托一个或者数个合伙人对外代表合伙企业,执行合伙事务。”第 37 条规定:“合伙企业对合伙人执行合伙事务以及对外代表合伙企业权利的限制,不得对抗善意第三人。”甲和乙为航城投资企业执行合伙事务合伙人,其有代表航城投资企业对外签订合同的权利外观,即便不具有签订担保合同的内部决议,甲乙代表航城投资企业对外签订担保合同的行为也不能对抗善意第三人,故 A 选项错误。

《合伙企业法》第 38 条规定:“合伙企业对其债务,应先以其全部财产进行清偿。”第 39 条规定:“合伙企业不能清偿到期债务的,合伙人承担无限连带责任。”第 97 条规定:“合伙人对本法规定或者合伙协议约定必须经全体合伙人一致同意始得执行的事务擅自处理,给合伙企业或者其他合伙人造成损失的,依法承担赔偿责任。”执行事务合伙人甲和乙以航城投资企业名义对外签订的担保合同,对善意的银行有效,航城投资企业应当优先以企业全部财产承担担保责任,未能清偿的部分由合伙人承担无限连带责任。甲乙因未经全体合伙人一致同意让航城投资企业对外担保给其他合伙人造成损失的,应当承担赔偿责任,故 B 选项、D 选项错误,C 选项正确。

综上,应当选 C 选项。

[**难度系数**]　* *

3 [**答案**]　ABC

[**考点**]　普通合伙事务的执行

[**解析**]　《合伙企业法》第 31 条规定:“除合伙协议另有约定外,合伙企业的下列事项应当经全体合伙人一致同意:(一)改变合伙企业的名称;(二)改变合伙企业的经营范围、主要经营场所的地点……(六)聘任合伙人以外的人担任合伙企业的经营管理人员。”题干中,合伙企业拟聘任属于合伙人以外的谭某担任经理,如上述第 6 项的规定,合伙协议没有约定的情况下,需要经过全体合伙人一致同意,A 选项正确。

根据上述《合伙企业法》第 31 条的规定,改变合伙企业的经营范围属于法律规定的第 2 项内容,应当经全体合伙人一致同意,但是谭某仅仅只是合伙企业的经营管理人员,既不是合伙人也不能代表全体合伙人的意思,因此无权决定该事项,D 选项错误。

《民法典》第 165 条至第 172 条对委托代理法律关系作出规定,包括委托代理授权、代理人和被代理人的责任、无权代理和超越代理、代理终止等规定。在本题中,由合伙企业聘用经理作为经营管理人员,合伙企业对其业务范围进行授权,谭某在授权范围内从事相应的经营活动,此特征与委托代理的规定契合,因此可以类推适用委托代理法律关系,B 选项正确。

《合伙企业法》第 35 条第 1 款规定："被聘任的合伙企业的经营管理人员应当在合伙企业授权范围内履行职务。"本题中，如果谭某在其职权范围内以合伙企业名义对外签订合同，该行为是合法有效的。故 C 选项正确。

[**难度系数**] *

4 [**答案**] C

[**考点**] 普通合伙事务的执行、合伙人责任

[**解析**] A 选项考查合伙事务的执行。《合伙企业法》第 26 条第 1 款、第 2 款规定："合伙人对执行合伙事务享有同等的权利。按照合伙协议的约定或者经全体合伙人决定，可以委托一个或者数个合伙人对外代表合伙企业，执行合伙事务。"可知，在合伙协议未约定由一个或者数个合伙人对外代表合伙企业、执行合伙事务的情况下，甲、乙、丙三人均享有对外代表合伙企业、执行合伙事务的权利。因此，甲、乙将 400 万元资金委托投资股市的行为属于有权处分行为，而非无权处分，故 A 选项错误。

甲、乙将 400 万元资金委托投资股市的行为，属于合伙企业的一种正常投资行为，而非改变合伙企业经营范围。此外，根据《合伙企业法》第 31 条规定可知，改变合伙企业经营范围，必须经全体合伙人一致同意，甲、乙在未取得丙同意的情况下，无权改变合伙企业经营范围。因此，B 选项错误。

C 选项考查合伙人责任。《合伙企业法》第 9 条第 1 款规定："申请设立合伙企业，应当向企业登记机关提交登记申请书、合伙协议书、合伙人身份证明等文件。"第 18 条规定："合伙协议应当载明下列事项：(一)合伙企业的名称和主要经营场所的地点；(二)合伙目的和合伙经营范围；(三)合伙人的姓名或者名称、住所；(四)合伙人的出资方式、数额和缴付期限；(五)利润分配、亏损分担方式；(六)合伙事务的执行；(七)入伙与退伙；(八)争议解决办法；(九)合伙企业的解散与清算；(十)违约责任。"由此可知，设立合伙企业必须有书面合伙协议，且合伙协议须对合伙目的、经营范围、合伙事务的执行等重大事项作出约定。同时，《合伙企业法》第 97 条规定："合伙人对本法规定或者合伙协议约定必须经全体合伙人一致同意始得执行的事务擅自处理，给合伙企业或者其他合伙人造成损失的，依法承担赔偿责任。"本题中，甲、乙、丙设立合伙企业，申请时必须要提交合伙协议，对关系合伙企业重大利益的事项进行约定。甲、乙在丙不知情的情况下，未经其同意，擅自将企业的 400 万元资金委托投资股市，这种行为一定是违反合伙协议的行为。在此情形下，根据上述第 97 条规定，就该委托投资失败，甲、乙应承担连带赔偿责任，C 选项正确。

D 选项考查受托人的损害赔偿责任。本题中，甲、乙将 400 万元资金委托给某投资机构进行股市投资，甲、乙与投资机构之间是一种委托合同关系。《民法典》第 929 条规定："有偿的委托合同，因受托人的过错造成委托人损失的，委托人可以请求赔偿损失。无偿的委托合同，因受托人的故意或者重大过失造成委托人损失的，委托人可以请求赔偿损失。受托人超越权限造成委托人损失的，应当赔偿损失。"本题中，没有证据显示投资机构存在过错，因而，对于股市投资失败的损失，其无须承担赔偿责任，D 选项错误。

[**难度系数**] *

考点二 合伙人责任

1 [**答案**] B

[**考点**] 合伙合同和合伙企业的关系、合伙人对外行为效力

［解析］ 本题首先涉及合伙合同和合伙企业的关系，亦即民事合伙和商事合伙的关系。其基本判断规则是，如果领取了合伙企业营业执照，则应该适用《合伙企业法》，如果只签订合伙合同未领取营业执照，则应适用《民法典》第三编关于合伙合同的规定。《民法典》第 103 条规定："非法人组织应当依照法律的规定登记。设立非法人组织，法律、行政法规规定须经有关机关批准的，依照其规定。"《合伙企业法》第 11 条规定："合伙企业的营业执照签发日期，为合伙企业成立日期。合伙企业领取营业执照前，合伙人不得以合伙企业名义从事合伙业务。"由于甲乙丙丁仅签订合伙合同，尚未领取执照，因此还不存在合伙企业，所以选项 C、D 错误。

就民事合伙的规则而言，丁在执行合伙事务中与戊发生口角并产生的侵权损害赔偿责任，属于个人侵权，故甲乙丙不应与丁承担连带责任，A 选项错误，B 选项正确。

［难度系数］ ＊＊＊

2 ［答案］ C

［考点］ 合伙人个人债务清偿

［解析］ 《合伙企业法》第 42 条规定："合伙人的自有财产不足清偿其与合伙企业无关的债务的，该合伙人可以以其从合伙企业中分取的收益用于清偿；债权人也可以依法请求人民法院强制执行该合伙人在合伙企业中的财产份额用于清偿。人民法院强制执行合伙人的财产份额时，应当通知全体合伙人，其他合伙人有优先购买权；其他合伙人未购买，又不同意将该财产份额转让给他人的，依照本法第五十一条的规定为该合伙人办理退伙结算，或者办理削减该合伙人相应财产份额的结算。"甲作为合伙人以个人名义向丁负有债务，甲仅能就其自己在合伙企业中分取的收益用于清偿，而不是将合伙企业的盈利用于清偿，合伙企业的盈利是属于全体合伙人的共同利益，因此，A 选项错误。就本题 D 选项而言，其他合伙人既不购买合伙份额也不同意将财产份额转让给他人的，应当为甲办理退伙结算或办理削减该合伙人相应财产份额的结算，而不是视为同意转让，因此 D 选项错误。

丁向法院申请强制执行甲合伙份额时，法院仅应通知全体合伙人其享有的优先购买权，并不需要获得全体合伙人的一致同意，故 B 选项错误。

合伙企业具有较强的人合性，基于意思自治事项的范畴更为广泛，因此本题中其他合伙人可以达成合意协商代为清偿甲的债务，故 C 选项正确。

［难度系数］ ＊

3 ［答案］ BD

［考点］ 有权处分、合伙人违约责任

［解析］ 《合伙企业法》第 16 条第 1 款规定："合伙人可以用货币、实物、知识产权、土地使用权或者其他财产权利出资，也可以用劳务出资。"本题中，乙以其所有房屋的使用权出资，符合《合伙企业法》关于出资的规定，此时，合伙企业享有该房屋的使用权，房屋所有权仍归乙享有，因此，乙将房屋变卖并过户给丁的行为，属于有权处分，丁依法取得该房屋的所有权，并有权要求合伙企业搬出该房屋。因此，A 选项、C 选项错误，B 选项正确，当选。

D 选项考查合伙人违约责任。《合伙企业法》第 103 条第 1 款规定："合伙人违反合伙协议的，应当依法承担违约责任。"本题中，合伙协议约定，乙以其房屋的使用权出资，然而乙却违反合伙协议约定，将该房屋出卖并过户给丁，因此，乙应当对合伙企业承担违约责任，D 选项正确，当选。

［难度系数］ ＊＊

第十章　普通合伙的变动和特殊形式

考点一　普通合伙的入伙与退伙、份额转让

1 ［答案］ D

［考点］ 普通合伙企业的入伙及退伙

［解析］ 《合伙企业法》第 43 条规定："新合伙人入伙，除合伙协议另有约定外，应当经全体合伙人一致同意，并依法订立书面入伙协议。订立入伙协议时，原合伙人应当向新合伙人如实告知原合伙企业的经营状况和财务状况。"第 44 条规定："入伙的新合伙人与原合伙人享有同等权利，承担同等责任。入伙协议另有约定的，从其约定。新合伙人对入伙前合伙企业的债务承担无限连带责任。"《合伙企业法》第 13 条规定："合伙企业登记事项发生变更的，执行合伙事务的合伙人应当自作出变更决定或者发生变更事由之日起十五日内，向企业登记机关申请办理变更登记。"据此，虽然合伙人入伙需要办理变更登记，但是变更登记并非合伙人入伙的条件或生效要件，也不是合伙人对外承担无限连带责任的要件，A 项错误。

于某是由于"未调查"导致的错误的商业判断而签订入伙协议，但是于某对入伙的性质和后果等重要事项并未产生错误认识，因此不属于重大误解，于某不享有撤销权，B 选项错误。

由于于某退伙，根据《合伙企业法》第 53 条规定，退伙人对基于其退伙前的原因发生的合伙企业债务，承担无限连带责任。于某对于退伙前的原因发生的合伙企业债务，承担无限连带责任，但是此后发生的新债务，于某不承担责任，所以 C 选项的说法错误。

《合伙企业法》第 45 条规定："合伙协议约定合伙期限的，在合伙企业存续期间，有下列情形之一的，合伙人可以退伙：(一)合伙协议约定的退伙事由出现；(二)经全体合伙人一致同意；(三)发生合伙人难以继续参加合伙的事由；(四)其他合伙人严重违反合伙协议约定的义务。"2021 年 6 月 15 日于某申请退伙结算并获得甲企业全体合伙人一致同意，于某满足退伙条件，退伙即生效，因此 D 选项正确。

综上，应当选 D 选项。

［难度系数］ ＊＊

2 ［答案］ A

［考点］ 合伙企业除名、合伙企业解散

［解析］ 《合伙企业法》第 49 条规定："合伙人有下列情形之一的，经其他合伙人一致同意，可以决议将其除名：(一)未履行出资义务；(二)因故意或者重大过失给合伙企业造成损失；(三)执行合伙事务时有不正当行为；(四)发生合伙协议约定的事由。对合伙人的除名决议应当书面通知被除名人。被除名人接到除名通知之日，除名生效，被除名人退伙。被除名人对除名决议有异议的，可以自接到除名通知之日起三十日内，向人民法院起诉。"因张某原因对 a 企业造成损失，经全体合伙人除名，张某在收到通知之日起除名即生效，无论其是否有异议或异议之诉是否作出判决均不影响届时除名之效力。故 A 选项正确，C 选项错误。

《合伙企业法》第 51 条规定："合伙人退伙，其他合伙人应当与该退伙人按照退伙时的合伙企业财产状况进行结算，退还退伙人的财产份额。退伙人对给合伙企业造成的损失负有赔偿责任的，相

应扣减其应当赔偿的数额。退伙时有未了结的合伙企业事务的,待该事务了结后进行结算。”第86条规定:“合伙企业解散,应当由清算人进行清算。清算人由全体合伙人担任;经全体合伙人过半数同意,可以自合伙企业解散事由出现后十五日内指定一个或者数个合伙人,或者委托第三人,担任清算人。自合伙企业解散事由出现之日起十五日内未确定清算人的,合伙人或者其他利害关系人可以申请人民法院指定清算人。”解散决议作出后,应当由清算人进行清算。清算人由全体合伙人担任,清算人可以自合伙企业解散事由出现后15日内指定一个或者数个合伙人,或者委托第三人担任,也可由法院指定,并非应由执行合伙人负责清算,故B选项错误。

《合伙企业法》第85条规定:“合伙企业有下列情形之一的,应当解散:……(三)全体合伙人决定解散……”由于此前张某已被合伙企业除名,已不属于合伙企业合伙人,因此,解散决议不因其异议而不发生效力,故D选项错误。

综上,应当选A选项。

[**难度系数**] * *

3 [**答案**] CD

[**考点**] 入伙的条件

[**解析**] 本题主要考查《民法典》典型合同中合伙合同与借款合同的相关规定。

《民法典》第967条规定:“合伙合同是两个以上合伙人为了共同的事业目的,订立的共享利益、共担风险的协议。”题干中的合同载明戴某不承担任何风险,据此,该合伙协议并非合伙合同,A选项错误。

《民法典》第667条规定:“借款合同是借款人向贷款人借款,到期返还借款并支付利息的合同。”根据题干,合伙协议的内容实质为肖某向戴某借款100万元,3年到期后还本付息共130万元,因此该合伙协议实质为借款合同,且不存在无效事由,故C选项、D选项正确。

《民法典》第153条规定:“违反法律、行政法规的强制性规定的民事法律行为无效……违背公序良俗的民事法律行为无效。”第154条规定:“行为人与相对人恶意串通,损害他人合法权益的民事法律行为无效。”该协议主体、内容均不存在无效情形,因此该合伙协议有效,故B选项错误。

[**难度系数**] *

4 [**答案**] ABCD

[**考点**] 合伙人资格继承、合伙企业的解散

[**解析**] A选项考查合伙人资格继承。《合伙企业法》第50条第1款、第2款规定:“合伙人死亡或者被依法宣告死亡的,对该合伙人在合伙企业中的财产份额享有合法继承权的继承人,按照合伙协议的约定或者经全体合伙人一致同意,从继承开始之日起,取得该合伙企业的合伙人资格。有下列情形之一的,合伙企业应当向合伙人的继承人退还被继承合伙人的财产份额:(一)继承人不愿意成为合伙人;(二)法律规定或者合伙协议约定合伙人必须具有相关资格,而该继承人未取得该资格;(三)合伙协议约定不能成为合伙人的其他情形。”由此可知,丙死亡后,在合伙协议对合伙人资格继承未作约定的情况下,丙的继承人戊,只有经全体合伙人一致同意,才能取得合伙人资格,因此,A选项错误,当选。

B选项考查合伙企业的解散。《合伙企业法》第85条规定:“合伙企业有下列情形之一的,应当解散:(一)合伙期限届满,合伙人决定不再经营;(二)合伙协议约定的解散事由出现;(三)全体合伙人决定解散;(四)合伙人已不具备法定人数满三十天;(五)合伙协议约定的合伙目的已经实现或者无法实现;(六)依法被吊销营业执照、责令关闭或者被撤销;(七)法律、行政法规规定的其他原因。”

可知,只有出现上述情形时,合伙企业才应当解散,而B选项中,合伙企业虽然在账面上已处于亏损状态,但这并不是合伙企业应当解散的法定事由,因此,戊无权要求解散合伙企业,B选项错误,当选。

根据《合伙企业法》第97条的规定,就甲委托投资股市而失败的行为,甲应该向合伙企业承担赔偿责任。因此,本题中,有权直接向甲主张赔偿责任的是该合伙企业,而非戊,故C选项错误,当选。

根据《合伙企业法》第103条第1款的规定,合伙人违反合伙协议的,应当依法承担违约责任。本题中,乙违反合伙协议约定,出卖房屋而给合伙企业造成的损失,合伙企业可向乙主张赔偿,戊无权直接向乙主张赔偿,因此,D选项错误,当选。

[难度系数] * *

考点二 特殊的普通合伙

[答案] AB

[考点] 特殊的普通合伙、企业责任承担

[解析] 关于特殊的普通合伙,《合伙企业法》第55条第1款、第2款规定:“以专业知识和专门技能为客户提供有偿服务的专业服务机构,可以设立为特殊的普通合伙企业。特殊的普通合伙企业是指合伙人依照本法第五十七条的规定承担责任的普通合伙企业。”第57条规定:“一个合伙人或者数个合伙人在执业活动中因故意或者重大过失造成合伙企业债务的,应当承担无限责任或者无限连带责任,其他合伙人以其在合伙企业中的财产份额为限承担责任。合伙人在执业活动中非因故意或者重大过失造成的合伙企业债务以及合伙企业的其他债务,由全体合伙人承担无限连带责任。”由此可知,特殊的普通合伙企业在本质上仍然是普通合伙企业,其特殊性仅表现在合伙人责任承担的特殊规则上,即若合伙企业的债务是由于一个或者数个合伙人在执业活动中因故意或者重大过失造成的,则存在故意或者重大过失的合伙人应当承担无限责任或者无限连带责任。本题中,由于曾君和郭昌在职业活动中因重大过失造成合伙企业债务,因此,该客户可向曾君和郭昌主张无限连带赔偿责任,A选项、B选项正确,当选。关于C选项,虽然该诉讼代理业务是由曾君主办、郭昌辅办,但在泄露客户商业秘密上,二人均存在重大过失,因此,郭昌也应承担无限连带赔偿责任,而非补充赔偿责任,故C选项错误,不当选。

由于该所的其他合伙人不存在故意或重大过失,因此,其他合伙人仅以其在合伙企业中的财产份额为限承担责任,客户无权向该所其他合伙人主张连带赔偿责任,D选项错误,不当选。

[难度系数] * *

第十一章 有限合伙企业与个人独资企业

考点一 有限合伙企业

1 [答案] AC

[考点] 有限合伙企业事务的执行、表见普通合伙

[解析] 本题主要考查《合伙企业法》表见普通合伙的相关规定,具体分析如下:

《合伙企业法》第2条第3款规定:“有限合伙企业由普通合伙人和有限合伙人组成,普通合伙人对合伙企业债务承担无限连带责任,有限合伙人以其认缴的出资额为限对合伙企业债务承担责

任。”老土为有限合伙企业的普通合伙人,对合伙企业债务承担无限连带责任,故 D 选项错误。

《合伙企业法》第 76 条规定:“第三人有理由相信有限合伙人为普通合伙人并与其交易的,该有限合伙人对该笔交易承担与普通合伙人同样的责任。有限合伙人未经授权以有限合伙企业名义与他人进行交易,给有限合伙企业或者其他合伙人造成损失的,该有限合伙人应当承担赔偿责任。”小调皮作为有限合伙人,对外以普通合伙人的身份与某德公司进行交易,小调皮应当就这笔交易承担与普通合伙人同样的责任,故 A 选项、C 选项正确,B 选项错误。

[**难度系数**] * *

2 [**答案**] ABCD

[**考点**] 有限合伙人的入伙及权利义务

[**解析**] A 选项考查新合伙人入伙的问题。《合伙企业法》第 43 条第 1 款规定:“新合伙人入伙,除合伙协议另有约定外,应当经全体合伙人一致同意,并依法订立书面入伙协议。”因此,三江公司入伙须经全体合伙人同意而不是全体普通合伙人同意。故 A 选项错误。

B 选项考查新入伙的有限合伙人的责任承担问题。《合伙企业法》第 77 条规定,新入伙的有限合伙人对入伙前有限合伙企业的债务,以其认缴的出资额为限承担责任,而不是以实缴出资额为限承担责任。故 B 选项错误。

C 选项考查有限合伙人的权利。《合伙企业法》第 68 条规定:“有限合伙人不执行合伙事务,不得对外代表有限合伙企业。有限合伙人的下列行为,不视为执行合伙事务:……(五)对涉及自身利益的情况,查阅有限合伙企业财务会计账簿等财务资料……”上述第 2 款规定了有限合伙人虽不能执行合伙事务,但仍对合伙企业享有一定的合伙人权利。根据上述第 2 款第 5 项的规定,有限合伙人仅对涉及自身利益的情况有权查阅会计账簿,而不是有权查阅合伙企业所有的财务会计账簿。因此,并不是三江公司入伙后,就有权查阅雀凰投资的财务会计账簿。故 C 选项错误。

D 选项考查有限合伙人竞业禁止的规定。《合伙企业法》第 71 条规定:“有限合伙人可以自营或者同他人合作经营与本有限合伙企业相竞争的业务;但是,合伙协议另有约定的除外。”因此,有限合伙人允许从事同业竞争,不允许为例外。故 D 选项错误。

[**难度系数**] * *

3 [**答案**] BC

[**考点**] 有限合伙人的权利和义务

[**解析**] A 选项考查有限合伙人的出资。《合伙企业法》第 64 条规定:“有限合伙人可以用货币、实物、知识产权、土地使用权或者其他财产权利作价出资。有限合伙人不得以劳务出资。”甲公司作为有限合伙企业的有限合伙人,不能以劳务折抵出资,故 A 选项错误。

B 选项考查有限合伙人的同业竞争行为。《合伙企业法》第 71 条规定:“有限合伙人可以自营或者同他人合作经营与本有限合伙企业相竞争的业务;但是,合伙协议另有约定的除外。”据此,合伙协议可以约定甲公司不得与其他公司合作从事新能源方面的风险投资,故 B 选项正确。

C 选项考查有限合伙人财产份额的出质。《合伙企业法》第 72 条规定:“有限合伙人可以将其在有限合伙企业中的财产份额出质;但是,合伙协议另有约定的除外。”合伙协议中可以禁止有限合伙人将自己在合伙企业中的份额出质,故 C 选项正确。

D 选项考查有限合伙人财产份额的转让。《合伙企业法》第 73 条规定:“有限合伙人可以按照合伙协议的约定向合伙人以外的人转让其在有限合伙企业中的财产份额,但应当提前三十日通知其他合伙人。”据此,合伙协议不能限制有限合伙人转让自己的财产份额,故 D 选项错误。

[**陷阱点拨**] 有限合伙人与普通合伙人在行为规则上存在差异,考生需要对比记忆。

行为	有限合伙人	普通合伙人
自我交易	有限合伙人可以同本有限合伙企业进行交易；但是，合伙协议另有约定的除外（第70条）	除合伙协议另有约定或者经全体合伙人一致同意外，普通合伙人不得同本合伙企业进行交易（第32条第2款）
同业竞争	有限合伙人可以自营或者同他人合作经营与本有限合伙企业相竞争的业务；但是，合伙协议另有约定的除外（第71条）	普通合伙人不得自营或者同他人合作经营与本合伙企业相竞争的业务（第32条第1款）
财产份额的出质	有限合伙人可以将其在有限合伙企业中的财产份额出质；但是，合伙协议另有约定的除外（第72条）	合伙人以其在合伙企业中的财产份额出质的，须经其他合伙人一致同意；未经其他合伙人一致同意，其行为无效，由此给善意第三人造成损失的，由行为人依法承担赔偿责任（第25条）
财产份额的转让	有限合伙人可以按照合伙协议的约定向合伙人以外的人转让其在有限合伙企业中的财产份额，但应当提前30日通知其他合伙人（第73条）	（1）除合伙协议另有约定外，普通合伙人向合伙人以外的人转让其在合伙企业中的全部或者部分财产份额时，须经其他合伙人一致同意（第22条第1款）。 （2）合伙人向合伙人以外的人转让其在合伙企业中的财产份额的，在同等条件下，其他合伙人有优先购买权；但是，合伙协议另有约定的除外（第23条）
对企业债务的承担	有限合伙人以其认缴的出资额为限对合伙企业的债务承担责任（第2条第3款）	普通合伙人承担无限连带责任（第2条第2款）

[难度系数] * * *

考点二　个人独资企业

[答案] C

[考点] 个人独资企业

[解析] 个人独资企业和合伙企业是两种不同类型的非法人型企业，二者不可混为一谈。《个人独资企业法》第2条规定："本法所称个人独资企业，是指依照本法在中国境内设立，由一个自然人投资，财产为投资人个人所有，投资人以其个人财产对企业债务承担无限责任的经营实体。"《合伙企业法》第2条第1款规定："本法所称合伙企业，是指自然人、法人和其他组织依照本法在中国境内设立的普通合伙企业和有限合伙企业。"这两者之间有四点不同：（1）投资人数及财产归属不同。个人独资企业是一个自然人进行投资，企业财产为投资人个人所拥有；合伙企业必须由2人以上的合伙人设立，联合经营，企业财产由合伙人共同所有。（2）责任承担不同。个人独资企业是一个投资人投资，财产和利润归该投资者所有，故其对企业承担无限责任；合伙企业的财产是由各合伙人出资所形成的，在共同经营中要求共担风险，要求各合伙人对合伙企业的债务承担无限连带责任。（3）企业事务的管理方式不同。个人独资企业的投资人对企业事务管理具有最终的决定权；合伙企业的设立首先以各合伙人订立合伙协议为前提，各合伙人共同经营，企业事务管理既可以由全体合伙人共同执行，也可以由合伙人约定或者全体合伙人决定，委托一名或数名合伙人执行，但是重大事项仍然是全体合伙人共同决定。（4）投资转让方式不同。个人独资企业由于不能分离，投资人要转让投资或撤回资本，只能通过彻底转让企业或者解散企业的方式；而合伙企业的财产转让，合伙人既可将其在合伙企业中的财产份额转让给其他合伙人或经全体合伙人同意转让给合伙人以外的第三人，也可以通过退伙的方式转让其财产。根据个人独资企业与合伙企业之间的第1点不同，个人独资企业虽是一个自然人进行投资，但可以以其家庭共有财产作为个人出资。《个人独资企业法》第18条规定："个人独资企业投资人在申请企业设立登记时明确以其家庭共有财产作为个人出资的，应当依法以家庭共有财产对企业债务承担无限责任。"因此，李甲可以在申请企业设立登记时明确表示以其家庭共有财产出资，而该企业仍是个人独资企业而不是普通合伙企业。故A选项错误。

《个人独资企业法》第 19 条第 1 款规定:“个人独资企业投资人可以自行管理企业事务,也可以委托或者聘用其他具有民事行为能力的人负责企业的事务管理。”个人独资企业投资人可以委托其他人负责企业的事务管理,结合该法第 18 条的内容,只有投资人在设立登记时明确以家庭共有财产作为个人出资的,才依法以家庭共有财产对企业债务承担无限责任。李甲儿子李乙管理企业事务并不能认定以家庭共有财产出资。故 B 选项错误。

《个人独资企业法》第 28 条规定:“个人独资企业解散后,原投资人对个人独资企业存续期间的债务仍应承担偿还责任,但债权人在五年内未向债务人提出偿债请求的,该责任消灭。”故 C 选项正确。

如李甲死后该企业由其子李乙与其女李丙共同继承,则可以通过变更登记的方式将企业类型转换为普通合伙企业,并非一定要分立成两家个人独资企业。故 D 选项错误。

[难度系数] *

第十二章 企业破产法

考点一 破产重整

1 **[答案]** D

[考点] 破产重整计划的实施

[解析] 《企业破产法》第 89 条规定:“重整计划由债务人负责执行。人民法院裁定批准重整计划后,已接管财产和营业事务的管理人应当向债务人移交财产和营业事务。”第 90 条规定:“自人民法院裁定批准重整计划之日起,在重整计划规定的监督期内,由管理人监督重整计划的执行。在监督期内,债务人应当向管理人报告重整计划执行情况和债务人财务状况。”本题中,a 公司为债务人,应由其决定项目执行,a 公司管理人仅承担监督工作。因此 A、B、C 选项错误,D 选项正确。

[难度系数] *

2 **[答案]** BD

[考点] 重整程序

[解析] 《企业破产法》第 92 条第 2 款规定:“债权人未依照本法规定申报债权的,在重整计划执行期间不得行使权利;在重整计划执行完毕后,可以按照重整计划规定的同类债权的清偿条件行使权利。”题干中,乙公司因业务繁忙在债权申报期间并未申报债权,尽管因此乙公司在重整计划执行期间不得行使权利,但是甲公司仍然要承担对乙公司的偿还义务,乙公司可依据甲公司的重整方案在甲公司重整计划执行完毕后按同性质债权等比例清偿。A 选项中,甲公司仍然应当承担偿还义务,因此 A 选项错误,B 选项符合法律规定,正确。C 选项中,乙公司的债权应当按照同性质债权等比例清偿的规则清偿,并不能获得全额清偿,故 C 选项错误。

《企业破产法》第 92 条第 1 款规定:“经人民法院裁定批准的重整计划,对债务人和全体债权人均有约束力。”因此 D 选项中,甲公司的重整方案对债权人乙公司也具有法律效力,D 选项表述正确。

[难度系数] * *

3 [答案] D

[考点] 破产重整、破产管理人

[解析] A选项考查可向法院申请重整的权利人。《企业破产法》第70条第2款规定:“债权人申请对债务人进行破产清算的,在人民法院受理破产申请后、宣告债务人破产前,债务人或者出资额占债务人注册资本十分之一以上的出资人,可以向人民法院申请重整。”本题中,甲持股20%,满足此条件,故不需要乙公司的投资承诺,甲就可以申请重整。因此,A选项错误。

B选项考查重整计划通过的条件。《企业破产法》第84条第1款、第2款规定:“人民法院应当自收到重整计划草案之日起三十日内召开债权人会议,对重整计划草案进行表决。出席会议的同一表决组的债权人过半数同意重整计划草案,并且其所代表的债权额占该组债权总额的三分之二以上的,即为该组通过重整计划草案。”《企业破产法》第86条第1款规定:“各表决组均通过重整计划草案时,重整计划即为通过。”重整计划的通过需要满足比较严格的条件,但如果满足了以上所规定的条件,重整计划就可以通过。此时可以看到,虽然仍可能有小部分的债权人表示反对,但其反对并不影响重整计划的通过,因此并不意味着只要债权人反对,就不能开始重整。故B选项错误。

C选项考查管理人制度。《企业破产法》第73条规定:“在重整期间,经债务人申请,人民法院批准,债务人可以在管理人的监督下自行管理财产和营业事务。有前款规定情形的,依照本法规定已接管债务人财产和营业事务的管理人应当向债务人移交财产和营业事务,本法规定的管理人的职权由债务人行使。”如思瑞公司开始重整,应在管理人的监督下进行营业,管理人应辞去职务的说法错误。因此,C选项错误。

D选项考查重整程序的终止。《企业破产法》第87条第3款规定:“人民法院经审查认为重整计划草案符合前款规定的,应当自收到申请之日起三十日内裁定批准,终止重整程序,并予以公告。”故思瑞公司的重整计划草案获得法院批准,其重整程序就终止。因此,D选项正确。

[难度系数] *

考点二 破产管理人和破产债权申报

1 [答案] BC

[考点] 法定代表人的义务、破产管理人职责

[解析] 本题考查破产程序中债务人的法定代表人的义务和破产管理人的职责。《企业破产法》第15条第1款规定:“自人民法院受理破产申请的裁定送达债务人之日起至破产程序终结之日,债务人的有关人员承担下列义务:(一)妥善保管其占有和管理的财产、印章和账簿、文书等资料;(二)根据人民法院、管理人的要求进行工作,并如实回答询问;(三)列席债权人会议并如实回答债权人的询问;(四)未经人民法院许可,不得离开住所地;(五)不得新任其他企业的董事、监事、高级管理人员。”同时,根据该条第2款规定可知,这里的相关人员,主要指法定代表人,也包括法院决定的财务管理人员和其他经营管理人员,但不包括普通的股东。本案中,高某为甲公司普通股东,并非这里的“有关人员”,因此没有配合管理人完成清算的义务,A项错误。

法定代表人吴某属于上述“有关人员”,其行为至少有两处违反了《企业破产法》的规定,并应承担相应的责任。一方面,吴某未经人民法院许可离开住所地,根据《企业破产法》第129条“债务人的有关人员违反本法规定,擅自离开住所地的,人民法院可以予以训诫、拘留,可以依法并处罚款”之规定,人民法院可对吴某处以拘留并处罚款,所以B项正确。另一方面,吴某拒不回答询问、拒不提供有关资料,根据《企业破产法》第127条第2款“债务人违反本法规定,拒不向管理人移交

财产、印章和账簿、文书等资料的，或者伪造、销毁有关财产证据材料而使财产状况不明的，人民法院可以对直接责任人员依法处以罚款”的规定，人民法院可以对吴某处以罚款，C 项正确。

管理人提请法院终结破产程序的事由，仅限于债务人财产不足以清偿破产费用（《企业破产法》第 43 条）、破产人无财产可供分配、最后分配完毕（《企业破产法》第 120 条），若债务人的法定代表人和有关人员拒不配合，除法院可对有关人员进行制裁之外，管理人有权利和义务进行调查，而不是提请法院终结破产程序，所以 D 项错误。

［难度系数］ ＊＊

2 ［答案］ CD

［考点］ 个别清偿行为的效力、债权性质的判断

［解析］ 《企业破产法》第 16 条规定：“人民法院受理破产申请后，债务人对个别债权人的债务清偿无效。”由此确立了破产程序中“债权冻结”的法律效果。但是，这一规定是有例外的，而例外情形必须满足“使债务人财产受益”的原则。具体而言，《企业破产法》第 37 条规定：“人民法院受理破产申请后，管理人可以通过清偿债务或者提供为债权人接受的担保，取回质物、留置物。前款规定的债务清偿或者替代担保，在质物或者留置物的价值低于被担保的债权额时，以该质物或者留置物当时的市场价值为限。”在本题中，以当时的市场价值计算，管理人的清偿数额不得超过 300 万元，因此 C 项正确。

在程序上，最高人民法院《关于适用〈中华人民共和国企业破产法〉若干问题的规定（二）》（以下简称《企业破产法解释（二）》）第 25 条规定：“管理人拟通过清偿债务或者提供担保取回质物、留置物，或者与质权人、留置权人协议以质物、留置物折价清偿债务等方式，进行对债权人利益有重大影响的财产处分行为的，应当及时报告债权人委员会。未设立债权人委员会的，管理人应当及时报告人民法院。”因此，管理人决定通过清偿债务取回玉石，应当及时报告债权人委员会，未设立债权人委员会的，管理人应当及时报告人民法院，而不要求经过法院许可，所以 B 项错误。

对质权人乙公司而言，质物市场价值减少，其债权额超过质物价值的部分，只能作为普通债权申报和清偿，所以 D 项正确。

至于质物价值减少影响质权人利益时，质权人是否有权要求追加担保的问题，正常情况下答案应该是肯定的，其法律依据为《民法典》第 433 条：“因不可归责于质权人的事由可能使质押财产毁损或者价值明显减少，足以危害质权人权利的，质权人有权请求出质人提供相应的担保；出质人不提供的，质权人可以拍卖、变卖质押财产，并与出质人协议将拍卖、变卖所得的价款提前清偿债务或者提存。”但因出质人已经进入破产程序，追加担保会明显损害其他债权人利益，因此，质权人只能自担风险，管理人不需要追加担保，所以 A 项错误。

［难度系数］ ＊＊＊

3 ［答案］ C

［考点］ 破产管理人的职责与义务、破产费用

［解析］ 《企业破产法》第 28 条规定：“管理人经人民法院许可，可以聘用必要的工作人员。管理人的报酬由人民法院确定。债权人会议对管理人的报酬有异议的，有权向人民法院提出。”因此，经法院许可甲律所才可聘用必要的工作人员，但无须债权人委员会一致同意，故选项 A、选项 B 错误。

《企业破产法》第 41 条规定：“人民法院受理破产申请后发生的下列费用，为破产费用：（一）破产案件的诉讼费用；（二）管理、变价和分配债务人财产的费用；（三）管理人执行职务的费用、报酬和聘用工作人员的费用。”第 43 条第 1 款规定：“破产费用和共益债务由债务人财产随时清偿。”因

此,如果管理人按照程序聘用3名会计师,3名会计师的工资作为破产费用可以由债务人财产随时清偿,故C选项正确。

《企业破产法》第68条规定:"债权人委员会行使下列职权:(一)监督债务人财产的管理和处分;(二)监督破产财产分配;(三)提议召开债权人会议;(四)债权人会议委托的其他职权。债权人委员会执行职务时,有权要求管理人、债务人的有关人员对其职权范围内的事务作出说明或者提供有关文件。管理人、债务人的有关人员违反本法规定拒绝接受监督的,债权人委员会有权就监督事项请求人民法院作出决定;人民法院应当在五日内作出决定。"故债权人委员会职权范围不包括监督会计师的工作,选项D错误。

综上,应当选C选项。

[**难度系数**] * *

4 [**答案**] AC

[**考点**] 破产债权申报

[**解析**] A选项考查未到期债权的申报。《企业破产法》第46条第1款规定:"未到期的债权,在破产申请受理时视为到期。"因此,甲对A公司的债权虽未到期,仍可以申报,A选项正确,当选。

B选项、C选项考查附条件或诉讼未决的债权申报。《企业破产法》第47条规定:"附条件、附期限的债权和诉讼、仲裁未决的债权,债权人可以申报。"因此,B选项中,乙对A公司的债权虽附有条件,但仍可以申报,B选项错误,不当选。C选项中,虽然丙对A公司的债权诉讼未决,但丙仍可以申报,故C选项正确,当选。

D选项考查不必申报的债权。《企业破产法》第48条规定:"债权人应当在人民法院确定的债权申报期限内向管理人申报债权。债务人所欠职工的工资和医疗、伤残补助、抚恤费用,所欠的应当划入职工个人账户的基本养老保险、基本医疗保险费用,以及法律、行政法规规定应当支付给职工的补偿金,不必申报,由管理人调查后列出清单并予以公示。职工对清单记载有异议的,可以要求管理人更正;管理人不予更正的,职工可以向人民法院提起诉讼。"因此,职工丁对A公司的伤残补助请求权,不必申报,且在受偿顺序上优先于普通破产债权,D选项错误,不当选。

[**难度系数**] *

考点三 债务人财产

1 [**答案**] AB

[**考点**] 破产追回权、破产抵销权

[**解析**] 《企业破产法》第35条规定:"人民法院受理破产申请后,债务人的出资人尚未完全履行出资义务的,管理人应当要求该出资人缴纳所认缴的出资,而不受出资期限的限制。"据此,尽管股东李四出资期限尚未届至,管理人仍应要求李四缴足其所认缴的出资;股东张三也未缴足出资,管理人亦应向其追回未缴足的出资,故A选项、B选项正确。

《企业破产法解释(二)》第46条规定:"债务人的股东主张以下列债务与债务人对其负有的债务抵销,债务人管理人提出异议的,人民法院应予支持:(一)债务人股东因欠缴债务人的出资或者抽逃出资对债务人所负的债务;(二)债务人股东滥用股东权利或者关联关系损害公司利益对债务人所负的债务。"据此,股东欠付的出资与公司欠股东的债务不能抵销,故C选项、D选项错误。

[**难度系数**] * *

2 [答案] D

[考点] 债务人财产、撤销权

[解析] 《企业破产法解释(二)》第16条规定:“债务人对债权人进行的以下个别清偿,管理人依据企业破产法第三十二条的规定请求撤销的,人民法院不予支持:(一)债务人为维系基本生产需要而支付水费、电费等的;(二)债务人支付劳动报酬、人身损害赔偿金的;(三)使债务人财产受益的其他个别清偿。”本题中,公司虽然为甲代垫了医疗费、护理费,并支付了10万元赔偿金,但其属于上述规定第2项的“人身损害赔偿金”范畴,管理人无权要求其返还,A选项错误;也不应当被撤销,B选项错误。

《企业破产法》第48条第2款规定:“债务人所欠职工的工资和医疗、伤残补助、抚恤费用,所欠的应当划入职工个人账户的基本养老保险、基本医疗保险费用,以及法律、行政法规规定应当支付给职工的补偿金,不必申报,由管理人调查后列出清单并予以公示。职工对清单记载有异议的,可以要求管理人更正;管理人不予更正的,职工可以向人民法院提起诉讼。”本题中,甲的医疗护理费等属于劳动债权,不必进行债权申报。此外,《企业破产法》第59条第5款规定:“债权人会议应当有债务人的职工和工会的代表参加,对有关事项发表意见。”由此可知,除重整程序等特殊情形外,职工债权人不参加债权人会议,不能行使表决权,所以C选项错误。

《企业破产法》第20条规定:“人民法院受理破产申请后,已经开始而尚未终结的有关债务人的民事诉讼或者仲裁应当中止;在管理人接管债务人的财产后,该诉讼或者仲裁继续进行。”所以,该公司被受理破产申请后,甲对该公司提起的诉讼尚未终结,应当依法予以中止,故D选项正确。

[难度系数] *

3 [答案] BC

[考点] 破产案件受理后的法律效果、破产取回权、破产抵销权

[解析] A、B选项考查破产案件受理后的法律效果。《企业破产法》第16条规定:“人民法院受理破产申请后,债务人对个别债权人的债务清偿无效。”第107条第2款规定:“债务人被宣告破产后,债务人称为破产人,债务人财产称为破产财产,人民法院受理破产申请时对债务人享有的债权称为破产债权。”第109条规定:“对破产人的特定财产享有担保权的权利人,对该特定财产享有优先受偿的权利。”据此,在破产宣告前,禁止个别清偿,债权请求都处于冻结状态,破产宣告后破产债权开始清偿,别除权人有权就担保物单独优先受偿。故翰扬公司不可在破产受理后行使抵押权,A选项错误。

《企业破产法》第18条第1款规定:“人民法院受理破产申请后,管理人对破产申请受理前成立而债务人和对方当事人均未履行完毕的合同有权决定解除或者继续履行,并通知对方当事人。管理人自破产申请受理之日起二个月内未通知对方当事人,或者自收到对方当事人催告之日起三十日内未答复的,视为解除合同。”翰扬公司与利捷公司有一合同未履行完毕,管理人甲可解除该合同,故B选项正确。

C选项考查赔偿取回权。《企业破产法解释(二)》第32条规定:“债务人占有的他人财产毁损、灭失,因此获得的保险金、赔偿金、代偿物尚未交付给债务人,或者代偿物虽已交付给债务人但能与债务人财产予以区分的,权利人主张取回就此获得的保险金、赔偿金、代偿物的,人民法院应予支持。保险金、赔偿金已经交付给债务人,或者代偿物已经交付给债务人且不能与债务人财产予以区分的,人民法院应当按照以下规定处理:(一)财产毁损、灭失发生在破产申请受理前的,权利人因财产损失形成的债权,作为普通破产债权清偿;(二)财产毁损、灭失发生在破产申请受理后的,因管

理人或者相关人员执行职务导致权利人损害产生的债务，作为共益债务清偿。债务人占有的他人财产毁损、灭失，没有获得相应的保险金、赔偿金、代偿物，或者保险金、赔偿物、代偿物不足以弥补其损失的部分，人民法院应当按照本条第二款的规定处理。”翰扬公司曾租给利捷公司的一套设备被损毁，侵权人之前所支付的赔偿金发生在破产前，权利人不能行使取回权，只能作为普通破产债权清偿，所以C选项翰扬公司不能主张取回该笔赔偿金，C选项正确。

D选项考查破产抵销权的限制。《企业破产法》第40条规定：“债权人在破产申请受理前对债务人负有债务的，可以向管理人主张抵销。但是，有下列情形之一的，不得抵销：(一)债务人的债务人在破产申请受理后取得他人对债务人的债权的……”茹洁公司在破产受理后受让了翰扬公司的债权，属于法条规定的第1项不得抵销的情形，所以茹洁公司仍需要向利捷公司履行等额的债务，D选项错误。

[难度系数] * * *

考点四 破产分配

[答案] BC

[考点] 共益债务、破产债权申报

[解析] A、B选项考查共益债务。共益债务是指人民法院受理破产申请后，为了全体债权人的共同利益以及破产程序顺利进行而发生的债务。《企业破产法》第42条规定：“人民法院受理破产申请后发生的下列债务，为共益债务：(一)因管理人或者债务人请求对方当事人履行双方均未履行完毕的合同所产生的债务；(二)债务人财产受无因管理所产生的债务；(三)因债务人不当得利所产生的债务；(四)为债务人继续营业而应支付的劳动报酬和社会保险费用以及由此产生的其他债务；(五)管理人或者相关人员执行职务致人损害所产生的债务；(六)债务人财产致人损害所产生的债务。”《企业破产法》第43条第1款规定：“破产费用和共益债务由债务人财产随时清偿。”本题中，舜泰公司在破产重整程序中向齐某借款支付的水电费和保安费确实是为了全体债权人的共同利益以及破产程序的顺利进行而发生的债务，属于共益债务，而共益费用可以随时清偿。因此，A选项错误，B选项正确。

C、D选项考查破产债权，《企业破产法》第46条规定：“未到期的债权，在破产申请受理时视为到期。附利息的债权自破产申请受理时起停止计息。”在借款1年后，舜泰公司因不能执行重整计划被法院宣告破产，而企业宣告破产之后，附利息的债权自破产申请受理时起停止计息。因此，齐某只能主张返还借款本金20万元，不得主张逾期利息。因此，C选项正确，D选项错误。

[难度系数] * *

第十三章 票 据 法

考点一 票据法概述

1 [答案] A

[考点] 票据法概述

[解析] 《票据法》第4条第1～3款规定：“票据出票人制作票据，应当按照法定条件在票据

上签章,并按照所记载的事项承担票据责任。持票人行使票据权利,应当按照法定程序在票据上签章,并出示票据。其他票据债务人在票据上签章的,按照票据所记载的事项承担票据责任。”根据上述规定,票据是要式证券、文义证券和设权证券,票据的制作必须严格符合国家法律的规定。票据权利人行使票据权利,应当出示合法有效的票据,如果票据灭失,可以通过挂失止付、公示催告或提起民事诉讼来实现救济。题干当中,由于票据原件烧毁,但是根据票据的要式性等特征,票据复印件并不能具有票据的效力,所以丁公司无法依该复印件行使票据权利,但是 B、C、D 项的表述均认可了票据复印件具有票据效力,与票据规定和性质不符合,因此选 A。

[难度系数] * *

2 **[答案]** D

[考点] 票据的无因性、票据抗辩、汇票付款

[解析] 本题涉及票据法中的一个重要知识点:票据无因性。票据的无因性是指票据上的法律关系是一种单纯的金钱支付关系,权利人享有票据权利只以持有符合票据法规定的有效票据为必要条件。即使原因关系无效或有瑕疵,也均不影响票据的效力。

A 选项考查汇票的效力。《票据法》第 22 条规定:“汇票必须记载下列事项:(一)表明‘汇票’的字样;(二)无条件支付的委托;(三)确定的金额;(四)付款人名称;(五)收款人名称;(六)出票日期;(七)出票人签章。汇票上未记载前款规定事项之一的,汇票无效。”本题没有出现汇票无效的情形,且票据行为具有无因性和独立性,所以 A 选项错误。

B 选项考查票据抗辩。《票据法》第 13 条第 2 款规定:“票据债务人可以对不履行约定义务的与自己有直接债权债务关系的持票人,进行抗辩。”本题中,乙公司的箱包为假冒伪劣产品,甲公司作为合同的相对人可以对乙公司进行抗辩,可以拒绝乙公司的票据权利请求,所以 B 选项错误。

C 选项考查票据抗辩的限制。《票据法》第 11 条规定:“因税收、继承、赠与可以依法无偿取得票据的,不受给付对价的限制。但是,所享有的票据权利不得优于其前手的权利。前手是指在票据签章人或者持票人之前签章的其他票据债务人。”据此,持票人取得票据未给付对价或未给付相当对价的,票据债务人可以以与持票人前手之间的抗辩事由,对抗持票人。本题票据债务人甲公司可以对乙公司进行抗辩,乙公司不享有对甲公司的追索权。乙公司将该汇票背书赠与丙,丙无偿取得票据,因而享有不优于前手乙公司的票据权利,前手乙公司没有票据权利,无对价取得者丙也没有票据权利,故 C 选项错误。

D 选项考查汇票付款。《票据法》第 4 条第 5 款规定:“本法所称票据责任,是指票据债务人向持票人支付票据金额的义务。”《票据法》第 44 条规定:“付款人承兑汇票后,应当承担到期付款的责任。”本题中,银行对汇票予以了承兑,要承担到期付款的票据责任,故 D 选项银行应承担票据责任,正确。

[难度系数] * *

考点二 票据的权利与行为

[答案] A

[考点] 票据的无权代理

[解析] 根据《票据法》第 5 条的规定,票据当事人可以委托其代理人在票据上签章,并应当在票据上表明其代理关系。没有代理权而以代理人名义在票据上签章的,应当由签章人承担票据责任。因此甲未经乙同意而以乙的名义签发汇票,甲作为实际签章人应承担汇票责任,乙可以甲无

权代理为由拒绝承担该汇票上的责任,A 选项正确,D 选项错误。

对于 B 选项,最高人民法院《关于审理票据纠纷案件若干问题的规定》第 65 条规定:“具有下列情形之一的票据,未经背书转让的,票据债务人不承担票据责任;已经背书转让的,票据无效不影响其他真实签章的效力:(一)出票人签章不真实的;(二)出票人为无民事行为能力人的;(三)出票人为限制民事行为能力人的。”虽然出票人乙的签章不真实,但丁背书转让时的签章真实,这种情况下,丙银行作为汇票的债务人,在见票时需无条件支付确定的金额给持票人,无权以该汇票为无权代理为由而拒绝付款,B 项错误。

对于 C 选项,根据《票据法》第 37 条的规定,背书人以背书转让汇票后,即承担保证其后手所持汇票承兑和付款的责任。背书人在汇票得不到承兑或者付款时,应当向持票人清偿本法第 70 条、第 71 条规定的金额和费用。本题中,无论背书人丁对于甲的无权代理行为是否知情均不影响其对于后手戊的票据责任,C 选项错误。

[难度系数] *

考点三 票据的抗辩与补救

1 [答案] D

[考点] 票据的丧失与补救、票据行为、票据的伪造

[解析] 《票据法》第 11 条第 1 款规定:“因税收、继承、赠与可以依法无偿取得票据的,不受给付对价的限制。但是,所享有的票据权利不得优于其前手的权利。”据此,尽管北公司无对价取得票据,但其仍然享有不优于西公司的票据权利,因此 A 选项错误。

《票据法》第 57 条规定:“付款人及其代理付款人付款时,应当审查汇票背书的连续,并审查提示付款人的合法身份证明或者有效证件。付款人及其代理付款人以恶意或者有重大过失付款的,应当自行承担责任。”根据题干所述信息不能判断承兑银行存在明显过失,因此不得据此判断承兑银行应当承担责任,故 B 选项错误。

《票据法》第 61 条规定:“汇票到期被拒绝付款的,持票人可以对背书人、出票人以及汇票的其他债务人行使追索权。汇票到期日前,有下列情形之一的,持票人也可以行使追索权:(一)汇票被拒绝承兑的;(二)承兑人或者付款人死亡、逃匿的;(三)承兑人或者付款人被依法宣告破产的或者因违法被责令终止业务活动的。”第 15 条规定:“票据丧失,失票人可以及时通知票据的付款人挂失止付,但是,未记载付款人或者无法确定付款人及其代理付款人的票据除外。收到挂失止付通知的付款人,应当暂停支付。失票人应当在通知挂失止付后三日内,也可以在票据丧失后,依法向人民法院申请公示催告,或者向人民法院提起诉讼。”据此,北公司票据灭失的情况不符合上述行使追索权的前提条件,其应当采取挂失支付、公示催告或提起诉讼的票据救济措施,故 C 选项错误。

《票据法》第 14 条第 1 款、第 2 款规定:“票据上的记载事项应当真实,不得伪造、变造。伪造、变造票据上的签章和其他记载事项的,应当承担法律责任。票据上有伪造、变造的签章的,不影响票据上其他真实签章的效力。”张某以非法占有为目的,恶意伪造票据签章,违反国家效力性强制性规定,其法律行为无效,D 选项正确。

综上,本题应选 D。

[难度系数] * * *

2 [答案] ABD

[考点] 票据责任、票据的伪造、恶意或重大过失取得票据的效力

[解析]　A 选项考查票据责任。《票据法》第 4 条第 1 款规定:“票据出票人制作票据,应当按照法定条件在票据上签章,并按照所记载的事项承担票据责任。”第 4 条第 3 款规定:“其他票据债务人在票据上签章的,按照票据所记载的事项承担票据责任。”甲公司是票据的出票人,按照所记载的事项承担票据责任,故 A 选项正确。

B 选项、C 选项考查票据的伪造。《票据法》第 14 条第 1 款、第 2 款规定:“票据上的记载事项应当真实,不得伪造、变造。伪造、变造票据上的签章和其他记载事项的,应当承担法律责任。票据上有伪造、变造的签章的,不影响票据上其他真实签章的效力。”李某的签章被王某伪造,不是其真实签章,不承担票据责任,故 B 选项正确。王某伪造签章应当承担法律责任而非票据责任,所以 C 选项错误。

D 选项考查恶意或重大过失取得票据的效力。《票据法》第 12 条规定:“以欺诈、偷盗或者胁迫等手段取得票据的,或者明知有前列情形,出于恶意取得票据的,不得享有票据权利。持票人因重大过失取得不符合本法规定的票据的,也不得享有票据权利。”本题中,王某将汇票背书转让给外地的丙公司用于支付货款,丙公司出于善意取得票据且不具有重大过失,享有票据权利,所以 D 选项正确。

[难度系数]　* *

考点四　汇票

1 [答案]　AD

[考点]　汇票的追索权

[解析]　《票据法》第 61 条规定:“汇票到期被拒绝付款的,持票人可以对背书人、出票人以及汇票的其他债务人行使追索权。汇票到期日前,有下列情形之一的,持票人也可以行使追索权:(一)汇票被拒绝承兑的;(二)承兑人或者付款人死亡、逃匿的;(三)承兑人或者付款人被依法宣告破产的或者因违法被责令终止业务活动的。”丙公司在汇票到期日前被银行拒绝承兑,其可向背书人甲公司、出票人乙公司行使追索权,银行为委托付款人,不属于可追索的对象,故 A 选项、D 选项正确,B 选项、C 选项错误。

[难度系数]　*

2 [答案]　ABCD

[考点]　汇票的承兑和保证

[解析]　根据《票据法》第 60 条关于票据付款的效力:“付款人依法足额付款后,全体汇票债务人的责任解除。”根据题干,银行为付款人,当银行依法足额付款后,全体债务人包括 B 公司的责任才得以解除,但债务人责任非因转让票据行为而消灭,故 A 选项错误。

《票据法》第 4 条第 5 款规定:“本法所称票据责任,是指票据债务人向持票人支付票据金额的义务。”第 62 条第 2 款规定:“持票人提示承兑或者提示付款被拒绝的,承兑人或者付款人必须出具拒绝证明,或者出具退票理由书。未出具拒绝证明或者退票理由书的,应当承担由此产生的民事责任。”银行口头拒绝承兑,未出具证明,应当承担未出具证明产生的民事责任,而非承担票据责任,故 B 选项错误。

《票据法》第 36 条规定:“汇票被拒绝承兑、被拒绝付款或者超过付款提示期限的,不得背书转让;背书转让的,背书人应当承担汇票责任。”由于票据已被银行拒绝承兑,因此不得背书转让,B 公司又就被拒绝承兑的汇票进行背书转让的行为并非无效,而产生 B 公司承担汇票责任的结果,即 B

公司应向 C 公司支付票据金额，故 C 选项、D 选项错误。

［难度系数］ ＊＊＊

3［答案］ D

［考点］ 汇票的出票、汇票的承兑和保证

［解析］ 根据《票据法》第 46 条的规定，保证人必须在汇票或者粘单上记载下列事项：(1) 表明"保证"的字样；(2) 保证人名称和住所；(3) 被保证人的名称；(4) 保证日期；(5) 保证人签章。

《票据法》第 47 条规定："保证人在汇票或者粘单上未记载前条第(三)项的，已承兑的汇票，承兑人为被保证人；未承兑的汇票，出票人为被保证人。保证人在汇票或者粘单上未记载前条第(四)项的，出票日期为保证日期。"题干中表明，丙公司意图作为该保证人，A 选项中汇票上虽然未记载被保证人名称，但是根据第 47 条规定可以推定被保证人，并不影响丙作为保证人应承担的责任，所以丙公司仍需承担保证责任，A 项错误。根据第 47 条规定，没有记载保证日期的，以出票日期为保证日期，不影响保证的效力，B 项错误。

《票据法》第 48 条规定："保证不得附有条件；附有条件的，不影响对汇票的保证责任。"C 选项甲公司不得附条件，附条件的也视该条件无效，C 项错误。

《票据法》第 50 条规定："被保证的汇票，保证人应当与被保证人对持票人承担连带责任。汇票到期后得不到付款的，持票人有权向保证人请求付款，保证人应当足额付款。"题干中由于丙公司是汇票的保证人，因此丙公司与甲公司对乙公司承担连带责任，D 项正确。

［难度系数］ ＊＊

考点五 支票

1［答案］ AC

［考点］ 支票

［解析］ 关于支票的出票，《票据法》第 84 条规定："支票必须记载下列事项：(一) 表明'支票'的字样；(二) 无条件支付的委托；(三) 确定的金额；(四) 付款人名称；(五) 出票日期；(六) 出票人签章。支票上未记载前款规定事项之一的，支票无效。"杜某以公司名义向陆某开具支票，因未加盖公司印章，出票行为无效，支票无效，陆某不能取得票据权利，A 项正确。《票据法》第 12 条第 2 款规定："持票人因重大过失取得不符合本法规定的票据的，也不得享有票据权利。"因支票上无出票人签章属于表面瑕疵，丁某应该能够发现，却依然接受支票背书，丁某存在重大过失，也不能取得票据权利，故 B 项错误。丁某无票据权利，当然也就不享有票据追索权，所以 D 项错误。因陆某与丁某的支票背书行为无效，陆某并未履行买卖合同下的付款义务，丁某可以基于买卖合同要求陆某付款，所以 C 项正确。假设本题中的支票改为汇票，结论也是一样的。

［难度系数］ ＊＊

2［答案］ B

［考点］ 支票

［解析］ 《票据法》第 85 条规定："支票上的金额可以由出票人授权补记，未补记前的支票，不得使用。"支票上的金额可以由 a 公司授权甲补记，a 公司授权甲凭该支票购买农用车，即授权其补记相应金额，因此，甲有权填写具体金额且经补记后可以使用。此外，收票人并非影响支票效力的记载事项。因此，A 选项、C 选项、D 选项错误。

《票据法》第 90 条规定:“支票限于见票即付,不得另行记载付款日期。另行记载付款日期的,该记载无效。”由于 a 公司在支票上注明“一个月后付款”,即另行记载了付款日期,该记载无效但并非支票无效,支票仍属于见票即付,不受该期限限制。故 B 选项正确。

综上,应当选 B 选项。

[难度系数] * *

3 [答案] CD

[考点] 支票金额的授权补记、票据权利、票据责任

[解析] A 选项、D 选项考查支票金额的授权补记。《票据法》第 8 条规定:“票据金额以中文大写和数码同时记载,二者必须一致,二者不一致的,票据无效。”由此可知,支票必须有确定的金额,如无则票据无效;票据金额中文大写和数码二者必须一致,如果不一致则票据无效。但是法律却没有规定缺少其中一项是否会导致票据无效。并且法律规定支票上的金额可以由出票人授权补记。本题中,该支票只记载了数码的金额,未记载中文大写的金额,因此,在使用前应补记票据金额的中文大写。故 A 选项错误,D 选项正确。

B 选项考查票据权利。票据权利是指持票人向票据债务人请求支付票据金额的权利,包括付款请求权和追索权。此题中的支票在未补记之前不得使用,因此忠谙公司不享有付款请求权,但是其享有追索权。故 B 选项错误。

C 选项考查票据责任。票据责任是指票据债务人向持票人支付票据金额的责任。《票据法》第 93 条第 2 款规定:“支票的出票行为,除本章规定外,适用本法第二十四条、第二十六条关于汇票的规定。”第 26 条规定:“出票人签发汇票后,即承担保证该汇票承兑和付款的责任。出票人在汇票得不到承兑或者付款时,应当向持票人清偿本法第七十条、第七十一条规定的金额和费用。”东霖公司作为支票出票人,应按照支票所记载事项向忠谙公司承担票据责任。故 C 选项正确。

[难度系数] * *

第十四章 证 券 法

考点一 证券发行

1 [答案] BCD

[考点] 证券公司

[解析] 《证券法》第 123 条规定:“国务院证券监督管理机构应当对证券公司净资本和其他风险控制指标作出规定。证券公司除依照规定为其客户提供融资融券外,不得为其股东或者股东的关联人提供融资或者担保。”第 205 条规定:“证券公司违反本法第一百二十三条第二款的规定,为其股东或者股东的关联人提供融资或者担保的,责令改正,给予警告,并处以五十万元以上五百万元以下的罚款。对直接负责的主管人员和其他直接责任人员给予警告,并处以十万元以上一百万元以下的罚款。股东有过错的,在按照要求改正前,国务院证券监督管理机构可以限制其股东权利;拒不改正的,可以责令其转让所持证券公司股权。”某证券公司为股东 a 公司提供担保,证券监督管理机构有权对该证券公司责令改正、警告并处以罚款,但无权责令关闭证券公司,因此,D 选项错误。同时,a 公司、b 公司作为同意该担保的股东,证券监督管理机构有权限制其权利、责令其转

让所持证券公司股权,而不是处以罚款。因此,A 选项正确,B 选项错误。

《公司法》第 37 条规定:“股东会行使下列职权:(一)决定公司的经营方针和投资计划;(二)选举和更换非由职工代表担任的董事、监事,决定有关董事、监事的报酬事项;(三)审议批准董事会的报告;(四)审议批准监事会或者监事的报告;(五)审议批准公司的年度财务预算方案、决算方案;(六)审议批准公司的利润分配方案和弥补亏损方案;(七)对公司增加或者减少注册资本作出决议;(八)对发行公司债券作出决议;(九)对公司合并、分立、解散、清算或者变更公司形式作出决议;(十)修改公司章程;(十一)公司章程规定的其他职权。”第 43 条规定:“股东会的议事方式和表决程序,除本法有规定的外,由公司章程规定。股东会会议作出修改公司章程、增加或者减少注册资本的决议,以及公司合并、分立、解散或者变更公司形式的决议,必须经代表三分之二以上表决权的股东通过。”据此,对于分红,即利润分配的方案需要根据公司章程规定的表决程序判断,根据题干无法确定 a 公司所享有的表决权比例能否决定对张某不予分红,故 C 选项错误。

综上,应当选 B、C、D 选项。

[难度系数] * *

2 **[答案]** B

[考点] 证券法、债券制度

[解析] 《证券法》第 92 条第 2 款规定:“公开发行公司债券的,发行人应当为债券持有人聘请债券受托管理人,并订立债券受托管理协议。受托管理人应当由本次发行的承销机构或者其他经国务院证券监督管理机构认可的机构担任,债券持有人会议可以决议变更债券受托管理人……”据此,债券持有人会议可以解除对嘉德证券公司的聘请,A 选项错误。

《证券法》第 92 条第 3 款规定:“债券发行人未能按期兑付债券本息的,债券受托管理人可以接受全部或者部分债券持有人的委托,以自己名义代表债券持有人提起、参加民事诉讼或者清算程序。”据此,B 选项正确。

《证券法》第 15 条第 2 款规定:“公开发行公司债券筹集的资金,必须按照公司债券募集办法所列资金用途使用;改变资金用途,必须经债券持有人会议作出决议。公开发行公司债券筹集的资金,不得用于弥补亏损和非生产性支出。”第 185 条第 1 款规定:“发行人违反本法第十四条、第十五条的规定擅自改变公开发行证券所募集资金的用途的,责令改正,处以五十万元以上五百万元以下的罚款;对直接负责的主管人员和其他直接责任人员给予警告,并处以十万元以上一百万元以下的罚款。”可知改变债券募集资金用途须经债券持有人会议决议,否则应受相应的行政处罚,募集资金用途变更的程序合法性主要由证券监管机构维护,此时债券持有人尚无司法上的请求权,即不得仅基于募集资金用途的变化向法院起诉。据此,C 选项错误。

《证券法》第 15 条第 2 款第 2 句规定:“公开发行公司债券筹集的资金,不得用于弥补亏损和非生产性支出。”百航公司不得将募集的资金用于弥补 x 项目带来的亏损,D 选项错误。

[难度系数] * *

考点二 证券交易

1 **[答案]** ABD

[考点] 上市公司收购制度

[解析] 《证券法》第 63 条规定:“通过证券交易所的证券交易,投资者持有或者通过协议、其他安排与他人共同持有一个上市公司已发行的有表决权股份达到百分之五时,应当在该事实发生

之日起三日内，向国务院证券监督管理机构、证券交易所作出书面报告，通知该上市公司，并予公告，在上述期限内不得再行买卖该上市公司的股票……投资者持有或者通过协议、其他安排与他人共同持有一个上市公司已发行的有表决权股份达到百分之五后，其所持该上市公司已发行的有表决权股份比例每增加或者减少百分之五，应当依照前款规定进行报告和公告，在该事实发生之日起至公告后三日内，不得再行买卖该上市公司的股票……”本题题干中，甲公司减持套现 2.9% 乙公司股份后，甲公司仍持有 3.5% 乙公司股份，3 个月后，甲公司又增持了 1.9% 的乙公司股份，持股比例达到 5.4%，超过规定的 5% 的标准，应当进行信息披露，应当在 3 日内向国务院证券监督管理机构、证券交易所作出书面报告，通知该上市公司，并予公告；在上述期限内，不得再行买卖该上市公司的股票。故 A 选项、B 选项正确。

同时，《证券法》第 80 条规定：“发生可能对上市公司、股票在国务院批准的其他全国性证券交易场所交易的公司的股票交易价格产生较大影响的重大事件，投资者尚未得知时，公司应当立即将有关该重大事件的情况向国务院证券监督管理机构和证券交易场所报送临时报告，并予公告，说明事件的起因、目前的状态和可能产生的法律后果。前款所称重大事件包括：……（八）持有公司百分之五以上股份的股东或者实际控制人持有股份或者控制公司的情况发生较大变化……”根据题干，甲公司在持有 6.4% 乙公司股份的情况下，减持套现 2.9% 乙公司股份，持有股份发生较大变化，根据上述第 8 项的规定，就减持事项，乙公司应当立即向证券监管机构和证券交易所报送临时报告，并予公告。故 C 选项错误，D 选项正确。

［难度系数］ ＊＊

2 ［答案］ BD

［考点］ 上市公司收购制度

［解析］ 根据我国《证券法》的规定，公司收购有要约收购和协议收购两种形式。要约收购就是通过公开的方式向目标公司的全体股东要约，以高出市价的价格，在较短的时间内，用现金或证券作对价收购他们手中的股票。对于要约收购，我国《证券法》作出了一些限制。《证券法》第 63 条规定：“通过证券交易所的证券交易，投资者持有或者通过协议、其他安排与他人共同持有一个上市公司已发行的有表决权股份达到百分之五时，应当在该事实发生之日起三日内，向国务院证券监督管理机构、证券交易所作出书面报告，通知该上市公司，并予公告，在上述期限内不得再行买卖该上市公司的股票……投资者持有或者通过协议、其他安排与他人共同持有一个上市公司已发行的有表决权股份达到百分之五后，其所持该上市公司已发行的有表决权股份比例每增加或者减少百分之五，应当依照前款规定进行报告和公告，在该事实发生之日起至公告后三日内，不得再行买卖该上市公司的股票……”可以得知，对要约收购的限制只有持股份额超过 5% 时需要在 3 日内作书面报告并予以公告，在 3 日内不得买卖目标公司的股票。而之后每增减 5% 时，需要进行报告和公告，在作出报告、公告 3 日内，不得再行买卖目标公司的股票。法条对不得买卖股票的限制仅限于作出报告和公告后的 3 天。那么回到此题中，虽然甲持股超过 6% 未进行通告，但是其违法行为已经得到处罚，法律并未规定未进行通告就无权再购买目标公司的股票。故 A 选项错误。而甲未进行信息披露虽违法，但之前购买股票的行为不可撤销。《证券法》第 117 条规定：“按照依法制定的交易规则进行的交易，不得改变其交易结果……对交易中违规交易者应负的民事责任不得免除；在违规交易中所获利益，依照有关规定处理。”因此，丙不可以甲违法为由，主张撤销其之前购买股票的行为。故 C 选项错误。

对于 B 选项，考查证券法中防御性合并这一知识点。防御性合并是指在收购过程中，目标公司面对敌意收购,寻找一家在它看来比较友好,且条件也比较优惠的公司来收购自己,那家把目标公司从敌意收购人手中解放的公司被称为“白衣骑士”。乙作为目标公司的股东,不同意甲的收购行为,便可以采取防御性合并措施,即邀请其他公司对力扬公司展开要约收购。故 B 选项正确。

对于 D 选项,考查上市公司的股份转让。本题中并未说明丁在力扬公司中具有禁止股份转让的身份,因此丁所持股份可以自由转让。故 D 选项正确。

［难度系数］ * *

考点三 证券投资基金法律制度

1 ［答案］ B

［考点］ 公开募集基金的基金份额持有人权利、开放式基金

［解析］ A 选项、C 选项考查转换基金运作方式需满足的条件。《证券投资基金法》第 86 条第 3 款、第 4 款规定:“基金份额持有人大会就审议事项作出决定,应当经参加大会的基金份额持有人所持表决权的二分之一以上通过;但是,转换基金的运作方式、更换基金管理人或者基金托管人、提前终止基金合同、与其他基金合并,应当经参加大会的基金份额持有人所持表决权的三分之二以上通过。基金份额持有人大会决定的事项,应当依法报国务院证券监督管理机构备案,并予以公告。”此题中,封闭式基金到期转换为开放式基金要经过参加基金持有人大会的基金份额持有人或其代理人所持表决权的 2/3 以上通过,并报中国证监会备案,而并不是须经证监会核准。因此,A 选项、C 选项错误。

D 选项考查基金份额持有人查阅信息的权利。《证券投资基金法》第 46 条第 2 款规定:“公开募集基金的基金份额持有人有权查阅或者复制公开披露的基金信息资料;非公开募集基金的基金份额持有人对涉及自身利益的情况,有权查阅基金的财务会计账簿等财务资料。”此题中,基金为公开募集基金,故转换后其基金份额持有人也仅有权查阅或复制公开披露的基金信息资料,而并不像题中所说有权查阅或复制该基金的相关会计账簿等财务资料。因此,D 选项错误。

B 选项考查开放式基金的基金份额。《证券投资基金法》第 68 条规定:“开放式基金应当保持足够的现金或者政府债券,以备支付基金份额持有人的赎回款项。基金财产中应当保持的现金或者政府债券的具体比例,由国务院证券监督管理机构规定。”因此,B 选项正确。

［难度系数］ * *

2 ［答案］ C

［考点］ 非公开募集基金的程序与限制

［解析］ 《证券投资基金法》第 87 条第 1 款规定:“非公开募集基金应当向合格投资者募集,合格投资者累计不得超过二百人。”本题赢鑫公司开展非公开募集基金业务,投资者人数不能超过 200 人,故 A 选项错误。

《证券投资基金法》第 91 条规定:“非公开募集基金,不得向合格投资者之外的单位和个人募集资金,不得通过报刊、电台、电视台、互联网等公众传播媒体或者讲座、报告会、分析会等方式向不特定对象宣传推介。”本题赢鑫公司开展非公开募集基金业务,不得在全国性报纸上推介其业绩及拟募集的基金,故 B 选项错误。

《证券投资基金法》第 94 条第 2 款规定:“非公开募集基金财产的证券投资,包括买卖公开发行的股份有限公司股票、债券、基金份额,以及国务院证券监督管理机构规定的其他证券及其衍生品种。”本题赢鑫公司开展非公开募集基金业务,可以用其募集的基金再购买其他的基金份额来投资,

故 C 选项正确。

《证券投资基金法》第 94 条第 1 款规定："非公开募集基金募集完毕，基金管理人应当向基金行业协会备案。对募集的资金总额或者基金份额持有人的人数达到规定标准的基金，基金行业协会应当向国务院证券监督管理机构报告。"本题赢鑫公司开展非公开募集基金业务，应当向基金行业协会备案，不是向中国证监会备案，故 D 选项错误。

[难度系数] *

第十五章 保 险 法

考点一 保险合同总论

1 [答案] C

[考点] 保险合同的生效、无效和解除制度

[解析] 最高人民法院《关于适用〈中华人民共和国保险法〉若干问题的解释（三）》（以下简称《保险法解释（三）》）第 1 条第 1 款规定："当事人订立以死亡为给付保险金条件的合同，根据保险法第三十四条的规定，'被保险人同意并认可保险金额'可以采取书面形式、口头形式或者其他形式；可以在合同订立时作出，也可以在合同订立后追认。"在本题中，尽管甲投保时没有征得乙的同意，但是在后来回访时乙称对于保险合同的内容已知情且对保险金额予以认可，视为在合同订立后的追认，因此合同是有效的，所以 D 选项错误。

在合同有效的前提下，《保险法》第 42 条规定："被保险人死亡后，有下列情形之一的，保险金作为被保险人的遗产，由保险人依照《中华人民共和国继承法》的规定履行给付保险金的义务：（一）没有指定受益人，或者受益人指定不明无法确定的；（二）受益人先于被保险人死亡，没有其他受益人的；（三）受益人依法丧失受益权或者放弃受益权，没有其他受益人的。受益人与被保险人在同一事件中死亡，且不能确定死亡先后顺序的，推定受益人死亡在先。"本题中，交通事故造成了被保险人乙与受益人小甲的死亡，而且不能确定死亡先后顺序，则按照上述《保险法》的规定应当推测受益人小甲先死，保险金由被保险人乙的继承人依法继承。因此 A 选项、B 选项错误，C 选项正确。

[难度系数] * *

2 [答案] BD

[考点] 不足额财产险、保险人的代位求偿权

[解析] A 选项考查不足额财产险。不足额财产险，又称低额保险，是指保险金额低于保险价值的保险。关于不足额财产险，《保险法》第 55 条第 4 款规定："保险金额低于保险价值的，除合同另有约定外，保险人按照保险金额与保险价值的比例承担赔偿保险金的责任。"本题中，潘某对该古玩投保的是不足额财产险，即合同约定的保险金额低于保险价值，因此，潘某仅有权请求甲保险公司按照保险金额与保险价值的比例承担赔偿保险金的责任，而无权要求保险公司赔偿全部损失。因此，A 选项错误，不当选。

《保险法》第 60 条第 1 款、第 2 款规定："因第三者对保险标的的损害而造成保险事故的，保险人自向被保险人赔偿保险金之日起，在赔偿金额范围内代位行使被保险人对第三者请求赔偿的权

利。前款规定的保险事故发生后,被保险人已经从第三者取得损害赔偿的,保险人赔偿保险金时,可以相应扣减被保险人从第三者已取得的赔偿金额。”由此可知,若刘某已对潘某进行全部赔偿,则甲公司可拒绝向潘某支付保险赔偿金。因此,B 选项正确,当选。

C 选项考查保险人的代位求偿权。根据《保险法》第 60 条规定可知,甲公司对潘某赔偿保险金后,可向刘某行使保险代位求偿权,然而,根据《民法典》规定的代位权行使方式和《保险法解释(二)》第 16 条规定可知,甲公司在向刘某行使保险代位求偿权时应当以自己的名义,而不能以潘某的名义。因此,C 选项错误,不当选。

《保险法》第 60 条第 3 款规定:“保险人依照本条第一款规定行使代位请求赔偿的权利,不影响被保险人就未取得赔偿的部分向第三者请求赔偿的权利。”可知,若甲公司支付的保险金不足以弥补潘某的全部损失,则就未取得赔偿的部分,潘某对刘某仍有赔偿请求权,D 选项正确,当选。

[陷阱点拨] 很多考生混淆了足额财产险与不足额财产险的赔偿规则而误选 A 选项。从理论上讲,根据保险金额与保险价值的关系,可将财产险分为足额财产险、不足额财产险以及超额财产险,针对这三类财产险,保险法规定了不同的赔偿规则。(1)足额财产险,是指保险金额等于或者大体相当于保险价值,当保险事故发生时:若保险标的全部损失,保险人按保险金额全部赔偿;若部分损失,则保险人按实际损失额赔偿。因此,足额财产险的被保险人可以获得充分的保险保障。(2)不足额财产险,是指保险金额低于保险价值,因此,当发生保险事故时,保险人的赔偿责任仅以保险金额为限,超出保险金额以外的部分,保险人不负赔偿责任,也即保险人按照保险金额与保险价值的比例承担赔偿保险金的责任。(3)超额财产险,是指保险金额大于保险价值,由于财产保险以填补损失为目的,被保险人原则上不得通过保险赔偿额外获利,因此,我国《保险法》禁止超额保险。《保险法》第 55 条第 3 款规定:“保险金额不得超过保险价值。超过保险价值的,超过部分无效,保险人应当退还相应的保险费。”

[难度系数] * *

考点二 人身保险合同

1 **[答案]** A

[考点] 受益人和保险金继承

[解析] 首先,关于受益人的变更,《保险法》第 41 条规定:“被保险人或者投保人可以变更受益人并书面通知保险人。保险人收到变更受益人的书面通知后,应当在保险单或者其他保险凭证上批注或者附贴批单。投保人变更受益人时须经被保险人同意。”由此可知,在被保险人死亡之后,因为无法取得被保险人的同意,受益人不可能再发生变更,故 C 项错误。

其次,关于保险金的继承,《保险法》第 42 条规定:“被保险人死亡后,有下列情形之一的,保险金作为被保险人的遗产,由保险人依照《中华人民共和国继承法》的规定履行给付保险金的义务:(一)没有指定受益人,或者受益人指定不明无法确定的;(二)受益人先于被保险人死亡,没有其他受益人的;(三)受益人依法丧失受益权或者放弃受益权,没有其他受益人的。受益人与被保险人在同一事件中死亡,且不能确定死亡先后顺序的,推定受益人死亡在先。”本题中,安某的母亲曾经是唯一的受益人,但是其已经在被保险人死亡之前死亡,故保险金应作为被保险人安某的遗产,由其法定继承人继承,而不是原受益人安某母亲的法定继承人取得,故 A 项正确、D 项错误。小高只是法定继承人之一,不会获得全部保险金,所以 B 项错误。

[难度系数] *

2 ［答案］ CD

［考点］ 人身保险合同的解除

［解析］ 《保险法》第 15 条规定："除本法另有规定或者保险合同另有约定外，保险合同成立后，投保人可以解除合同，保险人不得解除合同。"第 47 条规定："投保人解除合同的，保险人应当自收到解除合同通知之日起三十日内，按照合同约定退还保险单的现金价值。"据此，投保人陈某有权解除保险合同，并且无须经被保险人李某、受益人小陈的同意，但陈某解除合同的保险公司应当按照合同约定退还保险单的现金价值，故 A 选项、B 选项错误，C 选项、D 选项正确。

［难度系数］ *

3 ［答案］ C

［考点］ 人身保险合同的解除、财产保险合同当事人的权利和义务、保险事故的处理

［解析］ 《保险法》第 36 条规定："合同约定分期支付保险费，投保人支付首期保险费后，除合同另有约定外，投保人自保险人催告之日起超过三十日未支付当期保险费，或者超过约定的期限六十日未支付当期保险费的，合同效力中止，或者由保险人按照合同约定的条件减少保险金额。被保险人在前款规定期限内发生保险事故的，保险人应当按照合同约定给付保险金，但可以扣减欠交的保险费。"同时，《保险法》第 37 条第 1 款规定："合同效力依照本法第三十六条规定中止的，经保险人与投保人协商并达成协议，在投保人补交保险费后，合同效力恢复。但是，自合同效力中止之日起满二年双方未达成协议的，保险人有权解除合同。"在 A 选项中，杨某在支付首期保险费后已超过合同约定的期限 2 年半未缴纳第二期的保险费，在双方未达成协议的情况下，保险人有权解除合同，A 项不当选。

《保险法》第 52 条第 1 款规定："在合同有效期内，保险标的的危险程度显著增加的，被保险人应当按照合同约定及时通知保险人，保险人可以按照合同约定增加保险费或者解除合同。保险人解除合同的，应当将已收取的保险费，按照合同约定扣除自保险责任开始之日起至合同解除之日止应收的部分后，退还投保人。"在选项 B 的情形下，由于周边环境改变增加的危险，视为保险标的危险增加，此情况下保险公司也享有解除权，所以 B 选项不当选。

《保险法》第 57 条规定："保险事故发生时，被保险人应当尽力采取必要的措施，防止或者减少损失。保险事故发生后，被保险人为防止或者减少保险标的的损失所支付的必要的、合理的费用，由保险人承担；保险人所承担的费用数额在保险标的损失赔偿金额以外另行计算，最高不超过保险金额的数额。"C 选项中杨某未积极施救，但是法律并未因该不施救的行为授予保险人解除合同的权利，保险人在该情况下不享有解除权，因此 C 选项当选。

《保险法》第 32 条第 1 款规定："投保人申报的被保险人年龄不真实，并且其真实年龄不符合合同约定的年龄限制的，保险人可以解除合同，并按照合同约定退还保险单的现金价值。保险人行使合同解除权，适用本法第十六条第三款、第六款的规定。"选项 D 中，杨某虚报其母亲真实年龄，并且其真实年龄不符合合同约定的年龄限制，保险公司在其发现之日起 30 日内享有解除合同的权利，因此 D 选项不当选。

［难度系数］ * *

4 ［答案］ AB

［考点］ 人身保险合同的解除

［解析］ 《保险法解释（三）》第 5 条第 2 款规定："保险人知道被保险人的体检结果，仍以投保人未就相关情况履行如实告知义务为由要求解除合同的，人民法院不予支持。"本题中，A 项假设张某投

保时,提交给保险公司的体检报告明确显示其患有乙肝,在此情况下显然可以推定保险公司已经知道该情况,但保险公司仍然承保,根据上述规定,保险公司不能解除合同,保险公司没有拒绝赔付的基础,因而不能拒绝赔付,因此 A 选项正确。

《保险法》第 16 条第 2 款、第 3 款规定:"投保人故意或者因重大过失未履行前款规定的如实告知义务,足以影响保险人决定是否同意承保或者提高保险费率的,保险人有权解除合同。前款规定的合同解除权,自保险人知道有解除事由之日起,超过三十日不行使而消灭。自合同成立之日起超过二年的,保险人不得解除合同;发生保险事故的,保险人应当承担赔偿或者给付保险金的责任。"根据 B 项,如果甲保险公司在发现张某隐瞒事实一个月后没有行使解除权,30 日期间一过,甲保险公司便无权解除保险合同,因此 B 选项也正确。

《保险法解释(二)》第 8 条规定,保险人未行使合同解除权,直接以存在《保险法》第 16 条第 4 款、第 5 款规定的故意或重大过失未履行如实告知义务的情形为由拒绝赔偿的,人民法院不予支持。但当事人就拒绝赔偿事宜及保险合同存续另行达成一致的情况除外。因此,在 C 选项的情况下,甲公司如若不解除合同就没有拒绝赔偿的基础,不能直接拒绝赔付,并且题干并未说明双方就拒绝赔偿的事宜达成一致,所以 C 选项错误。

《保险法》第 16 条第 4 款、第 5 款规定:"投保人故意不履行如实告知义务的,保险人对于合同解除前发生的保险事故,不承担赔偿或者给付保险金的责任,并不退还保险费。投保人因重大过失未履行如实告知义务,对保险事故的发生有严重影响的,保险人对于合同解除前发生的事故,不承担赔偿或者给付保险金的责任,但应当退还保险费。"本题中,张某在向保险公司投保时隐瞒自己患有乙肝的事实是出于故意,因此根据上述规定,保险人不仅有权解除保险合同和不承担赔偿责任,而且还可以不退还保险费,因此 D 选项错误。

综上所述,本题答案为 AB。

[难度系数] * *

5 **[答案]** BD

[考点] 人身保险合同

[解析] A 选项考查人身保险合同无效的问题。《保险法》第 31 条规定:"投保人对下列人员具有保险利益:(一)本人;(二)配偶、子女、父母;(三)前项以外与投保人有抚养、赡养或者扶养关系的家庭其他成员、近亲属;(四)与投保人有劳动关系的劳动者。除前款规定外,被保险人同意投保人为其订立合同的,视为投保人对被保险人具有保险利益。订立合同时,投保人对被保险人不具有保险利益的,合同无效。"本题中,李某作为投保人为自己投保,投保人对被保险人具有保险利益,因此保险合同有效。故 A 选项错误。

B、C、D 选项考查以死亡为给付保险金条件的保险合同,被保险人被宣告死亡的情形。《保险法解释(三)》第 24 条规定:"投保人为被保险人订立以死亡为给付保险金条件的保险合同,被保险人被宣告死亡后,当事人要求保险人按照保险合同约定给付保险金的,人民法院应予支持。被保险人被宣告死亡之日在保险责任期间之外,但有证据证明下落不明之日在保险责任期间之内,当事人要求保险人按照保险合同约定给付保险金的,人民法院应予支持。"对于 B 选项,被保险人被宣告死亡,当事人有权要求保险人给付保险金。因此,王某有权主张保险金。故 B 选项正确。对于 C 选项、D 选项,如果李某确实是在 2009 年 9 月 1 日下落不明,其下落不明之日在保险责任期间内,因此保险公司应承担保险责任。故 C 选项错误,D 选项正确。

[难度系数] * *

6 ［答案］ B

［考点］ 人身保险合同

［解析］ 本题考查以死亡为给付保险金条件的人身保险合同问题。

《保险法》第 44 条第 1 款规定:“以被保险人死亡为给付保险金条件的合同,自合同成立或者合同效力恢复之日起二年内,被保险人自杀的,保险人不承担给付保险金的责任,但被保险人自杀时为无民事行为能力人的除外。”注意法条规定的是“二年内”。据此,若合同成立 2 年之后,而不是法条规定的 2 年内,王某自杀,保险公司需要承担给付保险金的责任,故 A 选项错误。

《民法典》第 161 条规定:“民事主体可以通过代理人实施民事法律行为。依照法律规定、当事人约定或者民事法律行为的性质,应当由本人亲自实施的民事法律行为,不得代理。”因此,王某可让杨某代其在被保险人同意处签字。《保险法》第 34 条第 1 款规定:“以死亡为给付保险金条件的合同,未经被保险人同意并认可保险金额的,合同无效。”被保险人王某本人同意并认可保险金额,王某让杨某代签,不影响合同效力,故 B 选项正确。

《保险法》第 34 条第 2 款规定:“按照以死亡为给付保险金条件的合同所签发的保险单,未经被保险人书面同意,不得转让或者质押。”杨某为其妻子王某购买了以死亡为给付条件的保险,要将该保险单质押必须经过王某的书面同意,C 选项经王某口头同意,而不是书面同意,杨某即可将该保险单质押,错误。

《保险法》第 33 条规定:“投保人不得为无民事行为能力人投保以死亡为给付保险金条件的人身保险,保险人也不得承保。父母为其未成年子女投保的人身保险,不受前款规定限制。但是,因被保险人死亡给付的保险金总和不得超过国务院保险监督管理机构规定的限额。”如果王某是无民事行为能力人,杨某作为其丈夫不能为其投保以死亡为给付保险金条件的人身保险,故 D 选项错误。

［难度系数］ * *

考点三 财产保险合同

1 ［答案］ B

［考点］ 财产保险合同、财产保险标的的转让

［解析］ 《保险法》第 49 条规定:“保险标的转让的,保险标的的受让人承继被保险人的权利和义务。保险标的转让的,被保险人或者受让人应当及时通知保险人,但货物运输保险合同和另有约定的合同除外。因保险标的转让导致危险程度显著增加的,保险人自收到前款规定的通知之日起三十日内,可以按照合同约定增加保险费或者解除合同。保险人解除合同的,应当将已收取的保险费,按照合同约定扣除自保险责任开始之日起至合同解除之日止应收的部分后,退还投保人。被保险人、受让人未履行本条第二款规定的通知义务的,因转让导致保险标的危险程度显著增加而发生的保险事故,保险人不承担赔偿保险金的责任。”本题中,甲将车转让给乙,车的用途由“城际间运输”变为“上下班接送员工”,危险程度并未显著变化,保费不应增加或降低,A 项错误。

保险标的转让也不需要经保险公司同意,只需要通知保险公司,C 项错误。保险标的转让的,受让人应当继承保险合同,但赋予保险公司特定条件的解除权。

甲将车辆转让给乙公司,若危险显著提高,乙公司可与保险公司商议增加保费或解除合同,而非降低保费,故 A 选项错误。

根据前述规定,保险公司拒赔的要件为:(1)被保险人、受让人未履行通知义务;(2)该转让导致保险标的的危险程度显著提升。本题中,甲将车辆转让给乙公司,未向保险公司履行通知义务,但是保险标的危险程度并未显著增加,故D选项错误。

《保险法》第12条第2款规定:“财产保险的被保险人在保险事故发生时,对保险标的应当具有保险利益。”第48条规定:“保险事故发生时,被保险人对保险标的不具有保险利益的,不得向保险人请求赔偿保险金。”因车辆转让给乙,甲对车辆无保险利益,无权索赔,而乙自动承继被保险人的权利和义务,乙有权索赔,B选项正确。

综上所述,应当选B选项。

[难度系数] ＊＊＊

2 **[答案]** B

[考点] 责任保险的概念

[解析] 本题考查责任保险的概念。《保险法》第65条第4款规定:“责任保险是指以被保险人对第三者依法应负的赔偿责任为保险标的的保险。”机动车第三者责任强制保险及交强险,是责任保险的一种,只不过它属于强制保险。这里的“第三者”,不包括被保险人和车上人员,因此,司机的人身伤亡、乘客的人身伤亡,均不属于交强险的赔偿范围,A、C项错误。乘客的财产损失也不属于交强险赔偿范围,更何况,乘客的100万元未签合同的损失,即使按照侵权法的标准,也不属于承运人赔偿范围,所以D项错误。

如果我们去查阅《机动车交通事故责任强制保险条例》,则可以得出更清晰的判断。该条例第3条规定:“本条例所称机动车交通事故责任强制保险,是指由保险公司对被保险机动车发生道路交通事故造成本车人员、被保险人以外的受害人的人身伤亡、财产损失,在责任限额内予以赔偿的强制性责任保险。”由此可知,本车人员、被保险人的人身伤亡、财产损失,都不是交强险赔偿范围。当然,该条例并不在考试大纲范围之内,所以本题有超纲之嫌。但是只要考生准确理解责任保险的概念,也可以答对本题。

[难度系数] ＊＊

3 **[答案]** C

[考点] 财产保险合同

[解析] A选项考查合同效力问题,B、C、D选项考查保险标的危险程度显著增加后,合同当事人的权利义务分配。《保险法》第52条规定:“在合同有效期内,保险标的的危险程度显著增加的,被保险人应当按照合同约定及时通知保险人,保险人可以按照合同约定增加保险费或者解除合同。保险人解除合同的,应当将已收取的保险费,按照合同约定扣除自保险责任开始之日起至合同解除之日止应收的部分后,退还投保人。被保险人未履行前款规定的通知义务的,因保险标的的危险程度显著增加而发生的保险事故,保险人不承担赔偿保险金的责任。”本题中,姜某与保险公司所签订的保险合同并未出现法律规定的合同无效的情形,保险合同有效。但姜某将自己的私家车作为职业网约车进行经营,致使保险标的的危险程度显著增加,且未及时通知保险公司。故保险公司对姜某发生的保险事故不承担赔偿保险金的责任。因此,A、B、D选项错误,C选项正确。

[难度系数] ＊

第十六章 海 商 法

［答案］ A

［考点］ 船舶所有权

［解析］ A 选项、B 选项考查船舶所有权的取得。我国《民法典》第 224 条、第 225 条规定，动产物权的设立和转让以交付作为生效要件。船舶、航空器和机动车等物权的设立、变更、转让和消灭，未经登记，不得对抗善意第三人。即对于某些特殊的动产如船舶、航空器和机动车，其物权变动以交付为生效要件，登记为对抗要件。《海商法》第 9 条第 1 款规定："船舶所有权的取得、转让和消灭，应当向船舶登记机关登记；未经登记的，不得对抗第三人。"可见，登记并非船舶所有权变动的生效要件，而是对抗要件。因此，船舶买卖时，船舶所有权自船舶交付给买受人时移转，A 选项正确。船舶建造完成后即通过原始取得方式取得了船舶所有权，不需要办理登记，B 选项错误。

C 选项考查船舶共有。船舶共有是船舶所有权的一种特殊形式，是指两个以上的个人或者法人共同拥有船舶所有权。《海商法》第 10 条规定："船舶由两个以上的法人或者个人共有的，应当向船舶登记机关登记；未经登记的，不得对抗第三人。"由此可知，船舶可以成为共同共有的客体，故 C 选项错误。

D 选项考查船舶继承。《民法典》第 1122 条第 1 款规定："遗产是自然人死亡时遗留的个人合法财产。"由此可知，只要是公民的合法财产均可以作为遗产被自然人继承。本题中，船舶所有权作为一项财产权利，可以由自然人继承，故 D 选项错误。

［难度系数］ *

第十七章 外商投资法

［答案］ A

［考点］ 外商投资法

［解析］ 《外商投资法》第 28 条规定："外商投资准入负面清单规定禁止投资的领域，外国投资者不得投资。外商投资准入负面清单规定限制投资的领域，外国投资者进行投资应当符合负面清单规定的条件。外商投资准入负面清单以外的领域，按照内外资一致的原则实施管理。"最高人民法院《关于适用〈中华人民共和国外商投资法〉若干问题的解释》第 2 条第 1 款规定："对外商投资法第四条所指的外商投资准入负面清单之外的领域形成的投资合同，当事人以合同未经有关行政主管部门批准、登记为由主张合同无效或者未生效的，人民法院不予支持。"由于某外商在外商投资准入负面清单外，根据"内外资一致"的原则，该投资合同不需要经过相关部门批准，故 A 选项正确。

最高人民法院《关于适用〈中华人民共和国外商投资法〉若干问题的解释》第 2 条第 2 款规定："前款规定的投资合同签订于外商投资法施行前，但人民法院在外商投资法施行时尚未作出生效裁判的，适用前款规定认定合同的效力。"由于本题所涉纠纷虽然已诉诸法院，但是在《外商投资法》施行时尚未作出生效裁判，故仍按照前述负面清单制度管理，因此 B 选项错误。

根据《外商投资法》第 4 条第 2 款规定，“国家对负面清单之外的外商投资，给予国民待遇”，并非题干所述最惠国待遇，国民待遇根据该条规定，“指在投资准入阶段给予外国投资者及其投资不低于本国投资者及其投资的待遇”，故 C 选项错误。

《外商投资法》第 29 条规定：“外商投资需要办理投资项目核准、备案的，按照国家有关规定执行。”第 30 条第 1 款规定：“外国投资者在依法需要取得许可的行业、领域进行投资的，应当依法办理相关许可手续。”尽管负面清单外的领域按照“内外资一致”的原则，但并不意味着不需要审批，如果涉及依据法律法规需要获得许可、审批的，应当依法办理相关手续，故 D 选项错误。

[**难度系数**] * * *

第十八章　信　托　法

1 [**答案**] A

[**考点**] 信托财产的独立性和信托的终止

[**解析**] 信托财产的独立性，是指信托财产独立于委托人、受托人和受益人。其中，信托财产独立于受托人，《信托法》第 16 条规定：“信托财产与属于受托人所有的财产（以下简称固有财产）相区别，不得归入受托人的固有财产或者成为固有财产的一部分。受托人死亡或者依法解散、被依法撤销、被宣告破产而终止，信托财产不属于其遗产或者清算财产。”由此可知，B、C、D 三个选项均错误。

关于信托的终止，《信托法》第 52 条规定：“信托不因委托人或者受托人的死亡、丧失民事行为能力、依法解散、被依法撤销或者被宣告破产而终止，也不因受托人的辞任而终止。但本法或者信托文件另有规定的除外。”据此，在受托人破产的情况下，信托并不因此终止，而是重新选定受托人并继续存续，委托人的信托受益权也不受影响，所以 A 项正确。

[**难度系数**] * *

2 [**答案**] AC

[**考点**] 信托合同的效力，信托义务，受托人的报酬

[**解析**] 本题属于实践中常见的“被动管理型信托”，即委托人设立资金信托或财产权信托，信托公司仅作为通道，有权利对信托项目的合法合规性进行独立的尽职调查，信托资金或信托资产的管理、运用和处分均由委托人决定，风险管理责任和因管理不当导致的风险损失全部由委托人承担的行为。司法实践承认这种信托的效力，且受托人应承担一定的信托义务，故 A 项正确，D 项错误。

当然，如果信托存在法定无效情形则另当别论。对此，《信托法》第 11 条规定：“有下列情形之一的，信托无效：（一）信托目的违反法律、行政法规或者损害社会公共利益；（二）信托财产不能确定；（三）委托人以非法财产或者本法规定不得设立信托的财产设立信托；（四）专以诉讼或者讨债为目的设立信托；（五）受益人或者受益人范围不能确定；（六）法律、行政法规规定的其他情形。”本案不属于前述情形。关于受托人的报酬，《信托法》第 35 条规定：“受托人有权依照信托文件的约定取得报酬。信托文件未作事先约定的，经信托当事人协商同意，可以作出补充约定；未作事先约定和补充约定的，不得收取报酬。约定的报酬经信托当事人协商同意，可以增减其数额。”在本案中，双方未约定报酬，不影响信托合同的效力，所以 C 项正确；若委托人和受托人不能通过协商达成补充约定，则受托人无权请求支付报酬，所以 B 项错误。

[**难度系数**] * *

经　济　法

第一章　反垄断法

考点一　垄断协议

1 [答案]　BC

[考点]　垄断协议

[解析]　《反垄断法》第17条规定:“禁止具有竞争关系的经营者达成下列垄断协议:(一)固定或者变更商品价格……”以及《反垄断法》第56条第1～3款规定:“经营者违反本法规定,达成并实施垄断协议的,由反垄断执法机构责令停止违法行为,没收违法所得,并处上一年度销售额百分之一以上百分之十以下的罚款,上一年度没有销售额的,处五百万元以下的罚款;尚未实施所达成的垄断协议的,可以处三百万元以下的罚款。经营者的法定代表人、主要负责人和直接责任人员对达成垄断协议负有个人责任的,可以处一百万元以下的罚款。经营者组织其他经营者达成垄断协议或者为其他经营者达成垄断协议提供实质性帮助的,适用前款规定。经营者主动向反垄断执法机构报告达成垄断协议的有关情况并提供重要证据的,反垄断执法机构可以酌情减轻或者免除对该经营者的处罚。”鉴于a公司与b公司的垄断协议尚未实施,反垄断执法机构故可对a公司、b公司处以300万元以下罚款,A选项错误。若b公司主动报告其与a公司达成垄断协议的情况,根据前述条款反垄断执法机构可以酌情减轻或者免除对b公司的处罚,C选项正确。D选项中,降低固定的价格不排除其构成垄断协议,不能免除处罚,D选项错误。

《反垄断法》第24条规定:“有下列情形之一的,可以推定经营者具有市场支配地位:(一)一个经营者在相关市场的市场份额达到二分之一的;(二)两个经营者在相关市场的市场份额合计达到三分之二的;(三)三个经营者在相关市场的市场份额合计达到四分之三的。有前款第二项、第三项规定的情形,其中有的经营者市场份额不足十分之一的,不应当推定该经营者具有市场支配地位。被推定具有市场支配地位的经营者,有证据证明不具有市场支配地位的,不应当认定其具有市场支配地位。”a公司与b公司在相关市场份额合计达90%,超过2/3,可推定二者具有市场支配地位,故B选项正确。

综上,应当选B、C选项。

[难度系数]　*

2 [答案]　C

[考点]　纵向垄断协议

[解析]　《反垄断法》第18条规定:“禁止经营者与交易相对人达成下列垄断协议:(一)固定向第三人转售商品的价格;(二)限定向第三人转售商品的最低价格;(三)国务院反垄断执法机构认定的其他垄断协议。”纵向垄断协议是指在同一产业中处于不同经济阶段且有买卖关系的企业所签订的旨在排除和限制和其他竞争者的经营活动的协议,在《反垄断法》前述禁止性规定中主要是针对禁止价格上的垄断。根据题干所述,飞快汽车生产公司为经营者,好迪4S店为其交易相对人,

双方即属于同一产业中不同经济阶段且存在买卖关系的企业，其行为应当符合《反垄断法》纵向垄断协议的有关规定。

根据题干信息，A 选项飞快汽车禁止好迪 4S 店销售其他汽车公司生产的汽车，不属于纵向垄断协议的价格垄断条件，纵向垄断协议禁止的是要求交易相对方对产品价格的限定或固定，而非禁售产品；但是若飞快汽车具有市场支配者地位，则可能构成滥用市场支配者地位，故 A 选项不构成垄断协议。

B 选项、D 选项就提供汽车保养服务固定或限定最高价格，飞快汽车生产公司的主要产品为汽车而非汽车服务，其与好迪 4S 店之间的交易标的物也是汽车，商品或服务不同一，不满足上述规定中"转售商品"这一条件，故不构成垄断协议。

C 选项，飞快汽车要求好迪 4S 店转售其轮胎限定最低价格，符合上述规定第 2 项纵向垄断协议类型的构成要件，故 C 选项构成垄断协议。

［难度系数］ * *

考点二 滥用市场支配地位

［答案］ A

［考点］ 滥用市场支配地位

［解析］ 市场支配地位，是指经营者在相关市场内具有能够控制商品价格、数量或者其他交易条件，或者能够阻碍、影响其他经营者进入相关市场的市场地位。本题涉及市场支配地位的认定与滥用市场支配地位的垄断行为。

《反垄断法》第 23 条规定："认定经营者具有市场支配地位，应当依据下列因素：（一）该经营者在相关市场的市场份额，以及相关市场的竞争状况；（二）该经营者控制销售市场或者原材料采购市场的能力；（三）该经营者的财力和技术条件；（四）其他经营者对该经营者在交易上的依赖程度；（五）其他经营者进入相关市场的难易程度；（六）与认定该经营者市场支配地位有关的其他因素。"《反垄断法》第 24 条列出了推定经营者具有市场支配地位的条件，反垄断机构在认定经营者的市场支配地位时，要依据其在相关市场的市场份额，自然也要界定其所涉及的相关市场。认定经营者是否具有市场支配地位应当首先认定相关市场的范围，所以 A 选项正确。认定市场支配地位需要依据多种因素，仅凭该公司在当地独家经营无法认定其具有市场支配地位，B 选项的认定太过单一，故 B 选项错误。

《反垄断法》第 22 条规定："禁止具有市场支配地位的经营者从事下列滥用市场支配地位的行为：……（五）没有正当理由搭售商品，或者在交易时附加其他不合理的交易条件……"上游气源企业向该公司收取"预付气费款"和县政府"一个地域只能有一家燃气供应企业"的规定与本案没有关联性，该公司与上游气源企业购气交易的相关问题及县政府的规定不能作为其与用户供气交易的条件。该公司无正当理由强行要求工商业户缴纳"预付气费款"的行为，损害了用户的合法权益和社会公共利益，破坏了公平竞争的市场交易规则，属于《反垄断法》第 22 条第 1 款第 5 项情形，构成了无正当理由在交易时附加不合理交易条件的滥用市场支配地位行为，故 C 选项、D 选项错误。

［难度系数］ *

考点三 经营者集中

［答案］ ABD

［考点］ 经营者集中

[解析]　《反垄断法》第26条第1款规定:“经营者集中达到国务院规定的申报标准的,经营者应当事先向国务院反垄断执法机构申报,未申报的不得实施集中。”故A选项正确。

《反垄断法》第34条规定:“经营者集中具有或者可能具有排除、限制竞争效果的,国务院反垄断执法机构应当作出禁止经营者集中的决定。但是,经营者能够证明该集中对竞争产生的有利影响明显大于不利影响,或者符合社会公共利益的,国务院反垄断执法机构可以作出对经营者集中不予禁止的决定。”《反垄断法》第35条规定:“对不予禁止的经营者集中,国务院反垄断执法机构可以决定附加减少集中对竞争产生不利影响的限制性条件。”故B选项正确。

《反垄断法》第58条规定:“经营者违反本法规定实施集中,且具有或者可能具有排除、限制竞争效果的,由国务院反垄断执法机构责令停止实施集中、限期处分股份或者资产、限期转让营业以及采取其他必要措施恢复到集中前的状态,处上一年度销售额百分之十以下的罚款;不具有排除、限制竞争效果的,处五百万元以下的罚款。”A公司吸收合并B公司达到申报经营者集中标准却未在实施前进行申报,反垄断执法机构可以处上一年度销售额百分之十以下的罚款,故C选项错误。

a公司违反《反垄断法》规定实施集中,国务院反垄断执法机构有权责令a公司停止实施集中以及采取其他必要措施恢复到集中前状态,解除独家版权协议属于恢复集中前状态的措施之一,故D选项正确。

综上所述,应当选A、B、D选项。

[难度系数]　* *

考点四　滥用行政权力排除、限制竞争

[答案]　D

[考点]　滥用行政权力排除、限制竞争

[解析]　《反垄断法》第56条第4款规定:“行业协会违反本法规定,组织本行业的经营者达成垄断协议的,由反垄断执法机构责令改正,可以处三百万元以下的罚款;情节严重的,社会团体登记管理机关可以依法撤销登记。”首先,有权取消该协会社团资格的主体不是反垄断执法机构,而是社会团体的登记管理机关。其次,印章协会并非主动与经营者达成垄断协议,而是在公安机关的压力下采取行为,因此A选项错误。

《反垄断法》第39条规定:“行政机关和法律、法规授权的具有管理公共事务职能的组织不得滥用行政权力,限定或者变相限定单位或者个人经营、购买、使用其指定的经营者提供的商品。”对应的处罚措施则在《反垄断法》第61条第1款规定:行政机关和法律、法规授权的具有管理公共事务职能的组织滥用行政权力,实施排除、限制竞争行为的,由上级机关责令改正;对直接负责的主管人员和其他直接责任人员依法给予处分。反垄断执法机构可以向有关上级机关提出依法处理的建议。本题中,某市公安局出台文件,统一指定防伪印章开发系统的行为属于行政机关滥用行政权力,限定单位或者个人购买、使用其指定的经营者提供的软件系统,排除限制了竞争。但是根据上述规定,反垄断执法机构不可以直接对其作出处罚,不得直接责令公安局改正或者直接对该市公安局罚款,而应当是向有关上级机关,即市人民政府提出依法处理的建议,因此B、C两项错误,D选项正确。

[难度系数]　* *

第二章　反不正当竞争法

1 ［答案］ D

［考点］ 混淆行为、诋毁商誉行为

［解析］ 本题考查不正当竞争行为的识别和认定。案情中交代了几个情节：第一，甲公司和乙公司之间存在竞争关系；第二，视频中的男子是甲公司员工，在没有相反证据的情况下，男子的行为视为甲公司的行为；第三，视频中的信息是虚假的。在此前提之下，须具体分析甲公司的行为是否构成不正当竞争以及何种不正当竞争。A、B、C 项均指向混淆行为，根据《反不正当竞争法》第 6 条的相关规定，混淆行为的核心要件是攀附性使用他人的商业标识，并造成误认结果，具体包括：(1)擅自使用与他人有一定影响的商品名称、包装、装潢等相同或者近似的标识；(2)擅自使用他人有一定影响的企业名称(包括简称、字号等)、社会组织名称(包括简称等)、姓名(包括笔名、艺名、译名等)；(3)擅自使用他人有一定影响的域名主体部分、网站名称、网页等；(4)其他足以引人误认为是他人商品或者与他人存在特定联系的混淆行为。但是，甲公司的动机和目的，显然在“贬低”乙公司的产品，而不是攀附乙公司的产品，所以不可能构成混淆行为，也就不需要判断是否构成混淆、小熊标志是否有影响力、是否属于商业装潢。

实际上，甲公司的行为，可能构成诋毁商誉，即《反不正当竞争法》第 11 条规定的“经营者不得编造、传播虚假信息或者误导性信息，损害竞争对手的商业信誉、商品声誉”。这一行为的要件包括：(1)双方存在竞争关系；(2)故意编造、传播虚假或误导性信息；(3)损害竞争对手的商业信誉、商品声誉。案情已经交代了前两个要件，因此，还需要判断是否对乙公司的商业信誉、商品声誉造成负面影响。如果是，那就会构成诋毁商誉行为，所以 D 项正确。

［难度系数］ * *

2 ［答案］ A

［考点］ 混淆行为

［解析］ 所谓混淆行为，是指攀附性使用他人除注册商标之外的商业标识或与之近似的标识，造成误认的行为。《反不正当竞争法》第 6 条作了列举加兜底的规定：“经营者不得实施下列混淆行为，引人误认为是他人商品或者与他人存在特定联系：(一)擅自使用与他人有一定影响的商品名称、包装、装潢等相同或者近似的标识；(二)擅自使用他人有一定影响的企业名称(包括简称、字号等)、社会组织名称(包括简称等)、姓名(包括笔名、艺名、译名等)；(三)擅自使用他人有一定影响的域名主体部分、网站名称、网页等；(四)其他足以引人误认为是他人商品或者与他人存在特定联系的混淆行为。”对于其中的第 2 项、第 3 项，最高人民法院《关于适用〈中华人民共和国反不正当竞争法〉若干问题的解释》第 11 条又作了进一步规定：“经营者擅自使用与他人有一定影响的企业名称(包括简称、字号等)、社会组织名称(包括简称等)、姓名(包括笔名、艺名、译名等)、域名主体部分、网站名称、网页等近似的标识，引人误认为是他人商品或者与他人存在特定联系，当事人主张属于反不正当竞争法第六条第二项、第三项规定的情形的，人民法院应予支持。”本题中，金硕巅峰是有一定影响的企业名称中的字号，从金硕巅峰公司的广告来看，“金硕”二字是其字号中最有显著性的核心部分。飞跃公司作为同行业的经营者，使用“金硕”二字作为其产品名称的核心组成部分，容易引人误认为是金硕巅峰公司的产品或与金硕巅峰公司存在特定联系，构成混淆行为，故

A 项正确,C、D 项错误。

所谓虚假宣传行为,是指经营者对其商品的性能、功能、质量、销售状况、用户评价、曾获荣誉等作虚假或者引人误解的商业宣传,欺骗、误导消费者。本题中,飞跃公司使用"金硕"二字,并不构成虚假宣传,所以 B 项错误。

[难度系数]　* *

3 [答案]　A

[考点]　混淆行为

[解析]　本题为 2018 年题目,考查了 2017 年对《反不正当竞争法》修订的内容,契合了法考关注热点、关注新修法律的趋势。同时考生应当注意对各个反不正当竞争行为的具体区分和辨别。

《反不正当竞争法》第 12 条规定:"经营者利用网络从事生产经营活动,应当遵守本法的各项规定。经营者不得利用技术手段,通过影响用户选择或者其他方式,实施下列妨碍、破坏其他经营者合法提供的网络产品或者服务正常运行的行为:(一)未经其他经营者同意,在其合法提供的网络产品或者服务中,插入链接、强制进行目标跳转;(二)误导、欺骗、强迫用户修改、关闭、卸载其他经营者合法提供的网络产品或者服务;(三)恶意对其他经营者合法提供的网络产品或者服务实施不兼容;(四)其他妨碍、破坏其他经营者合法提供的网络产品或者服务正常运行的行为。"本题题干中表明,甲公司未经乙网运营方同意,在乙网主页页面右上角设置弹窗,其实质是在乙网中插入链接,强制植入广告,符合上述规定的不正当竞争行为,因此 A 选项正确。

网络避风港原则,是指在发生著作权侵权案件时,当网络服务提供商只提供空间服务,并不制作网页内容,如果网络服务提供商被告知侵权,则有删除的义务,否则就被视为侵权。如果侵权内容既不在网络服务提供商的服务器上存储,又没有被告知哪些内容应该删除,则网络服务提供商不承担侵权责任。后来网络避风港原则也被应用在搜索引擎、网络存储、在线图书馆等方面,更多是侧重运营商和网络服务提供商之间的关系,本题反映的是运营商和运营商之间的关系,故不适用该原则,B 选项错误。

《反不正当竞争法》第 11 条规定:"经营者不得编造、传播虚假信息或者误导性信息,损害竞争对手的商业信誉、商品声誉。"本题中,甲公司设置弹窗、插入链接、劫持数据的行为并未涉及对乙网信誉等的诋毁行为,不涉及商业诋毁,因此 C 项错误。考生应当注意,商业诋毁的构成要件包括:(1)行为人是具有竞争关系的经营者;(2)行为手段是捏造散布虚假事实;(3)行为人具有主观故意。

《反不正当竞争法》第 8 条规定:"经营者不得对其商品的性能、功能、质量、销售状况、用户评价、曾获荣誉等作虚假或者引人误解的商业宣传,欺骗、误导消费者。经营者不得通过组织虚假交易等方式,帮助其他经营者进行虚假或者引人误解的商业宣传。"题干中,甲公司的行为并没有表现虚假宣传的意图和内容。因此,D 选项错误。

[难度系数]　*

4 [答案]　C

[考点]　混淆行为、虚假宣传行为、商业贿赂行为

[解析]　不正当竞争行为中的混淆行为主要有三种表现形式:(1)商品名称、包装、装潢的混淆;(2)企业名称、社会组织名称、姓名的混淆;(3)域名、网名、网页的混淆。根据《反不正当竞争法》第 6 条,本题中的蛋糕店并未出现擅自使用与他人有一定影响的标识及名称、域名等使人误认或与他人存在特定联系的情形,故不构成混淆行为。因此,B 选项错误。

不正当竞争行为中的虚假宣传行为主要通过两种形式来实现不正当宣传:(1)经营者对商品的

性能、功能、质量、销售状况、用户评价、曾获荣誉等进行虚假宣传;(2)经营者通过组织虚假交易进行虚假宣传。根据《反不正当竞争法》第8条,本题中的蛋糕店采用雇用他人冒充顾客进行虚假交易,这是一种欺骗性诱导,假造了一种火爆的购买气氛,利用人们的从众心理,从而实现了宣传商品的目的。这种方式属于经营者利用虚假交易进行不正当宣传中的一种类型。因此,C选项正确,A选项错误。

商业贿赂,是指经营者采用财物或者其他手段贿赂单位或者个人,以谋取交易机会或者竞争优势的不正当竞争行为。《反不正当竞争法》第7条规定:"经营者不得采用财物或者其他手段贿赂下列单位或者个人,以谋取交易机会或者竞争优势:(一)交易相对方的工作人员;(二)受交易相对方委托办理相关事务的单位或者个人;(三)利用职权或者影响力影响交易的单位或者个人。经营者在交易活动中,可以以明示方式向交易相对方支付折扣,或者向中间人支付佣金。经营者向交易相对方支付折扣、向中间人支付佣金的,应当如实入账。接受折扣、佣金的经营者也应当如实入账。经营者的工作人员进行贿赂的,应当认定为经营者的行为;但是,经营者有证据证明该工作人员的行为与为经营者谋取交易机会或者竞争优势无关的除外。"本题并未表明蛋糕店采用财物或者其他手段贿赂第三人以谋取交易机会或竞争优势,故不构成商业贿赂行为。因此,D选项错误。

[**难度系数**] * *

5 [**答案**] ABC

[**考点**] 商标侵权与不正当竞争行为的竞合

[**解析**] A选项考查商标侵权行为。《商标法》第57条规定:"有下列行为之一的,均属侵犯注册商标专用权:……(七)给他人的注册商标专用权造成其他损害的。"根据最高人民法院《关于审理商标民事纠纷案件适用法律若干问题的解释》第1条规定可知,将与他人注册商标相同或者相近似的文字作为企业的字号在相同或者类似商品上突出使用,容易使相关公众产生误认的,属于《商标法》第57条第7项规定的给他人注册商标专用权造成其他损害的行为。本题中,乙公司特意将甲公司的注册商标"飞鸿"登记为企业字号,并在相同的商品上突出使用,足以使相关公众产生误认,因此,乙公司侵犯了甲公司的注册商标专用权,A选项正确,当选。

B选项考查不正当竞争。《商标法》第58条规定:"将他人注册商标、未注册的驰名商标作为企业名称中的字号使用,误导公众,构成不正当竞争行为的,依照《中华人民共和国反不正当竞争法》处理。"本案中,乙公司特意将甲公司的注册商标"飞鸿"登记为企业字号,并在相同的商品上突出使用,说明其有意攀附甲公司在先注册的商标在消费者心目中的影响力和商业信誉,使消费者产生混淆,误以为乙公司与甲公司之间具有某种联系。因此,乙公司的行为不仅损害了消费者利益,也损害了竞争对手甲公司的合法权益,破坏了市场竞争秩序,构成不正当竞争行为。因此,B选项正确,当选。

关于C选项,《反不正当竞争法》第17条规定:"经营者违反本法规定,给他人造成损害的,应当依法承担民事责任。经营者的合法权益受到不正当竞争行为损害的,可以向人民法院提起诉讼。因不正当竞争行为受到损害的经营者的赔偿数额,按照其因被侵权所受到的实际损失确定;实际损失难以计算的,按照侵权人因侵权所获得的利益确定……赔偿数额还应当包括经营者为制止侵权行为所支付的合理开支。经营者违反本法第六条、第九条规定,权利人因被侵权所受到的实际损失、侵权人因侵权所获得的利益难以确定的,由人民法院根据侵权行为的情节判决给予权利人五百万元以下的赔偿。"由此可知,C选项关于甲公司因调查乙公司不正当竞争行为所支付的合理费用应为制止侵权行为所支付的合理开支,应由乙公司赔偿的说法正确,当选。

关于D选项,通过前述分析可知,乙公司的行为不仅侵犯了甲的注册商标专用权,也构成了不正当竞争,甲公司有权要求乙公司立即停止侵权行为,变更企业名称。此外,《企业名称登记管理规定》第 21 条第 1 款规定:"企业认为其他企业名称侵犯本企业名称合法权益的,可以向人民法院起诉或者请求为涉嫌侵权企业办理登记的企业登记机关处理。"《企业名称登记管理规定》第 23 条规定:"使用企业名称应当遵守法律法规,诚实守信,不得损害他人合法权益。人民法院或者企业登记机关依法认定企业名称应当停止使用的,企业应当自收到人民法院生效的法律文书或者企业登记机关的处理决定之日起 30 日内办理企业名称变更登记……"由此可知,甲公司有权要求企业登记主管机关纠正乙公司不适宜的企业名称。因此,D 选项错误。

[难度系数] * *

第三章　消费者权益保护法

考点一　消费者权利

1 [答案] AB

[考点] 消费者知情权、经营者义务、经营者法律责任、惩罚性损害赔偿

[解析] A 选项考查消费者的知情权。《消费者权益保护法》第 8 条规定:"消费者享有知悉其购买、使用的商品或者接受的服务的真实情况的权利。消费者有权根据商品或者服务的不同情况,要求经营者提供商品的价格、产地、生产者、用途、性能、规格、等级、主要成分、生产日期、有效期限、检验合格证明、使用方法说明书、售后服务,或者服务的内容、规格、费用等有关情况。"乙公司未告知甲"话费有效期满暂停服务"的规定,侵犯了甲的知情权,所以 A 选项正确。

B 选项考查经营者的义务。《消费者权益保护法》第 26 条第 1 款规定:"经营者在经营活动中使用格式条款的,应当以显著方式提请消费者注意商品或者服务的数量和质量、价款或者费用、履行期限和方式、安全注意事项和风险警示、售后服务、民事责任等与消费者有重大利害关系的内容,并按照消费者的要求予以说明。"所以,乙公司应当按照法律规定提供格式条款时以显著方式提请消费者注意暂停服务的情形,故 B 选项正确。

C 选项考查财产损害的法律责任承担。《消费者权益保护法》第 53 条规定:"经营者以预收款方式提供商品或者服务的,应当按照约定提供。未按照约定提供的,应当按照消费者的要求履行约定或者退回预付款;并应当承担预付款的利息、消费者必须支付的合理费用。"经营者乙公司按照约定向甲提供了服务,只是没有以显著方式提请甲注意格式条款的内容,消费者无权请求返还全部预付款,故 C 选项错误。

D 选项考查惩罚性损害赔偿。《消费者权益保护法》第 55 条规定:"经营者提供商品或者服务有欺诈行为的,应当按照消费者的要求增加赔偿其受到的损失,增加赔偿的金额为消费者购买商品的价款或者接受服务的费用的三倍;增加赔偿的金额不足五百元的,为五百元。法律另有规定的,依照其规定。经营者明知商品或者服务存在缺陷,仍然向消费者提供,造成消费者或者其他受害人死亡或者健康严重损害的,受害人有权要求经营者依照本法第四十九条、第五十一条等法律规定赔偿损失,并有权要求所受损失二倍以下的惩罚性赔偿。"本题中,经营者不存在欺诈的行为,只是未以显著方式提请消费者注意其格式条款,所以不适用惩罚性损害赔偿,故 D 选项错误。

[难度系数] *

2 [答案] ABCD

[考点] 消费者权利

[解析] 《消费者权益保护法》第9条规定:"消费者享有自主选择商品或者服务的权利。消费者有权自主选择提供商品或者服务的经营者,自主选择商品品种或者服务方式,自主决定购买或者不购买任何一种商品、接受或者不接受任何一项服务。消费者在自主选择商品或者服务时,有权进行比较、鉴别和挑选。"本题中,甲公司要求钱某负保密义务,不得利用其信息撇开甲公司直接与房主签约,属于正常的商业行为,这种现象在现实的房地产中介市场中大量存在,并未损害消费者的自主选择权。所以,A选项认为防"跳单条款"限制消费者自主选择权的说法错误,A选项当选。

《消费者权益保护法》第10条规定:"消费者享有公平交易的权利。消费者在购买商品或者接受服务时,有权获得质量保障、价格合理、计量正确等公平交易条件,有权拒绝经营者的强制交易行为。"本题中,单凭甲公司房价明显高于乙公司房价并不能认定为侵害了钱某的公平交易权。所以,B选项错误,当选。

不正当竞争行为是指经营者违反《反不正当竞争法》的规定,损害其他经营者的合法权益,扰乱社会经济秩序的行为。本题中,彦某将同一处房屋分别委托甲乙两个中介出售,甲公司抬高房价,乙公司房价比甲公司低,属于正常的市场竞争行为,不属于不正当竞争行为。所以,C选项错误,当选。

《反不正当竞争法》第9条规定:"经营者不得实施下列侵犯商业秘密的行为:(一)以盗窃、贿赂、欺诈、胁迫、电子侵入或者其他不正当手段获取权利人的商业秘密;(二)披露、使用或者允许他人使用以前项手段获取的权利人的商业秘密;(三)违反保密义务或者违反权利人有关保守商业秘密的要求,披露、使用或者允许他人使用其所掌握的商业秘密;(四)教唆、引诱、帮助他人违反保密义务或者违反权利人有关保守商业秘密的要求,获取、披露、使用或者允许他人使用权利人的商业秘密。经营者以外的其他自然人、法人和非法人组织实施前款所列违法行为的,视为侵犯商业秘密。第三人明知或者应知商业秘密权利人的员工、前员工或者其他单位、个人实施本条第一款所列违法行为,仍获取、披露、使用或者允许他人使用该商业秘密的,视为侵犯商业秘密。本法所称的商业秘密,是指不为公众所知悉、具有商业价值并经权利人采取相应保密措施的技术信息、经营信息等商业信息。"而本题中,乙公司通过彦某的委托来出售房屋,合法取得了房源信息。而钱某也是自己发现了乙公司的房源,并未披露、使用或者允许他人使用其所掌握的商业秘密,因此不构成侵犯商业秘密行为。所以,D项错误,当选。

[难度系数] * *

考点二 经营者义务与责任

1 [答案] ABCD

[考点] 消费者权益保护法、产品质量法

[解析] 《民法典》第148条规定:"一方以欺诈手段,使对方在违背真实意思的情况下实施的民事法律行为,受欺诈方有权请求人民法院或者仲裁机构予以撤销。"该手机品牌官网隐瞒真实标的物的情况,以二手手机充当新手机出卖给甲,存在以欺诈的手段与甲达成买卖合同,甲有权撤销该买卖合同,A选项正确。

《产品质量法》第40条第1款、第2款规定:"售出的产品有下列情形之一的,销售者应当负责修理、更换、退货;给购买产品的消费者造成损失的,销售者应当赔偿损失:(一)不具备产品应当具备的使用性能而事先未作说明的；（二）不符合在产品或者其包装上注明采用的产品标准的；（三）不符合以产品说明、实物样品等方式表明的质量状况的。销售者依照前款规定负责修理、更换、退货、赔偿损失后，属于生产者的责任或者属于向销售者提供产品的其他销售者（以下简称供货者）的责任的，销售者有权向生产者、供货者追偿。”因 a 品牌提供给甲的手机为二手手机，其质量等不符合以产品说明、实物样品等方式表明的质量状况。a 品牌公司官网应当负责修理、更换、退货、赔偿损失，故 B、D 选项正确。

《消费者权益保护法》第 55 条第 1 款规定："经营者提供商品或者服务有欺诈行为的，应当按照消费者的要求增加赔偿其受到的损失，增加赔偿的金额为消费者购买商品的价款或者接受服务的费用的三倍；增加赔偿的金额不足五百元的，为五百元。法律另有规定的，依照其规定。"a 品牌官网以二手手机充当新手机出卖，构成欺诈行为，甲有权要求 a 品牌官网支付手机价款的 3 倍进行赔偿，故 C 选项正确。

综上所述，应当选 A、B、C、D 选项。

［难度系数］ * *

2 ［答案］ A

［考点］ 责任主体

［解析］ 本题综合考查消费者法上的责任主体问题。实际经营者红旗公司当然要向消费者小王承担责任，但是选项中并未出现。除红旗公司之外，还有下列主体需要考虑：

一是营业执照持有人甲公司。《消费者权益保护法》第 42 条规定，使用他人营业执照的违法经营者提供商品或者服务，损害消费者合法权益的，消费者可以向其要求赔偿，也可以向营业执照的持有人要求赔偿。本题中，红旗公司借用甲公司营业执照，消费者小王可以向营业执照的持有人甲公司主张赔偿。A 选项正确。

二是生产者乙公司。《消费者权益保护法》第 40 条规定，消费者在购买、使用商品时，其合法权益受到损害的，可以向销售者要求赔偿。销售者赔偿后，属于生产者的责任或者属于向销售者提供商品的其他销售者的责任的，销售者有权向生产者或者其他销售者追偿。消费者或者其他受害人因商品缺陷造成人身、财产损害的，可以向销售者要求赔偿，也可以向生产者要求赔偿。属于生产者责任的，销售者赔偿后，有权向生产者追偿。属于销售者责任的，生产者赔偿后，有权向销售者追偿。消费者在接受服务时，其合法权益受到损害的，可以向服务者要求赔偿。由此可见，只有在因产品缺陷造成他人人身、财产损害的时候，也就是存在侵权责任的时候，消费者或其他受害人才可以直接请求生产者赔偿。而本题中，壶嘴开裂并非侵权责任，消费者只能请求销售者赔偿，不得直接请求生产者赔偿，所以 B 选项错误。

三是展销会举办者和柜台出租者的责任。《消费者权益保护法》第 43 条规定，消费者在展销会、租赁柜台购买商品或者接受服务，其合法权益受到损害的，可以向销售者或者服务者要求赔偿。展销会结束或者柜台租赁期满后，也可以向展销会的举办者、柜台的出租者要求赔偿。展销会的举办者、柜台的出租者赔偿后，有权向销售者或者服务者追偿。由此，茶具协会承担责任的前提是展销会结束，丙公司承担责任的前提是柜台租期届满，但是这两个条件均未满足，所以 C、D 选项错误。

［难度系数］ *

3 ［答案］ CD

［考点］ 经营者的特殊民事责任

［解析］《消费者权益保护法》第 40 条第 2 款规定："消费者或者其他受害人因商品缺陷造成人身、财产损害的，可以向销售者要求赔偿，也可以向生产者要求赔偿。属于生产者责任的，销售者赔偿后，有权向生产者追偿。属于销售者责任的，生产者赔偿后，有权向销售者追偿。"C 受到电动车质量缺陷造成的人身损害，其有权向生产者 A 和销售者 B 要求赔偿，故 A 选项错误。

根据《消费者权益保护法》第 44 条的规定，消费者通过网络交易平台购买商品或者接受服务，其合法权益受到损害的，可以向销售者或者服务者要求赔偿。网络交易平台提供者不能提供销售者或者服务者的真实名称、地址和有效联系方式的，消费者也可以向网络交易平台提供者要求赔偿；网络交易平台提供者作出更有利于消费者的承诺的，应当履行承诺。网络交易平台提供者赔偿后，有权向销售者或者服务者追偿。网络交易平台提供者明知或者应知销售者或者服务者利用其平台侵害消费者合法权益，未采取必要措施的，依法与该销售者或者服务者承担连带责任。由于电瓶车存在质量事故并发生过严重的自燃事件，B 作为电商平台应当知其存在的问题侵犯消费者的合法权益仍未采取必要措施，B 电商应当与 A 生产者承担连带责任，故 B 选项错误。

根据《消费者权益保护法》第 49 条的规定，经营者提供商品或者服务，造成消费者或者其他受害人人身伤害的，应当赔偿医疗费、护理费、交通费等为治疗和康复支出的合理费用，以及因误工减少的收入。造成残疾的，还应当赔偿残疾生活辅助具费和残疾赔偿金。造成死亡的，还应当赔偿丧葬费和死亡赔偿金。C 因电瓶车质量缺陷受到人身伤害并残疾，C 可以向 A 请求赔偿医疗费、护理费、交通费等为治疗和康复支出的合理费用、误工费、残疾生活辅助具费和残疾赔偿金。因此，C 选项正确。

根据《消费者权益保护法》第 33 条第 2 款的规定，有关行政部门发现并认定经营者提供的商品或者服务存在缺陷，有危及人身、财产安全危险的，应当立即责令经营者采取停止销售、警示、召回、无害化处理、销毁、停止生产或者服务等措施。故市场监督管理局发现该商品的缺陷危及人身安全，应当立即责令经营者 A 或销售者 B 采取停止销售、警示、召回、无害化处理、销毁、停止生产或者服务等措施，故 D 选项正确。

［难度系数］ * *

第四章　产品质量法

考点一　产品质量监督

［答案］ AB

［考点］ 产品安全标准、产品标识、产品质量监督抽查、产品召回

［解析］《产品质量法》第 26 条规定："生产者应当对其生产的产品质量负责。产品质量应当符合下列要求：(一)不存在危及人身、财产安全的不合理的危险，有保障人体健康和人身、财产安全的国家标准、行业标准的，应当符合该标准；(二)具备产品应当具备的使用性能，但是，对产品存在使用性能的瑕疵作出说明的除外；(三)符合在产品或者其包装上注明采用的产品标准，符合以产品说明、实物样品等方式表明的质量状况。"该衣柜应当符合产品安全标准，符合产品安全性要求，所以 A 选项正确。

《产品质量法》第 27 条第 1 款规定："产品或者其包装上的标识必须真实，并符合下列要求：

(一)有产品质量检验合格证明;(二)有中文标明的产品名称、生产厂厂名和厂址;(三)根据产品的特点和使用要求,需要标明产品规格、等级、所含主要成分的名称和含量的,用中文相应予以标明;需要事先让消费者知晓的,应当在外包装上标明,或者预先向消费者提供有关资料;(四)限期使用的产品,应当在显著位置清晰地标明生产日期和安全使用期或者失效日期;(五)使用不当,容易造成产品本身损坏或者可能危及人身、财产安全的产品,应当有警示标志或者中文警示说明。”该衣柜使用不当可能会发生致人伤亡的危险,所以应当有警示标志或者中文警示说明,故 B 选项正确。

《产品质量法》第 15 条规定:“国家对产品质量实行以抽查为主要方式的监督检查制度,对可能危及人体健康和人身、财产安全的产品,影响国计民生的重要工业产品以及消费者、有关组织反映有质量问题的产品进行抽查……根据监督抽查的需要,可以对产品进行检验。检验抽取样品的数量不得超过检验的合理需要,并不得向被检查人收取检验费用……”质检部门抽查样品不得向被检查人收取检验费用,故 C 选项错误。

《消费者权益保护法》第 19 条规定:“经营者发现其提供的商品或者服务存在缺陷,有危及人身、财产安全危险的,应当立即向有关行政部门报告和告知消费者,并采取停止销售、警示、召回、无害化处理、销毁、停止生产或者服务等措施。采取召回措施的,经营者应当承担消费者因商品被召回支出的必要费用。”如果该柜被召回,经营者应当承担召回的必要费用而非全部费用,故 D 选项错误。

[难度系数] * *

考点二 产品质量责任与法律责任承担

1 [答案] A

[考点] 产品缺陷责任

[解析] 《产品质量法》第 43 条规定:“因产品存在缺陷造成人身、他人财产损害的,受害人可以向产品的生产者要求赔偿,也可以向产品的销售者要求赔偿。属于产品的生产者的责任,产品的销售者赔偿的,产品的销售者有权向产品的生产者追偿。属于产品的销售者的责任,产品的生产者赔偿的,产品的生产者有权向产品的销售者追偿。”这里的受害者,可以是缺陷产品的购买者、使用者,也可以是“路人甲”。本题中,张三、李四、王五均为受害者,均有权主张生产者或销售者赔偿。而在张三、李四、王五之间,应按照一般侵权责任的构成要件判断,由于张三、李四、王五均不存在过错,故相互之间不必承担赔偿责任。由此可知,A 项正确。

[难度系数] *

2 [答案] A

[考点] 产品质量责任

[解析] A、B 选项考查产品质量瑕疵责任。《产品质量法》第 40 条规定:“售出的产品有下列情形之一的,销售者应当负责修理、更换、退货;给购买产品的消费者造成损失的,销售者应当赔偿损失:(一)不具备产品应当具备的使用性能而事先未作说明的;(二)不符合在产品或者其包装上注明采用的产品标准的;(三)不符合以产品说明、实物样品等方式表明的质量状况的。销售者依照前款规定负责修理、更换、退货、赔偿损失后,属于生产者的责任或者属于向销售者提供产品的其他销售者(以下简称供货者)的责任的,销售者有权向生产者、供货者追偿。销售者未按照第一款规定给予修理、更换、退货或者赔偿损失的,由市场监督管理部门责令改正。生产者之间,销售者之间,生产者与销售者之间订立的买卖合同、承揽合同有不同约定的,合同当事人按照合同约定执行。”本题中,霍某在维护保养过程中发现汽车气囊电脑不符合产品说明所述质量,则经营者未如实按照消

费合同约定质量提供商品,构成消费合同违约,霍某有权请求经营者靓顺公司承担违约责任。因此,A 选项正确。产品不符合质量要求,消费者可以要求经营者履行退货、更换、修理等义务,不是只能请求该车生产商承担免费更换责任,因此,B 选项错误。

C 选项、D 选项考查产品缺陷责任。《产品质量法》第 41 条第 1 款规定:"因产品存在缺陷造成人身、缺陷产品以外的其他财产(以下简称他人财产)损害的,生产者应当承担赔偿责任。"由此可知,产品缺陷侵权责任的构成要件包括三个:产品缺陷、损害后果和因果关系。本案中,气囊电脑存在故障,有可能影响事故状态下气囊的弹出,存在危及人身、财产安全的不合理危险,可以认为产品缺陷存在。然而,本题并未交代实际发生了人身或财产损害,故不符合产品缺陷侵权责任的构成要件,因此,C、D 选项错误。

产品瑕疵责任与产品缺陷责任有很大的不同。主要体现在以下几点:(1)性质不同。产品瑕疵责任是一种违约责任,是以当事人违反法定或约定义务为责任承担前提。产品缺陷责任则是典型的侵权责任。(2)归责原则不同。如果销售的产品存在瑕疵,销售者应当承担瑕疵担保责任,无论是否造成损害后果,也无论销售者是否有过错。而缺陷产品则不同,生产者的缺陷责任适用严格责任原则,销售者的缺陷责任适用过错责任原则或过错推定原则。(3)责任主体不同。产品瑕疵责任由销售者承担,受害人可直接向销售者要求赔偿;属于生产者或供货者责任的,销售者赔偿后可向真正责任者追偿,但不得以此向受害者抗辩,拒绝赔偿。而对于产品缺陷责任,受害人既可向生产者要求赔偿,也可向销售者要求赔偿,生产者和销售者之间再可根据实际情况追偿。(4)免责条件不同。《产品质量法》第 40 条未就销售者产品瑕疵责任免责事由作出规定,但根据法定瑕疵的第一种情形,即"不具备产品应当具备的使用性能而事先未作说明的",可以推断出,如果销售者事先就"产品不具备应当具备的使用性能"这一瑕疵作出说明的,则可免除瑕疵担保责任。对于产品缺陷责任,《产品质量法》第 41 条第 2 款明确规定了三种免责事由。(5)产生时间不同。产品瑕疵责任不以损害后果为构成要件,只要产品售出,存在法定瑕疵即构成产品瑕疵责任。产品缺陷责任以造成一定损害后果为构成要件,因此只能在损害后果发生之后才可能成立,没有损害后果则不可能产生产品缺陷责任。(6)赔偿方式和范围不同。对产品瑕疵,销售者应负责修理、更换、退货以至赔偿损失。对产品缺陷,生产者或销售者须按《产品质量法》第 44 条的规定,赔偿人身伤害和财产损失及其他重大损失。

[难度系数] *

第五章　食品安全法

考点一　食品安全标准

1 **[答案]** A

[考点] 食品安全赔偿责任,食品安全标准

[解析] 《食品安全法》第 148 条规定:"消费者因不符合食品安全标准的食品受到损害的,可以向经营者要求赔偿损失,也可以向生产者要求赔偿损失。接到消费者赔偿要求的生产经营者,应当实行首负责任制,先行赔付,不得推诿;属于生产者责任的,经营者赔偿后有权向生产者追偿;属于经营者责任的,生产者赔偿后有权向经营者追偿。生产不符合食品安全标准的食品或者经营明知是不

符合食品安全标准的食品，消费者除要求赔偿损失外，还可以向生产者或者经营者要求支付价款十倍或者损失三倍的赔偿金；增加赔偿的金额不足一千元的，为一千元。但是，食品的标签、说明书存在不影响食品安全且不会对消费者造成误导的瑕疵的除外。”尽管某超市的速冻水饺不符合其标签所标注的国际上的食品安全标准，但实质符合国家食品安全标准，即不影响速冻水饺的安全性，不属于生产或经营不符合食品安全标准的食品，故甲无权主张 10 倍价款的惩罚性赔偿，B、D 项错误。

然而，超市销售的食品未达到其标注的标准，对于这种质量瑕疵该如何处理？最高人民法院《关于审理食品安全民事纠纷案件适用法律若干问题的解释（一）》第 9 条规定：“食品符合食品安全标准但未达到生产经营者承诺的质量标准，消费者依照民法典、消费者权益保护法等法律规定主张生产经营者承担责任的，人民法院应予支持，但消费者主张生产经营者依据食品安全法第一百四十八条规定承担赔偿责任的，人民法院不予支持。”《消费者权益保护法》第 24 条规定：“经营者提供的商品或者服务不符合质量要求的，消费者可以依照国家规定、当事人约定退货，或者要求经营者履行更换、修理等义务。没有国家规定和当事人约定的，消费者可以自收到商品之日起七日内退货；七日后符合法定解除合同条件的，消费者可以及时退货，不符合法定解除合同条件的，可以要求经营者履行更换、修理等义务。依照前款规定进行退货、更换、修理的，经营者应当承担运输等必要费用。”因此，甲可要求超市退款，故 A 项正确，C 项错误。

综上所述，应当选 A 选项。

［难度系数］　＊＊

2［答案］　AD

［考点］　食品安全赔偿责任、食品安全标准

［解析］　A 选项考查不符合安全标准的食品的赔偿责任。《食品安全法》第 148 条第 2 款规定：“生产不符合食品安全标准的食品或者经营明知是不符合食品安全标准的食品，消费者除要求赔偿损失外，还可以向生产者或者经营者要求支付价款十倍或者损失三倍的赔偿金；增加赔偿的金额不足一千元的，为一千元。但是，食品的标签、说明书存在不影响食品安全且不会对消费者造成误导的瑕疵的除外。”李某购入的苦茶不符合食品安全标准，购入价款为 2000 元，可向生产者或经营者要求支付价款 10 倍的赔偿金，即可索赔 2 万元。因此，A 选项正确。

B 选项考查食品安全国家标准。《食品安全法》第 5 条第 3 款规定：“国务院卫生行政部门依照本法和国务院规定的职责，组织开展食品安全风险监测和风险评估，会同国务院食品安全监督管理部门制定并公布食品安全国家标准。”苦茶的食品安全国家标准应由国务院卫生行政部门会同国务院食品安全监督部门制定，并不仅仅是国家卫计委。因此，B 选项错误。

C 选项考查特色食品的食品安全国家标准。《食品安全法》第 29 条规定：“对地方特色食品，没有食品安全国家标准的，省、自治区、直辖市人民政府卫生行政部门可以制定并公布食品安全地方标准，报国务院卫生行政部门备案。食品安全国家标准制定后，该地方标准即行废止。”对于特色食品，省级卫生行政部门是可以制定地方标准的，但需报国务院卫生行政部门备案。并且待国家标准制定后，地方标准即行废止，而不是酌情存废。因此，C 选项错误。

D 选项考查食品安全企业标准。《食品安全法》第 30 条规定：“国家鼓励食品生产企业制定严于食品安全国家标准或者地方标准的企业标准，在本企业适用，并报省、自治区、直辖市人民政府卫生行政部门备案。”因此，苦茶企业可以制定高标准食品安全企业标准在本企业适用，并报省卫计委备案。因此，D 选项正确。

［难度系数］　＊＊

3 [答案] BCD

[考点] 《农产品质量安全法》的适用范围、食品添加剂、“知假买假”

[解析] A选项考查《农产品质量安全法》的适用范围。《食品安全法》第2条第2款规定:“供食用的源于农业的初级产品(以下称食用农产品)的质量安全管理,遵守《中华人民共和国农产品质量安全法》的规定。但是,食用农产品的市场销售、有关质量安全标准的制定、有关安全信息的公布和本法对农业投入品作出规定的,应当遵守本法的规定。”该橄榄油是初级农产品加工制成的产品,不属于源于农业的初级产品,因而不适用《农产品质量安全法》,故A选项错误。

B选项考查食品添加剂。《食品安全法》第70条规定:“食品添加剂应当有标签、说明书和包装。标签、说明书应当载明本法第六十七条第一款第一项至第六项、第八项、第九项规定的事项,以及食品添加剂的使用范围、用量、使用方法,并在标签上载明‘食品添加剂’字样。”本题该橄榄油应当标明添加橄榄油的用量,未标明不符合食品安全标准要求,故B选项正确。

C选项考查销售者先行赔付。《食品安全法》第148条第1款规定:“消费者因不符合食品安全标准的食品受到损害的,可以向经营者要求赔偿损失,也可以向生产者要求赔偿损失。接到消费者赔偿要求的生产经营者,应当实行首负责任制,先行赔付,不得推诿;属于生产者责任的,经营者赔偿后有权向生产者追偿;属于经营者责任的,生产者赔偿后有权向经营者追偿。”如果消费者李某只向销售者超市索赔,超市有义务先行赔付,故C选项正确。

D选项考查“知假买假”的问题。根据最高人民法院《关于审理食品药品纠纷案件适用法律若干问题的规定》第3条的规定,因食品、药品质量问题发生纠纷,购买者向生产者、销售者主张权利,生产者、销售者以购买者明知食品、药品存在质量问题而仍然购买为由进行抗辩的,人民法院不予支持。本题超市以李某“知假买假”为理由抗辩的,法院不予支持,所以D选项正确。

[难度系数] * *

考点二 食品安全控制

1 [答案] A

[考点] 食品安全事故

[解析] 根据《食品安全法》第105条第3款的规定,发生食品安全事故,县级以上疾病预防控制机构应当对事故现场进行卫生处理,并对与事故有关的因素开展流行病学调查,有关部门应当予以协助。县级以上疾病预防控制机构应当向同级食品安全监督管理、卫生行政部门提交流行病学调查报告。故市疾病预防控制中心应当向市市场监督管理局提交流行病学调查报告,A选项正确、B选项错误。

根据上述规定,提交流行病学调查报告的主体为县级以上疾病预防控制机构,尽管卫健委下设疾病预防控制机构,但二者属不同的职责主体,因此C选项错误。

根据上述规定,处置食品安全事故的主体为县级以上疾病预防控制机构而非卫健委,故D选项错误。

[难度系数] * *

2 [答案] CD

[考点] 食品安全召回制度、食品安全责任

[解析] 本题考查《食品安全法》中的重点,即食品安全召回制度和食品安全的法律责任,属于“重者恒重”的范畴。根据《食品安全法》第63条第1~3款规定:“国家建立食品召回制度。食

品生产者发现其生产的食品不符合食品安全标准或者有证据证明可能危害人体健康的,应当立即停止生产,召回已经上市销售的食品,通知相关生产经营者和消费者,并记录召回和通知情况。食品经营者发现其经营的食品有前款规定情形的,应当立即停止经营,通知相关生产经营者和消费者,并记录停止经营和通知情况。食品生产者认为应当召回的,应当立即召回。由于食品经营者的原因造成其经营的食品有前款规定情形的,食品经营者应当召回。食品生产经营者应当对召回的食品采取无害化处理、销毁等措施,防止其再次流入市场。但是,对因标签、标志或者说明书不符合食品安全标准而被召回的食品,食品生产者在采取补救措施且能保证食品安全的情况下可以继续销售;销售时应当向消费者明示补救措施。"

题干中,土特产超市并非食品生产者,仅为食品销售者,根据上述食品召回制度,只有因为食品经营者的原因造成其经营的食品有问题的才由经营者召回,否则食品生产者应当决定直接召回问题食品,经营者只有停止经营、通知等义务,所以土特产超市没有召回的义务,A 选项错误。

根据《食品安全法》第 148 条的相关规定,消费者因不符合食品安全标准的食品受到损害的,可以向经营者要求赔偿损失,也可以向生产者要求赔偿损失。土特产超市作为经营者无权以无过错为由拒绝赔偿,B 选项错误。根据上述法律规定,如果曹某主张损失 3 倍的赔偿金,而曹某因为医疗费损失 5000 元,则可以最多要求赔偿 1.5 万元,C 选项正确。

根据《食品安全法》第 147 条规定:"违反本法规定,造成人身、财产或者其他损害的,依法承担赔偿责任。生产经营者财产不足以同时承担民事赔偿责任和缴纳罚款、罚金时,先承担民事赔偿责任。"因此 D 选项正确。

[难度系数] *

第六章　商业银行法

考点一　商业银行的管理机制

[答案] AC

[考点] 商业银行行为规范

[解析] 《商业银行法》第 42 条规定:"借款人应当按期归还贷款的本金和利息。借款人到期不归还担保贷款的,商业银行依法享有要求保证人归还贷款本金和利息或者就该担保物优先受偿的权利。商业银行因行使抵押权、质权而取得的不动产或者股权,应当自取得之日起二年内予以处分。借款人到期不归还信用贷款的,应当按照合同约定承担责任。"因此,某市商业银行 2010 年通过实现抵押权可以取得某大楼的所有权,选项 A 正确,当选。但是,根据上述法律规定,对该大楼应当自取得之日起 2 年内予以处分,即应在 2012 年处分而不应在 2013 年出售。所以,B 项说法错误,不当选。

《商业银行法》第 43 条规定:"商业银行在中华人民共和国境内不得从事信托投资和证券经营业务,不得向非自用不动产投资或者向非银行金融机构和企业投资,但国家另有规定的除外。"因此,该商业银行 2014 年修建自用办公大楼的行为属于自用不动产投资,符合法律规定,C 选项说法正确,当选。但是,根据上述法律规定,商业银行不得向非银行金融机构和企业投资,所以 2014 年该商业银行入股某房地产企业的行为不符合法律规定。据此,D 选项错误,不当选。

[难度系数] * *

考点二 商业银行的业务规则

1 [答案] ABCD

[考点] 商业银行同业拆借

[解析] 根据《商业银行法》第 46 条的规定,同业拆借,应当遵守中国人民银行的规定。禁止利用拆入资金发放固定资产贷款或者用于投资。拆出资金限于交足存款准备金、留足备付金和归还中国人民银行到期贷款之后的闲置资金。拆入资金用于弥补票据结算、联行汇差头寸的不足和解决临时性周转资金的需要。山河银行不仅需要交足存款准备金,还需留足备付金和归还中国人民银行到期贷款之后,剩余闲置资金方能用于拆出,故 A、B 选项错误。根据上述规定,禁止金岭银行将拆借的资金用于发放固定资产贷款,故 C 选项错误。根据上述规定,禁止金岭银行将拆借的资金用于投资,故 D 选项错误。

[难度系数] *

2 [答案] BD

[考点] 商业银行贷款规则

[解析] 本题综合考查商业银行的业务规则和商业银行的基本原则,其中对于商业银行业务规则的理解有一定难度,需要考生综合把握。《商业银行法》第 11 条第 2 款规定:"未经国务院银行业监督管理机构批准,任何单位和个人不得从事吸收公众存款等商业银行业务,任何单位不得在名称中使用'银行'字样。"题干中,李某不是商业银行业务人员却使用银行场地和柜员开展业务,违反上述规定,A 选项错误。

《商业银行法》第 9 条规定:"商业银行开展业务,应当遵守公平竞争的原则,不得从事不正当竞争。"《银行业监督管理法》第 21 条第 1 款规定:"银行业金融机构的审慎经营规则,由法律、行政法规规定,也可以由国务院银行业监督管理机构依照法律、行政法规制定。"题干表明,为增加贷款业务量,该银行违反审慎经营原则,违法与个人开展合作,其竞争并不公平公开,因此 B 选项正确。

《商业银行法》第 4 条第 1 款规定:"商业银行以安全性、流动性、效益性为经营原则,实行自主经营,自担风险,自负盈亏,自我约束。"一般情况下,资产流动性越强,其安全性越高,流动性与安全性呈正比关系,C 选项错误。根据上述规定以及对于商业银行流动性、安全性和效益性的理解,效益性越高,则风险性也就越高,安全性越低,安全性与收益性呈反比关系,故 D 选项正确。

[难度系数] * * *

3 [答案] BD

[考点] 商业银行的业务规则

[解析] 《商业银行法》第 39 条第 1 款规定:"商业银行贷款,应当遵守下列资产负债比例管理的规定:(一)资本充足率不得低于百分之八;(二)流动性资产余额与流动性负债余额的比例不得低于百分之二十五;(三)对同一借款人的贷款余额与商业银行资本余额的比例不得超过百分之十;(四)国务院银行业监督管理机构对资产负债比例管理的其他规定。"法律规定商业银行流动性资产余额与流动性负债余额的比例不得低于 25%,银行规定可从严,但不可相较法律更宽,A 选项中银行规定了更严格的比例,法律允许,故 A 选项正确。

《商业银行法》第 19 条第 2 款规定:"商业银行在中华人民共和国境内设立分支机构,应当按照规定拨付与其经营规模相适应的营运资金额。拨付各分支机构营运资金额的总和,不得超过总行资本金总额的百分之六十。”B 选项中拨付的金额为 65% 超过了规定比例,B 选项不符合规定。

根据《商业银行法》第 42 条第 1 款、第 2 款的规定,借款人应当按期归还贷款的本金和利息。借款人到期不归还担保贷款的,商业银行依法享有要求保证人归还贷款本金和利息或者就该担保物优先受偿的权利。商业银行因行使抵押权、质权而取得的不动产或者股权,应当自取得之日起 2 年内予以处分,故 C 选项正确。

《商业银行法》第 46 条第 1 款规定:“同业拆借,应当遵守中国人民银行的规定。禁止利用拆入资金发放固定资产贷款或者用于投资。”D 选项中银行规定可以利用拆入资金用于发放固定资产贷款的行为是不合法的,D 选项不符合规定。

[难度系数] *

考点三 商业银行责任

[答案] ACD

[考点] 商业银行资产负债比例管理,商业银行的责任,强制整改

[解析] 本题首先涉及商业银行的资产负债比例管理。《商业银行法》第 39 条规定:“商业银行贷款,应当遵守下列资产负债比例管理的规定:(一)资本充足率不得低于百分之八;(二)流动性资产余额与流动性负债余额的比例不得低于百分之二十五……”《商业银行法》第 75 条规定:“商业银行有下列情形之一,由国务院银行业监督管理机构责令改正,并处二十万元以上五十万元以下罚款;情节特别严重或者逾期不改正的,可以责令停业整顿或者吊销其经营许可证;构成犯罪的,依法追究刑事责任:……(三)未遵守资本充足率、资产流动性比例、同一借款人贷款比例和国务院银行业监督管理机构有关资产负债比例管理的其他规定的。”甲商业银行流动性资产余额与流动性负债余额的比例低于 20%,属于违法行为,经责令改正仍不改正,可以责令停业整顿或者吊销其经营许可证,所以 D 项正确。

本题其次还涉及强制整改制度。《银行业监督管理法》第 21 条规定:“银行业金融机构的审慎经营规则,由法律、行政法规规定,也可以由国务院银行业监督管理机构依照法律、行政法规制定。前款规定的审慎经营规则,包括风险管理、内部控制、资本充足率、资产质量、损失准备金、风险集中、关联交易、资产流动性等内容。银行业金融机构应当严格遵守审慎经营规则。”由此可知,资产流动性属于审慎经营规则,而甲商业银行违反了审慎经营规则,其不改正。《银行业监督管理法》第 37 条第 1 款规定:“银行业金融机构违反审慎经营规则的,国务院银行业监督管理机构或者其省一级派出机构应当责令限期改正;逾期未改正的,或者其行为严重危及该银行业金融机构的稳健运行、损害存款人和其他客户合法权益的,经国务院银行业监督管理机构或者其省一级派出机构负责人批准,可以区别情形,采取下列措施:(一)责令暂停部分业务、停止批准开办新业务……(五)责令调整董事、高级管理人员或者限制其权利;(六)停止批准增设分支机构。”由此可知,可以对甲商业银行采取 6 种强制整改措施,而本题 A、C 选项符合要求,B 选项刚好说反了。

综上所述,应当选 A、C、D 选项。

[难度系数] * * *

第七章　企业所得税法

1 **[答案]**　B

[考点]　居民企业所得税

[解析]　《企业所得税法》第 50 条第 1 款规定："除税收法律、行政法规另有规定外，居民企业以企业登记注册地为纳税地点；但登记注册地在境外的，以实际管理机构所在地为纳税地点。"甲公司的实际管理机构在 b 省，故 B 选项正确，A 选项错误。

《企业所得税法》第 28 条规定："符合条件的小型微利企业，减按 20% 的税率征收企业所得税。国家需要重点扶持的高新技术企业，减按 15% 的税率征收企业所得税。"甲公司为国家扶持的高新技术企业，应当按照 15% 的税率征收企业所得税，C 选项错误。

《企业所得税法》第 2 条第 1 款、第 2 款规定："企业分为居民企业和非居民企业。本法所称居民企业，是指依法在中国境内成立，或者依照外国(地区)法律成立但实际管理机构在中国境内的企业。"尽管甲公司依照外国法律成立，但其实际管理机构在中国境内，因此甲公司为居民企业，D 选项错误。

综上所述，应当选 B 选项。

[难度系数]　* *

2 **[答案]**　BC

[考点]　企业所得税税收优惠制度

[解析]　《企业所得税法》第 26 条规定："企业的下列收入为免税收入：(一)国债利息收入；(二)符合条件的居民企业之间的股息、红利等权益性投资收益；(三)在中国境内设立机构、场所的非居民企业从居民企业取得与该机构、场所有实际联系的股息、红利等权益性投资收益；(四)符合条件的非营利组织的收入。"A 选项不属于上述规定的范畴，是企业所得税总收入额的一部分，而非免税项目，因此 A 选项不当选。B 选项满足上述规定第 1 项，B 选项当选；C 选项符合上述规定第 2 项，C 选项当选。

《企业所得税法》第 7 条规定："收入总额中的下列收入为不征税收入：(一)财政拨款；(二)依法收取并纳入财政管理的行政事业性收费、政府性基金；(三)国务院规定的其他不征税收入。"财政拨款属于不征税收入，并不属于免税收入，考生应当注意这二者在含义上的区别，免税收入的含义是本身属于征税项目但给予优惠，而不征税收入一开始就不属于征税的范畴，因此 D 选项不当选。

综上所述，本题答案为 BC。

[难度系数]　* *

3 **[答案]**　ABCD

[考点]　居民企业与非居民企业的企业所得税申报

[解析]　A、B 选项考查居民企业和非居民企业。《企业所得税法》第 2 条规定："企业分为居民企业和非居民企业。本法所称居民企业，是指依法在中国境内成立，或者依照外国(地区)法律成立但实际管理机构在中国境内的企业。本法所称非居民企业，是指依照外国(地区)法律成立且实际管理机构不在中国境内，但在中国境内设立机构、场所的，或者在中国境内未设立机构、场所，但

有来源于中国境内所得的企业。”A 基金在外国成立且实际管理机构不在中国境内，故属于非居民企业。而 D 公司在中国境内成立，故属于居民企业。因此，A、B 选项正确，当选。

C 选项考查非居民企业股权转让所得企业所得税制度。国家税务总局《关于非居民企业所得税源泉扣缴有关问题的公告》第 3 条规定：“企业所得税法第十九条第二项规定的转让财产所得包含转让股权等权益性投资资产（以下称‘股权’）所得。股权转让收入减除股权净值后的余额为股权转让所得应纳税所得额……”《企业所得税法》第 3 条第 3 款规定：“非居民企业在中国境内未设立机构、场所的，或者虽设立机构、场所但取得的所得与其所设机构、场所没有实际联系的，应当就其来源于中国境内的所得缴纳企业所得税。”A 基金属于非居民企业，其就中国居民企业 D 公司的股权转让所得，应申报缴纳企业所得税。因此，C 选项正确，当选。

D 选项考查税务机关有权调整应纳税所得额的情形。《企业所得税法》第 47 条规定：“企业实施其他不具有合理商业目的的安排而减少其应纳税收入或者所得额的，税务机关有权按照合理方法调整。”A 基金、F 公司和 M 公司均不从事实质性经营活动，F 公司股权的转让价主要取决于 D 公司的估值，其所进行的商业活动不具有合理商业目的，故我国税务机关有权按照合理方法调整其纳税收入。因此，D 选项正确，当选。

［**难度系数**］ ＊＊

第八章　个人所得税

1 ［**答案**］ D

［**考点**］ 个人所得税的应纳税所得、代扣代缴、汇算清缴

［**解析**］ 张某的个人所得可以分为两部分，一是通过直播获得的收入，这一部分属于劳务报酬所得，其依据为《个人所得税法实施条例》第 6 条“……（二）劳务报酬所得，是指个人从事劳务取得的所得，包括从事设计、装潢、安装、制图、化验、测试、医疗、法律、会计、咨询、讲学、翻译、审稿、书画、雕刻、影视、录音、录像、演出、表演、广告、展览、技术服务、介绍服务、经纪服务、代办服务以及其他劳务取得的所得”的规定。二是拍卖笔记资料所得，这一部分属于财产转让所得。这两部分收入都属于个人所得税法规定的应税收入，故 A 项说法错误。

在个人所得的分类问题上，现行税法实行综合所得和分项所得相结合的制度，即把工资薪金、劳务报酬、稿酬、特许权使用费这四类所得归为综合所得，居民个人按年合并计征；而利息、股息、红利所得和财产租赁、财产转让、偶然所得，仍采取分类分次计税的方法；至于个体工商户的生产、经营所得和对企事业单位的承包经营、承租经营所得，虽然也是按年度计算，但并不属于综合所得，所以 C 项错误。

汇算清缴指的是年度终了后，纳税人汇总工资薪金、劳务报酬、稿酬、特许权使用费等四项综合所得的全年收入额，减去全年的费用和扣除，得出应纳税所得额并按照综合所得年度税率表，计算全年应纳个人所得税，再减去年度内已经预缴的税款，向税务机关办理年度纳税申报并结清应退或应补税款的过程。个体工商户的生产、经营所得和对企事业单位的承包经营、承租经营所得也需要办理汇算清缴，但是和综合所得分开办理。对张某而言，直播报酬属于综合所得，需要办理汇算清缴，但是拍卖所得属于财产转让所得，不需要办理汇算清缴，所以 B 项错误。

《个人所得税法》第 9 条第 1 款规定：“个人所得税以所得人为纳税义务人，以支付所得的单位或者个人为扣缴义务人。”因此，平台可为张某直播报酬代扣代缴个人所得税，也可为张某在平台拍

卖所得代扣代缴个人所得税,所以 D 项正确。

[**难度系数**] * *

2 [**答案**] A

[**考点**] 个人所得税、企业所得税

[**解析**] 关于个人所得税的减免,《个人所得税法》第 4 条规定:“下列各项个人所得,免征个人所得税:(一)省级人民政府、国务院部委和中国人民解放军军以上单位,以及外国组织、国际组织颁发的科学、教育、技术、文化、卫生、体育、环境保护等方面的奖金……(十)国务院规定的其他免税所得。前款第十项免税规定,由国务院报全国人民代表大会常务委员会备案。”第 5 条规定:“有下列情形之一的,可以减征个人所得税,具体幅度和期限,由省、自治区、直辖市人民政府规定,并报同级人民代表大会常务委员会备案:(一)残疾、孤老人员和烈属的所得;(二)因自然灾害遭受重大损失的。国务院可以规定其他减税情形,报全国人民代表大会常务委员会备案。”据此,某国际组织颁发的奖金免征个人所得税,A 项正确。县政府的奖金不属于免税所得,B 项错误。乙公司的奖励也不属于减税项目,C 项错误。

关于企业所得税应纳税额所得额的计算,《企业所得税法》第 8 条规定:“企业实际发生的与取得收入有关的、合理的支出,包括成本、费用、税金、损失和其他支出,准予在计算应纳税所得额时扣除。”而乙公司给甲颁发的奖励,与取得收入无关,不得在计算应纳税所得额时扣除,D 项错误。此外,乙公司的奖励也不能认定为公益性捐赠。退一步说,即便属于公益性捐赠,对其扣除也有限制。《企业所得税法》第 9 条规定:“企业发生的公益性捐赠支出,在年度利润总额 12% 以内的部分,准予在计算应纳税所得额时扣除;超过年度利润总额 12% 的部分,准予结转以后三年内在计算应纳税所得额时扣除。”

[**难度系数**] *

3 [**答案**] B

[**考点**] 车辆购置税、个人所得税、企业所得税

[**解析**] 根据《车辆购置税法》第 1 条的规定,在中华人民共和国境内购置汽车、有轨电车、汽车挂车、排气量超过 150 毫升的摩托车(以下统称应税车辆)的单位和个人,为车辆购置税的纳税人,应当依照本法规定缴纳车辆购置税。根据《车辆购置税法》第 2 条的规定,本法所称购置,是指以购买、进口、自产、受赠、获奖或者其他方式取得并自用应税车辆的行为。公司购买的车辆登记在法定代表人名下,实质是法定代表人受公司赠与,应由法定代表人缴纳,A 选项错误。

根据财政部、国家税务总局《关于企业为个人购买房屋或其他财产征收个人所得税问题的批复》的规定,符合以下情形的房屋或其他财产,无论所有权人是否将财产无偿或有偿交付企业使用,其实质均为企业对个人进行了实物性质的分配,应依法计征个人所得税:(1)企业出资购买房屋及其他财产,将所有权登记为投资者个人、投资者家庭成员或企业其他人员的;(2)企业投资者个人、投资者家庭成员或企业其他人员向企业借款用于购买房屋及其他财产,将所有权登记为投资者、投资者家庭成员或企业其他人员,且借款年度终了后未归还借款的。题干所述情形为企业对法定代表人进行了实物性质分配,应依法缴纳个人所得税,故 B 选项正确。

《个人所得税法》第 6 条规定:“应纳税所得额的计算:(一)居民个人的综合所得,以每一纳税年度的收入额减除费用六万元以及专项扣除、专项附加扣除和依法确定的其他扣除后的余额,为应纳税所得额……本条第一款第一项规定的专项扣除,包括居民个人按照国家规定的范围和标准缴纳的基本养老保险、基本医疗保险、失业保险等社会保险费和住房公积金等;专项附加扣除,包括子

女教育、继续教育、大病医疗、住房贷款利息或者住房租金、赡养老人等支出,具体范围、标准和实施步骤由国务院确定,并报全国人民代表大会常务委员会备案。”上述综合所得的专项扣除及专项附加扣除均无题干所述法定代表人受赠车辆之情形,故C选项错误。

《企业所得税法》第10条规定:“在计算应纳税所得额时,下列支出不得扣除:……(八)与取得收入无关的其他支出。”公司就为法定代表人购置的车辆,属于上述规定与取得收入无关的其他支出,根据规定不得扣除,故D选项错误。

[难度系数] * * *

4 [答案] C(原答案为CD)

[考点] 个人所得税

[解析] A选项考查个人所得税的课税对象。课税对象是征纳双方权利义务共同指向的客体或标的物,是区分不同税种的重要标志。以课税对象为划分标准,个人所得税应属于所得税而非财产税,因此,A选项错误,不当选。

B选项考查非居民纳税人。根据《个人所得税法》第1条第2款的规定可知,非居民纳税人是指在中国境内无住所又不居住,或者无住所而一个纳税年度内在中国境内居住累计不满183天的个人,为非居民个人。非居民个人从中国境内取得的所得,依照本法规定缴纳个人所得税。因此,B选项错误,不当选。

C选项考查居民纳税人。居民纳税人是指在中国境内有住所,或者无住所而一个纳税年度内在中国境内居住累计满183天的个人,为居民个人。居民个人从中国境内和境外取得的所得,依照《个人所得税法》的规定缴纳个人所得税。C选项正确,当选。

关于D选项,《个人所得税法》第3条第1项规定:“综合所得,适用百分之三至百分之四十五的超额累进税率……”可知,2018年《个人所得税法》修改后劳务报酬所得适用超额累进税率。因此,D选项错误,不当选。

[陷阱点拨] 很多考生对A选项提出异议,认为在个人所得税中,个人收入是变动的,因而,个人所得税属于动态财产税,这种错误认识主要源于对动态财产税的误读。理论上,根据课税对象形态的不同,财产税可分为动态财产税和静态财产税两大类,动态财产税是对因无偿转移而发生所有权变动的财产按其价值所课征的财产税,如遗产税、继承税等。静态财产税是对一定时期处于相对静止状态的财产,按其数量或价值进行课征的财产税,如房产税、地产税等。无论是动态财产税,还是静态财产税,它们都属于财产税,而非所得税。因此,A选项中将个人所得税划入财产税的范畴具有明显错误。

[难度系数] * *

第九章 税收征收管理法

考点一 税务管理

[答案] ACD

[考点] 税务机关职权、税收复议前置

[解析] A选项考查税务机关执法资格。《税收征收管理法》第14条规定:“本法所称税务机

关是指各级税务局、税务分局、税务所和按照国务院规定设立的并向社会公告的税务机构。”《税收征收管理法实施细则》第9条规定：“税收征管法第十四条所称按照国务院规定设立的并向社会公告的税务机构，是指省以下税务局的稽查局。稽查局专司偷税、逃避追缴欠税、骗税、抗税案件的查处。国家税务总局应当明确划分税务局和稽查局的职责，避免职责交叉。”本题中，县地税局稽查局具有独立执法主体资格，A选项正确。

B选项考查各税务机关核定应纳税额的情形。《税收征收管理法》第35条规定：“纳税人有下列情形之一的，税务机关有权核定其应纳税额：……（六）纳税人申报的计税依据明显偏低，又无正当理由的。税务机关核定应纳税额的具体程序和方法由国务院税务主管部门规定。”纳税人申报的计税依据明显偏低并且无正当理由的，税务机关有权核定其应纳税额。其中，必须要满足无正当理由和计税依据明显偏低两个条件，并不是只要申报的计税依据过低就有权核定。题干中，该公司申报的房产拍卖价明显偏低时，该局就可核定其应纳税额的说法错误。因此，B选项错误。

C选项考查税收滞纳金制度。《税收征收管理法》第52条规定：“因税务机关的责任，致使纳税人、扣缴义务人未缴或者少缴税款的，税务机关在三年内可以要求纳税人、扣缴义务人补缴税款，但是不得加收滞纳金。因纳税人、扣缴义务人计算错误等失误，未缴或者少缴税款的，税务机关在三年内可以追征税款、滞纳金；有特殊情况的，追征期可以延长到五年。对偷税、抗税、骗税的，税务机关追征其未缴或者少缴的税款、滞纳金或者所骗取的税款，不受前款规定期限的限制。”本题中，昌昌公司并不存在偷税、抗税、骗税的情形，因此税务机关无权要求其缴纳滞纳金。因此，C选项正确。

D选项考查税收复议前置制度。《税收征收管理法》第88条规定：“纳税人、扣缴义务人、纳税担保人同税务机关在纳税上发生争议时，必须先依照税务机关的纳税决定缴纳或者解缴税款及滞纳金或者提供相应的担保，然后可以依法申请行政复议；对行政复议决定不服的，可以依法向人民法院起诉。当事人对税务机关的处罚决定、强制执行措施或者税收保全措施不服的，可以依法申请行政复议，也可以依法向人民法院起诉。当事人对税务机关的处罚决定逾期不申请行政复议也不向人民法院起诉、又不履行的，作出处罚决定的税务机关可以采取本法第四十条规定的强制执行措施，或者申请人民法院强制执行。”本题中，税务机关对昌昌公司作出了补缴税款、加收滞纳金的行政处理决定，而二者对此处理决定发生了争议。此时，昌昌公司应该先申请行政复议，对行政复议决定不服才可依法向人民法院起诉。因此，D选项正确。

［难度系数］ ＊＊

考点二　税款征收

1 ［答案］ ABD

［考点］ 税收法定原则、增值税、消费税、车船税

［解析］ A选项考查税收法定原则。税收法定原则又叫税收法定主义，是指国家征税必须要有法律依据，没有法律依据不得要求公民纳税，即“无代表不纳税”，这是规范税收征收行为，保护纳税人权益，实现税收公平正义的制度保障。因为税收是对公民财产的分割，只有取得法律依据，才能使税收的征收具有正当性，才能发挥税收作为国家治理手段的重要作用。因此，当税法有漏洞时，不允许以类推适用方法来弥补税法漏洞。故A选项正确。

B选项考查增值税。增值税的纳税人分为一般纳税人和小规模纳税人，一般纳税人税率分为基本税率、低税率和“零税率”，小规模纳税人税率为3%。《增值税暂行条例》第12条规定：“小规

模纳税人增值税征收率为3%,国务院另有规定的除外。”故 B 选项正确。

C 选项考查消费税。根据《消费税暂行条例》中《消费税税目税率表》的规定,一共有14种应税消费品,分别是:(1)烟;(2)酒及酒精;(3)化妆品;(4)贵重首饰及珠宝玉石;(5)鞭炮、焰火;(6)成品油;(7)汽车轮胎;(8)摩托车;(9)小汽车;(10)高尔夫球及球具;(11)高档手表;(12)游艇;(13)木制一次性筷子;(14)实木地板。而一次性竹制筷子和复合地板并不属于应税消费品,故 C 选项错误。

D 选项考查车船税法。《车船税法》第8条规定:“车船税纳税义务发生时间为取得车船所有权或者管理权的当月。”《车船税法》第9条规定:“车船税按年申报缴纳。具体申报纳税期限由省、自治区、直辖市人民政府规定。”因此,车船税纳税义务发生时间为取得车船使用权或管理权的当年,并按年申报缴纳。故 D 选项正确。

[难度系数] * *

2 [答案] B

[考点] 税款与债权的缴纳排序

[解析] 《税收征收管理法》第45条规定:“税务机关征收税款,税收优先于无担保债权,法律另有规定的除外;纳税人欠缴的税款发生在纳税人以其财产设定抵押、质押或者纳税人的财产被留置之前的,税收应当先于抵押权、质权、留置权执行。纳税人欠缴税款,同时又被行政机关决定处以罚款、没收违法所得的,税收优先于罚款、没收违法所得。税务机关应当对纳税人欠缴税款的情况定期予以公告。”可知,税款与债权的缴纳排序规则可概括为:(1)税收 > 抵押权、质权、留置权(注意:前提是欠缴税款发生在抵押、质押财产被留置前);(2)税收 > 无担保债权;(3)税收 > 罚款、没收违法所得。

本题中,该企业拖欠的税款发生在将办公楼抵押给银行之前,根据上述规定,税收优先于抵押权执行,因此税款优先于银行贷款获得清偿。所以,B 项说法正确,当选;A 项说法错误,不当选。

C 选项涉及罚款与税款的关系,该企业拖欠税款在前,后因排污超标被环保部门罚款,根据《税收征收管理法》第45条的规定,“税收优先于罚款”,所以 C 选项说法错误,不当选。综上所述,该企业所欠税款优先于银行贷款、罚款获得清偿,所以,D 选项错误。

[难度系数] *

第十章 审 计 法

1 [答案] C

[考点] 审计机关职责、审计机关权限

[解析] A 选项考查各级审计机构的职权。《审计法》第20条规定:“审计署对中央银行的财务收支,进行审计监督。”以及《审计法》第22条第1款规定:“审计机关对国有企业、国有金融机构和国有资本占控股地位或者主导地位的企业、金融机构的资产、负债、损益以及其他财务收支情况,进行审计监督。”当地农业银行的财政收支情况应该由当地的审计机关进行,而不是审计署。因此,A 选项错误。

B 选项考查商业银行的审计机关。《商业银行法》第63条规定:“商业银行应当依法接受审计机关的审计监督。”故不需经过银监机构同意,当地审计机关即审计局有权对农业银行的财务收支进行审计监督。因此,B 选项错误。

C 选项考查审计机关权限。《审计法》第 37 条第 2 款规定:“审计机关经县级以上人民政府审计机关负责人批准,有权查询被审计单位在金融机构的账户。”《审计法实施条例》第 13 条规定:“地方各级审计机关正职和副职负责人的任免,应当事先征求上一级审计机关的意见。”要查询当地扶贫办在银行的账户,需要经过县级以上人民政府审计机关负责人批准,而正职和副职均是审计机关的负责人。故该县审计局经上一级审计局副职领导批准,有权查询当地扶贫办在银行的账户。因此,C 选项正确。

D 选项考查审计的范围。《审计法》第 2 条规定:“国家实行审计监督制度。坚持中国共产党对审计工作的领导,构建集中统一、全面覆盖、权威高效的审计监督体系。国务院和县级以上地方人民政府设立审计机关。国务院各部门和地方各级人民政府及其各部门的财政收支,国有的金融机构和企业事业组织的财务收支,以及其他依照本法规定应当接受审计的财政收支、财务收支,依照本法规定接受审计监督。审计机关对前款所列财政收支或者财务收支的真实、合法和效益,依法进行审计监督。”某县开展的扶贫资金属于地方的财政支出,故审计局有权对其进行审计调查。因此,D 选项错误。

[**难度系数**] * *

2 [**答案**] AD

[**考点**] 审计监督

[**解析**] A 选项考查审计监督的范围。《审计法》第 23 条规定:“审计机关对政府投资和以政府投资为主的建设项目的预算执行情况和决算,对其他关系国家利益和公共利益的重大公共工程项目的资金管理使用和建设运营情况,进行审计监督。”本题县污水处理厂系扶贫项目,由地方财政投资数千万元,审计机关对该项目依法进行审计监督,故 A 选项正确。

B 选项考查审计机关的权限。《审计法》第 37 条第 2 款规定:“审计机关经县级以上人民政府审计机关负责人批准,有权查询被审计单位在金融机构的账户。”《审计法》第 38 条第 2 款规定:“审计机关对被审计单位违反前款规定的行为,有权予以制止;必要时,经县级以上人民政府审计机关负责人批准,有权封存有关资料和违反国家规定取得的资产;对其中在金融机构的有关存款需要予以冻结的,应当向人民法院提出申请。”据此,审计机关只有查询而没有冻结存款的权力,对存款需要予以冻结的,审计机关应当向人民法院提出申请。故 B 选项错误。

C 选项考查审计程序。《审计法》第 44 条规定:“审计组对审计事项实施审计后,应当向审计机关提出审计组的审计报告。审计组的审计报告报送审计机关前,应当征求被审计对象的意见。被审计对象应当自接到审计组的审计报告之日起十日内,将其书面意见送交审计组。审计组应当将被审计对象的书面意见一并报送审计机关。”审计组应当在审计报告报送前而不是报送后征求该公司的意见,故 C 选项错误。

D 选项考查审计决定的变更或撤销。《审计法》第 46 条规定:“上级审计机关认为下级审计机关作出的审计决定违反国家有关规定的,可以责成下级审计机关予以变更或者撤销,必要时也可以直接作出变更或者撤销的决定。”D 选项是对法条的直接考查,故 D 选项正确。

[**难度系数**] * *

第十一章　土地管理法

1 [答案]　D

[考点]　耕地保护

[解析]　《土地管理法》第 33 条规定："国家实行永久基本农田保护制度。下列耕地应当根据土地利用总体规划划为永久基本农田，实行严格保护：……（三）蔬菜生产基地……"《土地管理法》第 35 条规定，永久基本农田经依法划定后，任何单位和个人不得擅自占用或者改变其用途。国家能源、交通、水利、军事设施等重点建设项目选址确实难以避让永久基本农田，涉及农用地转用或者土地征收的，必须经国务院批准。禁止通过擅自调整县级土地利用总体规划、乡（镇）土地利用总体规划等方式规避永久基本农田农用地转用或者土地征收的审批。根据上述规定，某镇划定的蔬菜生产基地受永久基本农田保护制度的保护，国家建设工程需占用的，必须经国务院批准，省政府没有审批权限，故 A 选项错误。

根据上述法律规定以及《土地管理法》第 37 条第 3 款"禁止占用永久基本农田发展林果业和挖塘养鱼"的规定，B、C 选项错误。

《土地管理法》第 34 条规定，乡（镇）人民政府应当将永久基本农田的位置、范围向社会公告，并设立保护标志，故 D 选项正确。

[难度系数]　*

2 [答案]　AC

[考点]　集体经营性建设用地

[解析]　《土地管理法》第 63 条第 1 款、第 2 款规定："土地利用总体规划、城乡规划确定为工业、商业等经营性用途，并经依法登记的集体经营性建设用地，土地所有权人可以通过出让、出租等方式交由单位或者个人使用，并应当签订书面合同，载明土地界址、面积、动工期限、使用期限、土地用途、规划条件和双方其他权利义务。前款规定的集体经营性建设用地出让、出租等，应当经本集体经济组织成员的村民会议三分之二以上成员或者三分之二以上村民代表的同意。"据此，某村办工厂拟转让其集体性建设用地使用权应当经过该集体经济组织成员村民会议 2/3 以上成员或 2/3 以上村民代表的同意，故 A 选项正确。

《土地管理法》第 66 条第 1 款规定："有下列情形之一的，农村集体经济组织报经原批准用地的人民政府批准，可以收回土地使用权：（一）为乡（镇）村公共设施和公益事业建设，需要使用土地的；（二）不按照批准的用途使用土地的；（三）因撤销、迁移等原因而停止使用土地的。"若新兴公司未经批准改变该地用途，农村经济组织报经原批准用地的人民政府批准后可以收回土地使用权，而不能仅依据村委会决议，故 B 选项错误。

《土地管理法》第 63 条第 4 款规定："集体经营性建设用地的出租，集体建设用地使用权的出让及其最高年限、转让、互换、出资、赠与、抵押等，参照同类用途的国有建设用地执行。具体办法由国务院制定。"据此，该建设用地可用于抵押，需根据国务院制定的具体办法参照同类国有建设用地执行，故 C 选项正确。

《城乡规划法》第 47 条规定："有下列情形之一的，组织编制机关方可按照规定的权限和程序修改省域城镇体系规划、城市总体规划、镇总体规划：（一）上级人民政府制定的城乡规划发生变更，提出修改规划要求的;(二)行政区划调整确需修改规划的;(三)因国务院批准重大建设工程确需修改规划的;(四)经评估确需修改规划的;(五)城乡规划的审批机关认为应当修改规划的其他情形。"据此,城乡规划修订的主体为组织编制机关,并非村民委员来决定,故D选项错误。

[难度系数] * * *

第十二章 房地产法

考点一 城市房地产管理制度

1 [答案] ABD

[考点] 土地出让制度、商品房预售的条件、居民住宅

[解析] A选项考查土地用途管制。《土地管理法》第4条第1款、第2款规定:"国家实行土地用途管制制度。国家编制土地利用总体规划,规定土地用途,将土地分为农用地、建设用地和未利用地。严格限制农用地转为建设用地,控制建设用地总量,对耕地实行特殊保护。"我国对农用地和开发未利用地实行严格限制,并不是放宽占用农用地和开发未利用地的条件。因此,A选项错误,当选。

B选项考查土地使用权出让。《城市房地产管理法》第10条规定:"土地使用权出让,必须符合土地利用总体规划、城市规划和年度建设用地计划。"土地使用权出让必须满足土地利用总体规划、城市规划和年度建设用地计划三个条件才行,而不是仅满足其中之一。因此,B选项错误,当选。

C选项考查预售商品房的条件。《城市房地产管理法》第45条规定:"商品房预售,应当符合下列条件:(一)已交付全部土地使用权出让金,取得土地使用权证书;(二)持有建设工程规划许可证……"本条第1项、第2项规定了商品房预售的土地出让制度,要求开发商交清全部土地使用权出让金,取得土地使用权证书,并持有建设工程规划许可证。因此,C选项正确,不当选。

D选项考查居民住宅的税收优惠。《城市房地产管理法》第29条规定:"国家采取税收等方面的优惠措施鼓励和扶持房地产开发企业开发建设居民住宅。"国家鼓励和扶持房地产开发企业开发建设居民住宅而不是商业办公类住宅。因此,D选项错误,当选。

[难度系数] *

2 [答案] ABC

[考点] 房地产转让

[解析] 《城市房地产管理法》第40条第1款规定:"以划拨方式取得土地使用权的,转让房地产时,应当按照国务院规定,报有批准权的人民政府审批。有批准权的人民政府准予转让的,应当由受让方办理土地使用权出让手续,并依照国家有关规定缴纳土地使用权出让金。"因此,甲企业将其厂房及所占划拨土地一并转让给乙企业时,应报经有批准权的政府审批,A选项正确,当选。

《城市房地产管理法》第39条规定:"以出让方式取得土地使用权的,转让房地产时,应当符合下列条件:(一)按照出让合同约定已经支付全部土地使用权出让金,并取得土地使用权证书……"本题中,由于甲转让给乙时,乙企业已经依法签订了土地出让合同,此后,乙再转让,便属于以出让方式取得土地使用权转让房地产的情形,须满足已支付全部土地使用权出让金,并取得土地使用权证书的法定条件。因此,B选项正确,当选。

《城市房地产管理法》第44条规定:"以出让方式取得土地使用权的,转让房地产后,受让人改

变原土地使用权出让合同约定的土地用途的，必须取得原出让方和市、县人民政府城市规划行政主管部门的同意，签订土地使用权出让合同变更协议或者重新签订土地使用权出让合同，相应调整土地使用权出让金。”《城市房地产管理法》第 15 条第 2 款规定：“土地使用权出让合同由市、县人民政府土地管理部门与土地使用者签订。”据此可知，土地使用权原出让方为人民政府土地管理部门，因此，C 选项正确，当选。

《城市房地产管理法》第 43 条规定：“以出让方式取得土地使用权的，转让房地产后，其土地使用权的使用年限为原土地使用权出让合同约定的使用年限减去原土地使用者已经使用年限后的剩余年限。”因此，丙取得该土地及房屋时，其土地使用年限为原土地使用权出让合同约定的使用年限（工业用地为 50 年）减去乙企业已经使用年限（5 年）后的剩余年限，即还有 45 年。故 D 选项错误，不当选。

[难度系数] ＊＊

考点二 不动产登记

1 [答案] B

[考点] 房地产法不动产登记

[解析] 《不动产登记暂行条例》第 19 条第 1 款、第 2 款规定：“属于下列情形之一的，不动产登记机构可以对申请登记的不动产进行实地查看：（一）房屋等建筑物、构筑物所有权首次登记；（二）在建建筑物抵押权登记；（三）因不动产灭失导致的注销登记；（四）不动产登记机构认为需要实地查看的其他情形。对可能存在权属争议，或者可能涉及他人利害关系的登记申请，不动产登记机构可以向申请人、利害关系人或者有关单位进行调查。”王某将房产赠与张某的情形不属于上述情形范畴，实地查看情形并非房屋登记必备的流程，故 A 选项错误。

《不动产登记暂行条例》第 14 条规定：“因买卖、设定抵押权等申请不动产登记的，应当由当事人双方共同申请。属于下列情形之一的，可以由当事人单方申请：（一）尚未登记的不动产首次申请登记的；（二）继承、接受遗赠取得不动产权利的；（三）人民法院、仲裁委员会生效的法律文书或者人民政府生效的决定等设立、变更、转让、消灭不动产权利的；（四）权利人姓名、名称或者自然状况发生变化，申请变更登记的；（五）不动产灭失或者权利人放弃不动产权利，申请注销登记的；（六）申请更正登记或者异议登记的；（七）法律、行政法规规定可以由当事人单方申请的其他情形。”王某将房产赠与张某的情形不属于上述可由当事人单方申请登记的情形，因此王某和张某应共同申请，故 B 选项正确。

《不动产登记暂行条例》第 16 条第 1 款规定：“申请人应当提交下列材料，并对申请材料的真实性负责：（一）登记申请书；（二）申请人、代理人身份证明材料、授权委托书；（三）相关的不动产权属来源证明材料、登记原因证明文件、不动产权属证书……”王某与张某之间的赠与合同作为不动产权权属来源及登记原因是必要的，但未要求必须是经公证的合同，故 C 选项错误。

《不动产登记暂行条例》第 21 条规定：“登记事项自记载于不动产登记簿时完成登记。不动产登记机构完成登记，应当依法向申请人核发不动产权属证书或者登记证明。”登记完成后，不动产登记中心应当核发不动产权属证书或者登记证明而非登记簿，故 D 选项错误。

综上所述，应当选 B 选项。

[难度系数] ＊＊

2 [答案] C

[考点] 不动产登记

［解析］《不动产登记暂行条例》第 14 条规定:“因买卖、设定抵押权等申请不动产登记的,应当由当事人双方共同申请。属于下列情形之一的,可以由当事人单方申请:(一)尚未登记的不动产首次申请登记的;(二)继承、接受遗赠取得不动产权利的;(三)人民法院、仲裁委员会生效的法律文书或者人民政府生效的决定等设立、变更、转让、消灭不动产权利的;(四)权利人姓名、名称或者自然状况发生变化,申请变更登记的;(五)不动产灭失或者权利人放弃不动产权利,申请注销登记的;(六)申请更正登记或者异议登记的;(七)法律、行政法规规定可以由当事人单方申请的其他情形。”由此可知,C 项中,孙某将房屋抵押给银行以获得贷款,申请抵押登记时,应由当事人双方共同申请,故 C 选项当选。A、B、D 选项,都可以由当事人单方申请,无须当事人双方共同申请,不当选。

［难度系数］ *

第十三章 城乡规划法

考点一 城乡规划制定与实施

1 ［答案］ D

［考点］ 建设工程规划许可,临时建设规划许可

［解析］ 关于建设工程规划许可,《城乡规划法》第 40 条规定,在城市、镇规划区内进行建筑物、构筑物、道路、管线和其他工程建设的,建设单位或者个人应当向城市、县人民政府城乡规划主管部门或者省、自治区、直辖市人民政府确定的镇人民政府申请办理建设工程规划许可证。第 64 条规定,未取得建设工程规划许可证或者未按照建设工程规划许可证的规定进行建设的,由县级以上地方人民政府城乡规划主管部门责令停止建设;尚可采取改正措施消除对规划实施的影响的,限期改正,处建设工程造价 5% 以上 10% 以下的罚款;无法采取改正措施消除影响的,限期拆除,不能拆除的,没收实物或者违法收入,可以并处建设工程造价 10% 以下的罚款。关于临时建设规划许可,第 44 条规定,在城市、镇规划区内进行临时建设的,应当经城市、县人民政府城乡规划主管部门批准。临时建设影响近期建设规划或者控制性详细规划的实施以及交通、市容、安全等的,不得批准。第 66 条规定,建设单位或者个人有下列行为之一的,由所在地城市、县人民政府城乡规划主管部门责令限期拆除,可以并处临时建设工程造价 1 倍以下的罚款:(1)未经批准进行临时建设的;(2)未按照批准内容进行临时建设的;(3)临时建筑物、构筑物超过批准期限不拆除的。

本题中,由题意可以判断,地窖属于永久性建设,而楼顶厂棚属于临时性建设。对于地窖,未取得建设工程规划许可证的,应当首先考虑采取改正措施消除对规划实施的影响,如果无法采取改正措施消除影响,方可考虑填埋等措施。由于地窖位于地下,对规划实施的影响较小,且为酒厂生产经营所必需,一般不予填埋。当然,无论是否拆除,都应处以罚款。所以 A、B 选项错误。对于楼顶厂棚,未经批准进行临时建设的,城乡规划主管部门可以直接责令限期拆除,可以并处临时建设工程造价 1 倍以下的罚款。所以 C 选项错误,D 选项正确。

［难度系数］ * * *

2 ［答案］ A

［考点］ 城乡规划

［解析］ 《城乡规划法》第 17 条第 2 款规定:“规划区范围、规划区内建设用地规模、基础设施

和公共服务设施用地、水源地和水系、基本农田和绿化用地、环境保护、自然与历史文化遗产保护以及防灾减灾等内容,应当作为城市总体规划、镇总体规划的强制性内容。”防灾减灾系镇总体规划的强制性内容之一,所以A选项正确。

《城乡规划法》第30条第2款规定:“在城市总体规划、镇总体规划确定的建设用地范围以外,不得设立各类开发区和城市新区。”据此,在此情况下设立经济开发区说法错误,故B选项错误。

《城乡规划法》第16条第2款规定:“镇人民政府组织编制的镇总体规划,在报上一级人民政府审批前,应当先经镇人民代表大会审议,代表的审议意见交由本级人民政府研究处理。”据此,对于镇总体规划应当先经镇人民代表大会审议,再报上一级人民政府审批,而不是先审批后审议,因此C选项错误。

《城乡规划法》第36条第1款规定:“按照国家规定需要有关部门批准或者核准的建设项目,以划拨方式提供国有土地使用权的,建设单位在报送有关部门批准或者核准前,应当向城乡规划主管部门申请核发选址意见书。”《土地管理法》第54条规定:“建设单位使用国有土地,应当以出让等有偿使用方式取得;但是,下列建设用地,经县级以上人民政府依法批准,可以以划拨方式取得:……(二)城市基础设施用地和公益事业用地……”公共垃圾填埋场属于本条第2项城市基础设施,该建设项目用地需要经有关部门批准以划拨方式取得国有土地使用权,建设单位应当先向城乡规划主管部门而不是国土部门申请核发选址建议书,所以D选项错误。

[难度系数] * *

考点二 城乡规划主管部门职责及权限

[答案] B

[考点] 城乡规划主管部门职责及权限、强制拆除措施

[解析] A、B选项考查城乡规划主管部门的职责。《城乡规划法》第44条规定:“在城市、镇规划区内进行临时建设的,应当经城市、县人民政府城乡规划主管部门批准。临时建设影响近期建设规划或者控制性详细规划的实施以及交通、市容、安全等的,不得批准。临时建设应当在批准的使用期限内自行拆除。临时建设和临时用地规划管理的具体办法,由省、自治区、直辖市人民政府制定。”在城市、镇规划区内进行临时建设的,应该经过城市、县人民政府城乡规划主管部门批准而不是城管执法部门批准。故A选项错误。而临时建设影响城市近期建设规划的实施,有关部门不得批准。故B选项正确。

C选项考查城乡规划主管部门的职能。《城乡规划法》第66条规定:“建设单位或者个人有下列行为之一的,由所在地城市、县人民政府城乡规划主管部门责令限期拆除,可以并处临时建设工程造价一倍以下的罚款:(一)未经批准进行临时建设的……”本题中,该搅拌站未经批准临时建设,由所在地城市、县人民政府城乡规划主管部门责令限期拆除,而不是市政府。故C选项错误。

D选项考查强制拆除措施。《城乡规划法》第68条规定:“城乡规划主管部门作出责令停止建设或者限期拆除的决定后,当事人不停止建设或者逾期不拆除的,建设工程所在地县级以上地方人民政府可以责成有关部门采取查封施工现场、强制拆除等措施。”如果该搅拌站逾期不拆除,则由县级以上人民政府责成有关部门采取查封施工现场、强制拆除等措施,而不是由市城乡规划部门采取强制拆除措施。故D选项错误。

[难度系数] * *

环境资源法

考点一 环境保护法基本制度

1 [答案] C

[考点] 环境影响评价法

[解析] 《环境影响评价法》第 24 条规定:“建设项目的环境影响评价文件经批准后,建设项目的性质、规模、地点、采用的生产工艺或者防治污染、防止生态破坏的措施发生重大变动的,建设单位应当重新报批建设项目的环境影响评价文件。建设项目的环境影响评价文件自批准之日起超过五年,方决定该项目开工建设的,其环境影响评价文件应当报原审批部门重新审核;原审批部门应当自收到建设项目环境影响评价文件之日起十日内,将审核意见书面通知建设单位。”第 25 条规定:“建设项目的环境影响评价文件未依法经审批部门审查或者审查后未予批准的,建设单位不得开工建设。”甲承建商超过 5 年未动工,应当重新报原审批部门审核后才能够动工,故 C 选项正确,B 选项、D 选项错误。无论甲是否重做环境影响评价文件,均应当报原审批部门重新审核通过后方能执行,A 选项错误。

综上所述,应当选 C 选项。

[难度系数] * *

2 [答案] A

[考点] 环境影响评价法

[解析] 《环境影响评价法》第 27 条规定:“在项目建设、运行过程中产生不符合经审批的环境影响评价文件的情形的,建设单位应当组织环境影响的后评价,采取改进措施,并报原环境影响评价文件审批部门和建设项目审批部门备案;原环境影响评价文件审批部门也可以责成建设单位进行环境影响的后评价,采取改进措施。”甲企业的施工行为因出现不符合环境影响评价文件的情况,故其应当采取改进措施并向环境管理部门备案,A 选项正确,D 选项错误。甲企业除须备案以外还须改进措施才可再行施工,C 选项错误。组织环境影响后评价的主体为建设单位甲企业或原环境影响评价文件审批部门(一般为环境管理部门)而非市场监督管理局,B 选项错误。

综上所述,应当选 A 选项。

[难度系数] * *

3 [答案] D

[考点] 建设项目跨区域环境影响评价

[解析] 《环境影响评价法》第 23 条规定:“国务院生态环境主管部门负责审批下列建设项目的环境影响评价文件:(一)核设施、绝密工程等特殊性质的建设项目;(二)跨省、自治区、直辖市行政区域的建设项目;(三)由国务院审批的或者由国务院授权有关部门审批的建设项目。前款规定以外的建设项目的环境影响评价文件的审批权限,由省、自治区、直辖市人民政府规定。建设项目可能造成跨行政区域的不良环境影响,有关生态环境主管部门对该项目的环境影响评价结论有争议的,其环境影响评价文件由共同的上一级生态环境主管部门审批。”根据该规定,跨省建设项目应

当由国务院生态环境部门负责审批,因此B项由S省审批错误。同时,由于项目由原本省内高速公路修建变为跨省项目,审批主体发生变化,程序也不应当按照原有程序进行,因此A选项错误。

《环境影响评价法》第18条规定:"建设项目的环境影响评价,应当避免与规划的环境影响评价相重复。作为一项整体建设项目的规划,按照建设项目进行环境影响评价,不进行规划的环境影响评价。已经进行了环境影响评价的规划包含具体建设项目的,规划的环境影响评价结论应当作为建设项目环境影响评价的重要依据,建设项目环境影响评价的内容应当根据规划的环境影响评价审查意见予以简化。"因此,有了建设环境影响评价的应尽量避免与规划环境影响评价重复,C选项重复出具环境影响评价错误,故不应选C。

《环境影响评价法》第25条规定:"建设项目的环境影响评价文件未依法经审批部门审查或者审查后未予批准的,建设单位不得开工建设。"D选项符合规定,因此D选项正确。

[**难度系数**] * *

4 [**答案**] BCD

[**考点**] 环境规划、环境评价制度

[**解析**] 本题考查环境保护制度的流程,考生应当对此有一个整体的逻辑化的把握,部分细致的考点难以记忆,因此难度较大。《环境影响评价法》第7条规定:"国务院有关部门、设区的市级以上地方人民政府及其有关部门,对其组织编制的土地利用的有关规划,区域、流域、海域的建设、开发利用规划,应当在规划编制过程中组织进行环境影响评价,编写该规划有关环境影响的篇章或者说明……"D选项说法符合规定,故D选项正确。

《环境影响评价法》第8条规定:"国务院有关部门、设区的市级以上地方人民政府及其有关部门,对其组织编制的工业、农业、畜牧业、林业、能源、水利、交通、城市建设、旅游、自然资源开发的有关专项规划(以下简称专项规划),应当在该专项规划草案上报审批前,组织进行环境影响评价,并向审批该专项规划的机关提出环境影响报告书……"根据上述规定,林业发展规划也需要进行环境影响评价,故A选项错误,B选项正确。

《森林法》第16条规定:"国家所有的林地和林地上的森林、林木可以依法确定给林业经营者使用。林业经营者依法取得的国有林地和林地上的森林、林木的使用权,经批准可以转让、出租、作价出资等。具体办法由国务院制定。林业经营者应当履行保护、培育森林资源的义务,保证国有森林资源稳定增长,提高森林生态功能。"故C选项正确。

综上所述,本题答案为BCD。

[**难度系数**] * * *

5 [**答案**] A

[**考点**] 环境影响评价、环境民事纠纷

[**解析**] 《环境影响评价法》第24条规定:"建设项目的环境影响评价文件经批准后,建设项目的性质、规模、地点、采用的生产工艺或者防治污染、防止生态破坏的措施发生重大变动的,建设单位应当重新报批建设项目的环境影响评价文件。建设项目的环境影响评价文件自批准之日起超过五年,方决定该项目开工建设的,其环境影响评价文件应当报原审批部门重新审核;原审批部门应当自收到建设项目环境影响评价文件之日起十日内,将审核意见书面通知建设单位。"本题中,爆破技术发生重大变动,应当重新报批环境影响报告书,而不是组织环境影响的后评价。所以A选项正确,BC选项错误。

《环境保护法》第66条规定:"提起环境损害赔偿诉讼的时效期间为三年,从当事人知道或者应

当知道其受到损害时起计算。”环境损害赔偿请求权属于债权请求权，债权请求权受双重诉讼时效期间的限制，包括最长诉讼时效和普通或特殊诉讼时效。《环境保护法》规定环境损害赔偿适用的诉讼时效期间为 3 年，而居民主张停止侵害的侵权责任，不属于损害赔偿请求权，而是物权请求权，根据学理，物权请求权不适用诉讼时效，所以 D 选项错误。

特别注意，物权请求权是行为请求权（请求相对人作为或不作为），多为作为请求权，例如，请求相对人返还原物，排除妨害或者消除危险，有时系不作为请求权，如容忍请求权。无论是作为请求权还是不作为请求权，均不适用诉讼时效。

[难度系数] * *

考点二　环境法律责任

1 [答案] A

[考点] 环境法律责任

[解析] 《环境保护法》第 6 条规定：“一切单位和个人都有保护环境的义务。地方各级人民政府应当对本行政区域的环境质量负责……”根据该规定，某市的市政府应对该市行政区域的环境质量负责，因此 A 选项正确。

[难度系数] *

2 [答案] A

[考点] 环境影响报告书、环境污染责任

[解析] A 选项考查环境影响报告书。《环境影响评价法》第 31 条第 1 款、第 2 款规定：“建设单位未依法报批建设项目环境影响报告书、报告表，或者未依照本法第二十四条的规定重新报批或者报请重新审核环境影响报告书、报告表，擅自开工建设的，由县级以上生态环境主管部门责令停止建设，根据违法情节和危害后果，处建设项目总投资额百分之一以上百分之五以下的罚款，并可以责令恢复原状；对建设单位直接负责的主管人员和其他直接责任人员，依法给予行政处分。建设项目环境影响报告书、报告表未经批准或者未经原审批部门重新审核同意，建设单位擅自开工建设的，依照前款的规定处罚、处分。”未依法报批建设项目环境影响报告书、报告表或者未重新报批、报请重新审核环境影响报告书、报告表的，不得擅自开工建设。因此，该公司在受到处罚后，并不能去补报，而是应该停工，且在环境影响报告书、报告表经过审批之后才可再开工建设。故 A 选项正确。

B 选项考查防治污染措施。《环境保护法》第 41 条规定：“建设项目中防治污染的设施，应当与主体工程同时设计、同时施工、同时投产使用。防治污染的设施应当符合经批准的环境影响评价文件的要求，不得擅自拆除或者闲置。”本题中，搅拌站与防治污染的设施应该同时投产使用，即使试运行期间也应同时使用，而不是在试运行期间停运治污设施。故 B 选项错误。

C 选项考查环境污染处罚。《环境保护法》第 59 条第 1 款规定：“企业事业单位和其他生产经营者违法排放污染物，受到罚款处罚，被责令改正，拒不改正的，依法作出处罚决定的行政机关可以自责令改正之日的次日起，按照原处罚数额按日连续处罚。”由此可知，违法排放污染物的并不是自处罚之日起就可以对其再次按日连续处罚，而是要在其被要求责令改正而拒不改正之后依法作出处罚决定的行政机关才可作出按照原处罚数额按日连续处罚的决定。C 选项中并未提及该公司在受到罚款处罚后被责令改正还拒不改正的情形，因此不可按日连续处罚。故 C 选项错误。

D 选项考查环境污染企业主管人员的行政责任。《环境保护法》第 63 条规定：“企业事业单位和其他生产经营者有下列行为之一，尚不构成犯罪的，除依照有关法律法规规定予以处罚外，由县级以上人民政府环境保护主管部门或者其他有关部门将案件移送公安机关，对其直接负责的主管人员和其他直接责任人员，处十日以上十五日以下拘留；情节较轻的，处五日以上十日以下拘留：……（三）通过暗管、渗井、渗坑、灌注或者篡改、伪造监测数据，或者不正常运行防治污染设施等逃避监管的方式违法排放污染物的……”市环保部门无拘留企业主管人员的职权。故D选项错误。

［难度系数］ ＊＊

3 ［答案］ C

［考点］ 环境公益诉讼

［解析］ 《环境保护法》第58条第1款、第2款规定：“对污染环境、破坏生态，损害社会公共利益的行为，符合下列条件的社会组织可以向人民法院提起诉讼：（一）依法在设区的市级以上人民政府民政部门登记；（二）专门从事环境保护公益活动连续五年以上且无违法记录。符合前款规定的社会组织向人民法院提起诉讼，人民法院应当依法受理。”B选项的“海蓝志愿者”组织虽然专门从事环境保护公益活动连续5年以上且无违法记录，但其是在滨海区民政局登记，不符合“依法在设区的市级以上人民政府民政部门登记”这一条件，因此，“海蓝志愿者”组织无权提起环境公益诉讼。D选项的“海洋之友”团体未在我国民政部门登记，也无权提起环境公益诉讼。C选项的环境保护基金会在省级民政厅登记，专门从事环境保护公益活动连续5年以上且无违法记录，符合环境公益诉讼原告主体资格，有权提起公益诉讼。A选项中的受损海产养殖户推选的代表赵某为自然人，而非社会组织，其无权提起公益诉讼。

［陷阱点拨］ 很多考生对C选项提出异议，认为该环境保护基金会虽然是在省级民政厅登记，但其是在邻省而非该省的省民政厅登记，因此，对于发生在该省的环境污染事件，其无权提起环境公益诉讼，然而，这种观点是错误的。《环境保护法》和最高人民法院《关于审理环境民事公益诉讼案件适用法律若干问题的解释》对于环保社会组织的地域活动范围，均未作出限制，即环境公益诉讼不受地域限制，环保社会组织可以跨地区提起公益诉讼，这样就扩大了环保组织起诉的范围，有利于调动环保组织的积极性。

［难度系数］ ＊＊

考点三 资源法

1 ［答案］ C

［考点］ 林木采伐

［解析］ 关于采伐许可证，《森林法》第56条规定：“采伐林地上的林木应当申请采伐许可证，并按照采伐许可证的规定进行采伐；采伐自然保护区以外的竹林，不需要申请采伐许可证，但应当符合林木采伐技术规程。农村居民采伐自留地和房前屋后个人所有的零星林木，不需要申请采伐许可证。非林地上的农田防护林、防风固沙林、护路林、护岸护堤林和城镇林木等的更新采伐，由有关主管部门按照有关规定管理。采挖移植林木按照采伐林木管理。具体办法由国务院林业主管部门制定。禁止伪造、变造、买卖、租借采伐许可证。”第57条规定：“采伐许可证由县级以上人民政府林业主管部门核发。县级以上人民政府林业主管部门应当采取措施，方便申请人办理采伐许可证。农村居民采伐自留山和个人承包集体林地上的林木，由县级人民政府林业主管部门或者其委托的乡镇人民政府核发采伐许可证。”本题中，因采伐林木应当申请许可，并由相应机关颁发采伐许可证，不存在自动取得一说，故A项错误。

农村居民采伐自留地和房前屋后个人所有的零星林木,不需要申请采伐许可证,但甲砍伐其承包的集体林地的林木,应取得采伐许可证,B 项错误。

农村居民采伐自留山和个人承包集体林地上的林木,由县级人民政府林业主管部门或者其委托的乡镇人民政府核发采伐许可证,故 C 项正确。

此外,《森林法》第 77 条规定:"违反本法规定,伪造、变造、买卖、租借采伐许可证的,由县级以上人民政府林业主管部门没收证件和违法所得,并处违法所得一倍以上三倍以下的罚款;没有违法所得的,可以处二万元以下的罚款。"可见,租借采伐许可证是违法行为,D 项错误。

[难度系数] * *

2 [答案] CD

[考点] 矿产资源法

[解析] 《矿产资源法》第 16 条规定:"开采下列矿产资源的,由国务院地质矿产主管部门审批,并颁发采矿许可证:(一)国家规划矿区和对国民经济具有重要价值的矿区内的矿产资源;(二)前项规定区域以外可供开采的矿产储量规模在大型以上的矿产资源;(三)国家规定实行保护性开采的特定矿种……可以由国务院授权的有关主管部门审批,并颁发采矿许可证……"稀土矿属于国家规定实行保护性开采的特定矿种,故应当向国务院地质矿产主管部门申请审批及许可证,故 C 选项正确,A 选项错误。甲发现的放射性铀矿资源属于放射性矿产,可以向国务院地质矿产主管部门或国务院授权的有关主管部门申请审批,题干未说明授权主管部门情形,故 D 选项正确、B 选项错误。

综上所述,应当选 CD 选项。

[难度系数] * *

3 [答案] AB

[考点] 矿产资源法

[解析] 《矿产资源法》第 6 条规定:"除按下列规定可以转让外,探矿权、采矿权不得转让:(一)探矿权人有权在划定的勘查作业区内进行规定的勘查作业,有权优先取得勘查作业区内矿产资源的采矿权。探矿权人在完成规定的最低勘查投入后,经依法批准,可以将探矿权转让他人……"A 选项勘探中的投入达到最低比例符合规定条件可以转让,B 选项两公司在划定区域完成勘探,符合法律规定可以优先获得采矿权,因此 A、B 选项均正确。

《矿产资源法》第 11 条规定:"国务院地质矿产主管部门主管全国矿产资源勘查、开采的监督管理工作。国务院有关主管部门协助国务院地质矿产主管部门进行矿产资源勘查、开采的监督管理工作。省、自治区、直辖市人民政府地质矿产主管部门主管本行政区域内矿产资源勘查、开采的监督管理工作。省、自治区、直辖市人民政府有关主管部门协助同级地质矿产主管部门进行矿资源勘查、开采的监督管理工作。"由此可知,煤矿的勘查管理权限属于国务院地质矿产主管部门和省、自治区、直辖市人民政府地质矿产主管部门,而非县级政府。故 C 选项错误。

《矿产资源法》第 3 条规定:"矿产资源属于国家所有,由国务院行使国家对矿产资源的所有权。地表或者地下的矿产资源的国家所有权,不因其所依附的土地的所有权或者使用权的不同而改变……"因此,D 选项认为,地下资源归公司所有错误,地下资源应当归国家所有。

综上所述,本题答案为 AB。

[难度系数] * *

劳动与社会保障法

第一章　社会保险法

1 ［答案］　BD

［考点］　失业保险

［解析］　首先，关于失业人员的医疗保险问题。《社会保险法》第48条规定："失业人员在领取失业保险金期间，参加职工基本医疗保险，享受基本医疗保险待遇。失业人员应当缴纳的基本医疗保险费从失业保险基金中支付，个人不缴纳基本医疗保险费。"据此，王某在失业期间也参加职工基本医疗保险并享受基本医疗保险待遇，所以A项错误、B项正确。

其次，根据《社会保险法》第49条的规定，如果领取失业保险金的人员死亡，其失业保险金不再领取，但遗属可以领取一次性丧葬补助金和抚恤金，所需资金从失业保险基金中支付。个人死亡同时符合领取基本养老保险丧葬补助金、工伤保险丧葬补助金和失业保险丧葬补助金条件的，其遗属只能选择领取其中的一项。所以C项错误。

最后，关于领取失业保险金的期限。《社会保险法》第46条规定："失业人员失业前用人单位和本人累计缴费满一年不足五年的，领取失业保险金的期限最长为十二个月；累计缴费满五年不足十年的，领取失业保险金的期限最长为十八个月；累计缴费十年以上的，领取失业保险金的期限最长为二十四个月。重新就业后，再次失业的，缴费时间重新计算，领取失业保险金的期限与前次失业应当领取而尚未领取的失业保险金的期限合并计算，最长不超过二十四个月。"本题中，王某失业后重新就业，第一次就业期间缴费年限为3年，对应的领取失业保险金最长期限为12个月；第二次就业期间缴费年限为8年，对应的领取失业保险金的最长期限为18个月。由于第一次失业后应领取而未领取失业保险金，故再次失业后可将两次期限合并计算，为30个月，但是法律规定最长不得超过24个月，故D项正确。

［难度系数］　* *

2 ［答案］　B

［考点］　工伤保险

［解析］　关于工伤保险费的缴纳，《社会保险法》第33条规定："职工应当参加工伤保险，由用人单位缴纳工伤保险费，职工不缴纳工伤保险费。"关于单位未缴工伤保险费的后果，《社会保险法》第41条规定："职工所在用人单位未依法缴纳工伤保险费，发生工伤事故的，由用人单位支付工伤保险待遇。"本题中，应由甲公司缴纳工伤保险费，但甲公司未能按时缴纳，恰好在此期间张三发生工伤，则所有的工伤保险待遇，均应由甲公司承担，故B项正确，其余各项均错误。

考生还需要注意，在单位依法缴纳工伤保险费的情况下，工伤保险待遇的种类及其承担主体，也是常考内容。《社会保险法》第38条规定："因工伤发生的下列费用，按照国家规定从工伤保险基金中支付：（一）治疗工伤的医疗费用和康复费用；（二）住院伙食补助费；（三）到统筹地区以外就医的交通食宿费；（四）安装配置伤残辅助器具所需费用；（五）生活不能自理的，经劳动能力鉴定委员会确认的生活护理费;(六)一次性伤残补助金和一至四级伤残职工按月领取的伤残津贴;(七)终止或者解除劳动合同时,应当享受的一次性医疗补助金;(八)因工死亡的,其遗属领取的丧葬补助金、供养亲属抚恤金和因工死亡补助金;(九)劳动能力鉴定费。”第 39 条规定:“因工伤发生的下列费用,按照国家规定由用人单位支付:(一)治疗工伤期间的工资福利;(二)五级、六级伤残职工按月领取的伤残津贴;(三)终止或者解除劳动合同时,应当享受的一次性伤残就业补助金。”

[难度系数] * *

3 [答案] ACD

[考点] 社会保险、养老保险

[解析] 《社会保险法》第 16 条规定:“参加基本养老保险的个人,达到法定退休年龄时累计缴费满十五年的,按月领取基本养老金。参加基本养老保险的个人,达到法定退休年龄时累计缴费不足十五年的,可以缴费至满十五年,按月领取基本养老金;也可以转入新型农村社会养老保险或者城镇居民社会养老保险,按照国务院规定享受相应的养老保险待遇。”第 17 条规定:“参加基本养老保险的个人,因病或者非因工死亡的,其遗属可以领取丧葬补助金和抚恤金;在未达到法定退休年龄时因病或者非因工致残完全丧失劳动能力的,可以领取病残津贴。所需资金从基本养老保险基金中支付。”国务院《关于工人退休、退职的暂行办法》规定男年满 60 周岁,女年满 50 周岁,连续工龄满 10 年的达到法定退休年龄。张某达到法定退休年龄但缴纳社保累计不足 15 年,张某可缴费至满 15 年;也可转入新型农村社会养老保险或者城镇居民社会养老保险,故 A 选项、D 选项正确。张某因意外丧失劳动能力可领取病残津贴,C 选项正确。

《社会保险法》第 12 条规定:“用人单位应当按照国家规定的本单位职工工资总额的比例缴纳基本养老保险费,记入基本养老保险统筹基金。职工应当按照国家规定的本人工资的比例缴纳基本养老保险费,记入个人账户。无雇工的个体工商户、未在用人单位参加基本养老保险的非全日制从业人员以及其他灵活就业人员参加基本养老保险的,应当按照国家规定缴纳基本养老保险费,分别记入基本养老保险统筹基金和个人账户。”张某通过直播卖农产品属于其他灵活就业人员,其缴纳的基本养老保险费应分别记入基本养老保险统筹基金和个人账户,而非仅存入个人账户,故 B 选项错误。

综上所述,应当选 A、C、D 选项。

[难度系数] * * *

4 [答案] ABCD

[考点] 军人保险法

[解析] 《军人保险法》规定了军人伤亡保险、退役养老保险、退役医疗保险和随军未就业的军人配偶保险等军人保险制度。并且《军人保险法》第 5 条规定了全军的军人保险工作依法应由中国人民解放军军人保险主管部门负责。故 A 选项正确。

根据《军人保险法》第 30 条、第 31 条的规定,军人保险基金包括军人伤亡保险基金、军人退役养老保险基金、军人退役医疗保险基金和随军未就业的军人配偶保险基金。保险基金按照军人保险险种分别建账、分账核算,执行军队的会计制度。军人保险基金由个人缴费、中央财政负担的军人保险资金以及利息收入等资金构成。因此,B、C 选项正确。

根据《军人保险法》第 23 条的规定,军人服现役年限视同职工基本医疗保险缴费年限,与入伍前和退出现役后参加职工基本医疗保险的缴费年限合并计算。军人退出现役后参加新型农村合作医疗或者城镇居民基本医疗保险的，按照国家有关规定办理。故 D 选项正确。综上，本题答案为 ABCD。

［难度系数］ * *

5［答案］ ABD

［考点］ 劳动关系、社会养老保险

［解析］ A 选项考查劳动关系。姚某虽然与红海公司未签订书面劳动合同，但是劳动关系自用工之日起便已建立。因此，A 选项正确。

B 选项考查未签订劳动合同的经济补偿。《劳动合同法实施条例》第 6 条规定："用人单位自用工之日起超过一个月不满一年未与劳动者订立书面劳动合同的，应当依照劳动合同法第八十二条的规定向劳动者每月支付两倍的工资，并与劳动者补订书面劳动合同；劳动者不与用人单位订立书面劳动合同的，用人单位应当书面通知劳动者终止劳动关系，并依照劳动合同法第四十七条的规定支付经济补偿。前款规定的用人单位向劳动者每月支付两倍工资的起算时间为用工之日起满一个月的次日，截止时间为补订书面劳动合同的前一日。"姚某于 2016 年 3 月 8 日参加工作，同年 12 月 8 日辞职，其间并未超过 1 年，故符合请求经济补偿的时间要求。红海公司一直未与姚某签订书面劳动合同，故应从姚某参加工作起满 1 个月的次日即 2016 年 4 月 8 日起，向姚某每月支付 2 倍的工资。因此，B 选项正确。

C 选项考查基本养老保险。《社会保险法》第 10 条规定："职工应当参加基本养老保险，由用人单位和职工共同缴纳基本养老保险费。无雇工的个体工商户、未在用人单位参加基本养老保险的非全日制从业人员以及其他灵活就业人员可以参加基本养老保险，由个人缴纳基本养老保险费。公务员和参照公务员法管理的工作人员养老保险的办法由国务院规定。"就业人员应参加基本医疗保险，姚某为红海公司职员，应该参加基本医疗保险，而不是参加新型农村社会养老保险。因此，C 选项错误。

D 选项考查社会保险争议解决。《社会保险法》第 83 条规定："用人单位或者个人认为社会保险费征收机构的行为侵害自己合法权益的，可以依法申请行政复议或者提起行政诉讼。用人单位或者个人对社会保险经办机构不依法办理社会保险登记、核定社会保险费、支付社会保险待遇、办理社会保险转移接续手续或者侵害其他社会保险权益的行为，可以依法申请行政复议或者提起行政诉讼。个人与所在用人单位发生社会保险争议的，可以依法申请调解、仲裁，提起诉讼。用人单位侵害个人社会保险权益的，个人也可以要求社会保险行政部门或者社会保险费征收机构依法处理。"红海公司未替姚某缴纳个人养老保险，侵害了姚某的社会保险权益，姚某可以要求社会保险行政部门或者社会保险费征收机构依法处理。因此，D 选项正确。

［难度系数］ * *

第二章　劳动合同法

考点一　劳动合同的订立、解除与终止

1［答案］ B

［考点］ 劳动合同的解除、试用期

［解析］《劳动合同法》第 19 条规定："劳动合同期限三个月以上不满一年的，试用期不得超过一个月；劳动合同期限一年以上不满三年的，试用期不得超过二个月；三年以上固定期限和无固定期限的劳动合同，试用期不得超过六个月。同一用人单位与同一劳动者只能约定一次试用期。以完成一定工作任务为期限的劳动合同或者劳动合同期限不满三个月的，不得约定试用期。试用期包含在劳动合同期限内。劳动合同仅约定试用期的，试用期不成立，该期限为劳动合同期限。"第 20 条规定："劳动者在试用期的工资不得低于本单位相同岗位最低档工资或者劳动合同约定工资的百分之八十，并不得低于用人单位所在地的最低工资标准。"在甲公司与方某的第一份劳动合同中，2 年期劳动合同的试用期不得超过 2 个月，实际约定的 6 个月试用期违法，试用期工资和转正后工资相同，在一般情况下也是违法的，除非试用期工资不低于本单位相同岗位最低工资的 80%，故 A 项错误。且由于同一用人单位与同一劳动者只能约定一次试用期，故 C 项也是错误的。

用人单位单方解除劳动合同，必须具备合法的理由。本题可能涉及的理由是《劳动合同法》第 40 条："有下列情形之一的，用人单位提前三十日以书面形式通知劳动者本人或者额外支付劳动者一个月工资后，可以解除劳动合同：（一）劳动者患病或者非因工负伤，在规定的医疗期满后不能从事原工作，也不能从事由用人单位另行安排的工作的；（二）劳动者不能胜任工作，经过培训或者调整工作岗位，仍不能胜任工作的；（三）劳动合同订立时所依据的客观情况发生重大变化，致使劳动合同无法履行，经用人单位与劳动者协商，未能就变更劳动合同内容达成协议的。"但是该条第 2 项规定的是"在规定的医疗期满后不能从事原工作，也不能从事由用人单位另行安排的工作"，而本题中甲公司解除劳动合同的理由并不符合这项规定，因此为违法解除劳动合同情形，B 项正确。

《劳动合同法》第 43 条规定："用人单位单方解除劳动合同，应当事先将理由通知工会。用人单位违反法律、行政法规规定或者劳动合同约定的，工会有权要求用人单位纠正。用人单位应当研究工会的意见，并将处理结果书面通知工会。"据此，D 项说法错误。

［难度系数］ * *

2 ［答案］ D

［考点］ 劳动合同的终止

［解析］ 关于劳动合同的终止，《劳动合同法》第 44 条规定："有下列情形之一的，劳动合同终止：（一）劳动合同期满的……"因此，通常情况下，劳动因期满而终止。但是，《劳动合同法》第 45 条进一步规定："劳动合同期满，有本法第四十二条规定情形之一的，劳动合同应当续延至相应的情形消失时终止。但是，本法第四十二条第二项规定丧失或者部分丧失劳动能力劳动者的劳动合同的终止，按照国家有关工伤保险的规定执行。"《劳动合同法》第 42 条规定："劳动者有下列情形之一的，用人单位不得依照本法第四十条、第四十一条的规定解除劳动合同：（一）从事接触职业病危害作业的劳动者未进行离岗前职业健康检查，或者疑似职业病病人在诊断或者医学观察期间的；（二）在本单位患职业病或者因工负伤并被确认丧失或者部分丧失劳动能力的；（三）患病或者非因工负伤，在规定的医疗期内的；（四）女职工在孕期、产期、哺乳期的；（五）在本单位连续工作满十五年，且距法定退休年龄不足五年的；（六）法律、行政法规规定的其他情形。"本题中，劳动合同于 2020 年 1 月 8 日订立，期限 1 年，试用期 1 个月（包含在劳动合同期限内），故正常情况下应于 2021 年 1 月 8 日期满终止。但是，在劳动合同存续期间，劳动者非因工负伤，在规定的医疗期内劳动期满，不会因期满而终止，而应延续至医疗期满，即 2021 年 3 月 8 日，故 D 项正确，其余各项错误。

［难度系数］ * *

3 [答案] D

[考点] 集体劳动合同

[解析] 《劳动法》第41条规定:“用人单位由于生产经营需要,经与工会和劳动者协商后可以延长工作时间,一般每日不得超过一小时;因特殊原因需要延长工作时间的,在保障劳动者身体健康的条件下延长工作时间每日不得超过三小时,但是每月不得超过三十六小时。”鉴于每月加班48小时超过36小时的规定,集体劳动合同不得作出上述约定,A选项错误。

《劳动法》第33条规定:“企业职工一方与企业可以就劳动报酬、工作时间、休息休假、劳动安全卫生、保险福利等事项,签订集体合同。集体合同草案应当提交职工代表大会或者全体职工讨论通过。集体合同由工会代表职工与企业签订;没有建立工会的企业,由职工推举的代表与企业签订。”集体合同草案应当提交职工代表大会或者全体职工讨论通过而非用人单位股东会,C选项错误。

《劳动法》第34条规定:“集体合同签订后应当报送劳动行政部门;劳动行政部门自收到集体合同文本之日起十五日内未提出异议的,集体合同即行生效。”集体劳动合同的生效无须工会签订补充协议,但须报送劳动行政部门,B选项错误,D选项正确。

综上,应当选D选项。

[难度系数] * *

4 [答案] B

[考点] 劳动合同订立

[解析] 《劳动合同法实施条例》第6条第1款规定:“用人单位自用工之日起超过一个月不满一年未与劳动者订立书面劳动合同的,应当依照劳动合同法第八十二条的规定向劳动者每月支付两倍的工资,并与劳动者补订书面劳动合同;劳动者不与用人单位订立书面劳动合同的,用人单位应当书面通知劳动者终止劳动关系,并依照劳动合同法第四十七条的规定支付经济补偿。”

根据题干可知,元某2018年1月5日进入妙姿公司工作,2019年1月2日离职,用工时间超过1个月但不满1年。由于元某不与妙姿公司签订劳动合同,妙姿公司应当书面通知元某终止劳动关系,并按规定支付经济补偿。尽管妙姿公司未书面通知解除劳动关系,但在1年内劳动关系已经终止,符合上述法律规定,故妙姿公司需依据《劳动合同法》第47条支付经济补偿,但无须另行支付2倍工资。B选项正确。

[难度系数] * *

5 [答案] ABC

[考点] 劳动合同解除

[解析] 本题主要考查《劳动合同法》劳动合同解除的相关规定,具体分析如下:

《劳动合同法》第41条规定:“有下列情形之一,需要裁减人员二十人以上或者裁减不足二十人但占企业职工总数百分之十以上的,用人单位提前三十日向工会或者全体职工说明情况,听取工会或者职工的意见后,裁减人员方案经向劳动行政部门报告,可以裁减人员:(一)依照企业破产法规定进行重整的;(二)生产经营发生严重困难的;(三)企业转产、重大技术革新或者经营方式调整,经变更劳动合同后,仍需裁减人员的;(四)其他因劳动合同订立时所依据的客观经济情况发生重大变化,致使劳动合同无法履行的。裁减人员时,应当优先留用下列人员:(一)与本单位订立较长期限的固定期限劳动合同的;(二)与本单位订立无固定期限劳动合同的;(三)家庭无其他就业人员,有需要扶养的老人或者未成年人的。用人单位依照本条第一款规定裁减人员,在六个月内重新招用人员的，应当通知被裁减的人员，并在同等条件下优先招用被裁减的人员。”根据上述法律规定，若杨某因甲公司破产重整而被裁员，则其劳动合同终止，故 A 选项正确。马某工作 15 年，甲公司在裁减人员时应当预先留用与甲单位订立较长期限的固定期限劳动合同的工作人员，但仅作为优先留用的次序排列，甲公司仍可解除与马某的劳动合同，故 C 选项正确。牛某属于家庭无其他就业人员且有需要抚养的未成年人的，应当优先留用，但甲公司仍可以解除劳动合同，故 D 选项错误。

根据《劳动合同法》第 46 条的规定，用人单位因裁员而解除劳动合同的，应当向劳动者支付经济补偿；第 47 条规定，“经济补偿按劳动者在本单位工作的年限，每满一年支付一个月工资的标准向劳动者支付。六个月以上不满一年的，按一年计算；不满六个月的，向劳动者支付半个月工资的经济补偿。劳动者月工资高于用人单位所在直辖市、设区的市级人民政府公布的本地区上年度职工月平均工资三倍的，向其支付经济补偿的标准按职工月平均工资三倍的数额支付，向其支付经济补偿的年限最高不超过十二年”，选项 B 中，陆某在甲公司工作 3 年 8 个月，由于满 6 个月以上的按 1 年计算，故甲公司应当 3 年按 3 个月工资、8 个月按 1 个月工资的标准计算经济补偿费用，向陆某支付 4 个月工资的经济补偿，故 B 选项正确。

［**难度系数**］ ＊＊

6 ［**答案**］ B

［**考点**］ 劳动合同的订立、留置权

［**解析**］ 本题结合劳动合同法和民法的基本内容考查，相关的知识点属于重点要把握的内容。《民法典》第 448 条规定：“债权人留置的动产，应当与债权属于同一法律关系，但是企业之间留置的除外。”张某与飞信科技一直没有签订书面的劳动合同，但是他们之间在实质上已经建立了劳动关系。劳动者以用人单位拖欠劳动报酬为由，主张对用人单位供其使用的工具、物品等动产行使留置权，不符合劳动债权的规定，也不属于前述《民法典》规定中的同一法律关系，因此，劳动者并没有留置权。本题中张某无权留置该车辆。A 选项错误，B 选项正确。

《劳动合同法》第 82 条第 1 款规定：“用人单位自工之日起超过一个月不满一年未与劳动者订立书面劳动合同的，应当向劳动者每月支付二倍的工资。”并且，《劳动合同法实施条例》第 7 条规定：“用人单位自用工之日起满一年未与劳动者订立书面劳动合同的，自用工之日起满一个月的次日至满一年的前一日应当依照劳动合同法第八十二条的规定向劳动者每月支付两倍的工资……”《劳动合同法》第 14 条第 3 款规定：“用人单位自用工之日起满一年不与劳动者订立书面劳动合同的，视为用人单位与劳动者已订立无固定期限劳动合同。”本题中，飞信科技向张某支付双倍工资的时间为自用工之日起满 1 个月的次日至满 1 年的前一日，并到非离职之日，并且视为自用工之日起满 1 年的当日已经与劳动者签订无固定期限劳动合同。故 C 选项错误。

《劳动法》第 79 条规定：“劳动争议发生后，当事人可以向本单位劳动争议调解委员会申请调解；调解不成，当事人一方要求仲裁的，可以向劳动争议仲裁委员会申请仲裁。当事人一方也可以直接向劳动争议仲裁委员会申请仲裁。对仲裁裁决不服的，可以向人民法院提起诉讼。”由于法律规定劳动争议的解决实行仲裁前置的程序，飞信科技有限公司拖欠张某工资的争议应当先经劳动争议仲裁机关裁决，如果张某与飞信科技对仲裁结果不服，其后才能向法院提起诉讼，不可以直接向法院主张要求公司支付双倍工资。D 选项错误。

综上所述，本题答案为 B。

［**难度系数**］ ＊＊

7 [答案] CD

[考点] 集体劳动合同

[解析] A选项考查集体合同的订立。《劳动合同法》第51条第2款规定:“集体合同由工会代表企业职工一方与用人单位订立;尚未建立工会的用人单位,由上级工会指导劳动者推举的代表与用人单位订立。”法律并未规定经2/3以上的职工推举的代表,可直接与公司订立集体合同。因此,A选项错误。

B选项考查集体合同的生效。《劳动合同法》第54条第1款规定:“集体合同订立后,应当报送劳动行政部门;劳动行政部门自收到集体合同文本之日起十五日内未提出异议的,集体合同即行生效。”集体合同并不是报送劳动行政部门备案后即行生效,而是需要劳动行政部门自收到集体合同文本15日内未提出异议才可生效。因此,B选项错误。

C选项考查集体合同的效力。《劳动合同法》第54条第2款规定:“依法订立的集体合同对用人单位和劳动者具有约束力。行业性、区域性集体合同对当地本行业、本区域的用人单位和劳动者具有约束力。”丙公司依法订立的集体合同,对丙公司及其全体劳动者,无论劳动者是否为工会会员,均适用。因此,C选项正确。

D选项考查集体合同的争议解决。《劳动合同法》第56条规定:“用人单位违反集体合同,侵犯职工劳动权益的,工会可以依法要求用人单位承担责任;因履行集体合同发生争议,经协商解决不成的,工会可以依法申请仲裁、提起诉讼。”故丁公司工会与公司协商不成时,可以申请仲裁、提起诉讼。因此,D选项正确。

[难度系数] *

考点二 劳动合同的条款

1 [答案] C

[考点] 服务期

[解析] 《劳动合同法》第22条规定:“用人单位为劳动者提供专项培训费用,对其进行专业技术培训的,可以与该劳动者订立协议,约定服务期。劳动者违反服务期约定的,应当按照约定向用人单位支付违约金。违约金的数额不得超过用人单位提供的培训费用。用人单位要求劳动者支付的违约金不得超过服务期尚未履行部分所应分摊的培训费用……”乙公司开支的培训费用为15万元,乙要求甲支付的违约金不得超过15万元,故B选项错误。

根据上述规定,若甲2016年辞职,15万元培训费分摊5年,每年为3万元培训费,剩余4年服务期甲尚未履行,则乙公司要求甲支付的违约金不得超过12万元,故A选项错误。

《劳动合同法》第35条规定,用人单位与劳动者协商一致,可以变更劳动合同约定的内容。变更劳动合同,应当采用书面形式。变更后的劳动合同文本由用人单位和劳动者各执一份。因此,甲只要与乙公司达成一致约定即可以进行岗位调整,故D选项错误。

《劳动合同法》第38条规定:“用人单位有下列情形之一的,劳动者可以解除劳动合同:(一)未按照劳动合同约定提供劳动保护或者劳动条件的;(二)未及时足额支付劳动报酬的……”若乙公司未及时足额支付劳动报酬,甲享有法定解除权,其行使解除权的行为不属于违约,无须支付违约金,故C选项正确。

综上所述,本题正确答案为C选项。

[难度系数] * *

2 ［答案］ BD

［考点］ 经济性裁员

［解析］ A 选项考查经济性裁员。经济性裁员，是指用人单位濒临破产进行法定整顿期间或生产经营状况发生严重困难，为改善生产经营状况而辞退成批员工。《劳动合同法》第 41 条第 1 款规定："有下列情形之一，需要裁减人员二十人以上或者裁减不足二十人但占企业职工总数百分之十以上的，用人单位提前三十日向工会或者全体职工说明情况，听取工会或者职工的意见后，裁减人员方案经向劳动行政部门报告，可以裁减人员：（一）依照企业破产法规定进行重整的；（二）生产经营发生严重困难的；（三）企业转产、重大技术革新或者经营方式调整，经变更劳动合同后，仍需裁减人员的；（四）其他因劳动合同订立时所依据的客观经济情况发生重大变化，致使劳动合同无法履行的……"《劳动合同法》第 46 条规定："有下列情形之一的，用人单位应当向劳动者支付经济补偿：……（四）用人单位依照本法第四十一条第一款规定解除劳动合同的……"本题中，该混凝土公司生产经营发生严重困难，此种情形下的裁员属于经济性裁员。因经济性裁员，对辞退的劳动者需要给予经济补偿。因此，A 选项错误。

B 选项考查经济性裁员应当优先留用的人员。《劳动合同法》第 41 条第 2 款规定："裁减人员时，应当优先留用下列人员：（一）与本单位订立较长期限的固定期限劳动合同的；（二）与本单位订立无固定期限劳动合同的；（三）家庭无其他就业人员，有需要扶养的老人或者未成年人的。"与本公司订立了无固定期限劳动合同的职工应当被优先留用。因此，B 选项正确。

C 选项、D 选项考查经济性裁员的例外情形。《劳动合同法》第 42 条规定："劳动者有下列情形之一的，用人单位不得依照本法第四十条、第四十一条的规定解除劳动合同：（一）从事接触职业病危害作业的劳动者未进行离岗前职业健康检查，或者疑似职业病病人在诊断或者医学观察期间的；（二）在本单位患职业病或者因工负伤并被确认丧失或者部分丧失劳动能力的；（三）患病或者非因工负伤，在规定的医疗期内的；（四）女职工在孕期、产期、哺乳期的；（五）在本单位连续工作满十五年，且距法定退休年龄不足五年的；（六）法律、行政法规规定的其他情形。"在该公司连续工作满 15 年的女职工如果距法定退休年龄超过 5 年，依然可以被辞退，但非因公负伤且在规定医疗期内的劳动者不得被裁减。因此，C 选项错误，D 选项正确。

［难度系数］ * *

考点三 非全日制用工

［答案］ A

［考点］ 非全日制用工

［解析］ 本题主要考查《劳动合同法》中对非全日制用工的相关规定。《劳动合同法》第 69 条规定："非全日制用工双方当事人可以订立口头协议。从事非全日制用工的劳动者可以与一个或者一个以上用人单位订立劳动合同；但是，后订立的劳动合同不得影响先订立的劳动合同的履行。"由此可知，非全日制用工的劳动者可以与一个以上的用人单位订立劳动合同，因此甲作为非全日制用工的劳动者可以同时与乙、丙两家公司签订劳动合同，故 A 选项正确，当选。

《劳动合同法》第 70 条规定："非全日制用工双方当事人不得约定试用期。"本题中根据甲劳动的性质可以推断甲是非全日制用工，根据上述规定不应对甲规定试用期，因此无论试用期为 1 个月还是 3 天均不合法，故 B 项错误，不当选。

《劳动合同法》第 72 条第 2 款规定："非全日制用工劳动报酬结算支付周期最长不得超过十五

日。”C 选项 20 日一结算超过 15 日一结算的法定标准，因此 C 选项不合法，错误，不当选。

《劳动合同法》第 68 条规定：“非全日制用工，是指以小时计酬为主，劳动者在同一用人单位一般平均每日工作时间不超过四小时，每周工作时间累计不超过二十四小时的用工形式。”本题中原来的约定是甲一周工作 7 天、每天 3 小时，这是合法的。但是将工作时间改为 4 小时之后，虽然每天工作时间合法，但是每周累计达到 28 小时，超过 24 小时的上限，因此 D 选项错误，不当选。

[难度系数]　* *

考点四　劳务派遣

1 [答案]　C

[考点]　劳务派遣

[解析]　劳务派遣的关系结构，可以用“有关系无劳动，有劳动无关系”这 12 个字概括。在劳动者与劳务派遣单位之间存在劳动关系，但是不存在劳动的事实，在劳动者与用工单位之间，存在劳动的事实，但是不存在劳动关系。据此，《劳动合同法》第 58 条规定：劳务派遣单位是本法所称用人单位，应当履行用人单位对劳动者的义务。也就是说，劳务派遣单位要给劳动者缴纳工伤保险费。另根据《社会保险法》第 41 条规定：职工所在用人单位未依法缴纳工伤保险费，发生工伤事故的，由用人单位支付工伤保险待遇。因此，在劳务派遣中，若劳务派遣单位未给劳动者依法缴纳工伤保险费，则其作为用人单位，应支付工伤保险待遇。本题中，应由劳务派遣公司承担赔偿责任，故 C 项正确，其余各项错误。

[难度系数]　*

2 [答案]　D

[考点]　劳务派遣

[解析]　根据《劳动合同法》第 64 条的规定，被派遣劳动者有权在劳务派遣单位或者用工单位依法参加或者组织工会，维护自身的合法权益，题干中，山南公司为劳务派遣单位，海北公司为用工单位，杨某有权在山南公司或海北公司依法参加工会。故 A 选项正确。

根据《劳动合同法》第 60 条的规定，劳务派遣单位应当将劳务派遣协议的内容告知被派遣劳动者，可知，山南公司应当将劳务派遣协议的内容告知杨某，故 B 选项正确。

根据《劳动合同法》第 63 条的规定，被派遣劳动者享有与用工单位的劳动者同工同酬的权利，故 C 选项正确。

根据《劳动合同法》第 62 条的规定，用工单位不得将被派遣劳动者再派遣到其他用人单位，据此，海北公司不得将杨某再派遣到其他单位，故 D 选项错误。

[难度系数]　*

第三章　劳动基准法与劳动争议

考点一　劳动基准法

1 [答案]　D

[考点]　劳动安全卫生、女职工特殊保护

[解析] 《劳动法》第 54 条规定:“用人单位必须为劳动者提供符合国家规定的劳动安全卫生条件和必要的劳动防护用品,对从事有职业危害作业的劳动者应当定期进行健康检查。”甲公司有义务在矿井为劳动者提供符合井下工作安全的新型防尘口罩及提供保障井下安全生产的防瓦斯泄漏装备,该项法定义务应由甲公司无偿承担,此外甲公司还应当给劳动者安排定期健康检查,故 B 选项错误,D 选项正确。提供防瓦斯泄漏装备应当在矿井建设及劳动者实际劳动的过程中而非矿井建设完成后,故 A 选项错误。

《劳动法》第 59 条规定:“禁止安排女职工从事矿山井下、国家规定的第四级体力劳动强度的劳动和其他禁忌从事的劳动。”张某妻子作为女性不得被安排从事矿山井下劳动,C 选项错误。

综上所述,应当选 D 选项。

[难度系数] * *

2 [答案] B

[考点] 女职工权益

[解析] 《劳动法》第 65 条规定:“用人单位应当对未成年工定期进行健康检查。”王某 1990 年出生,2012 年时已成年,用人单位无须对王某定期进行健康检查。同时,《职业病防治法》第 35 条第 1 款规定:“对从事接触职业病危害的作业的劳动者,用人单位应当按照国务院卫生行政部门的规定组织上岗前、在岗期间和离岗时的职业健康检查,并将检查结果书面告知劳动者。职业健康检查费用由用人单位承担。”对从事接触职业病危害的作业的劳动者,用人单位应定期安排劳动者进行健康检查。王某的工作是后勤工作,不涉及职业病危害,依法不需要对其安排健康检查。A 选项“公司应定期安排王某进行健康检查”的说法,错误。

《劳动法》第 60 条规定,不得安排女职工在经期从事高处、低温、冷水作业和国家规定的第三级体力劳动强度的劳动,故 B 选项公司不能安排王某在经期从事高处作业,正确。

《劳动法》第 61 条规定,不得安排女职工在怀孕期间从事国家规定的第三级体力劳动强度的劳动和孕期禁忌从事的劳动。对怀孕 7 个月以上的女职工,不得安排其延长工作时间和夜班劳动。《女职工劳动保护特别规定》第 6 条第 2 款规定:“对怀孕 7 个月以上的女职工,用人单位不得延长劳动时间或者安排夜班劳动,并应当在劳动时间内安排一定的休息时间。”C 选项王某怀孕 6 个月以上,不符合法条给定的“7 个月以上”条件,不当选。

《劳动法》第 63 条规定,不得安排女职工在哺乳未满 1 周岁的婴儿期间从事国家规定的第三级体力劳动强度的劳动和哺乳期禁忌从事的其他劳动,不得安排其延长工作时间和夜班劳动。《女职工劳动保护特别规定》第 9 条第 1 款规定,对哺乳未满 1 周岁婴儿的女职工,用人单位不得延长劳动时间或者安排夜班劳动。D 选项对哺乳婴儿期间这一条件过于宽泛,不符合法条规定的“未满 1 周岁”的条件,不当选。

[难度系数] *

考点二 劳动争议处理机构与程序

1 [答案] AC

[考点] 劳动争议调解

[解析] 调解是劳动争议解决方案之一,但它不是必经程序,也不是最终程序。尽管如此,经调解达成调解协议,对双方当事人仍然具有约束力。对此,《劳动争议调解仲裁法》第 14 条规定:“经调解达成协议的,应当制作调解协议书。调解协议书由双方当事人签名或者盖章,经调解员签

名并加盖调解组织印章后生效,对双方当事人具有约束力,当事人应当履行。自劳动争议调解组织收到调解申请之日起十五日内未达成调解协议的,当事人可以依法申请仲裁。”第 15 条规定:“达成调解协议后,一方当事人在协议约定期限内不履行调解协议的,另一方当事人可以依法申请仲裁。”第 16 条规定:“因支付拖欠劳动报酬、工伤医疗费、经济补偿或者赔偿金事项达成调解协议,用人单位在协议约定期限内不履行的,劳动者可以持调解协议书依法向人民法院申请支付令。人民法院应当依法发出支付令。”从上法规可知,陈某可以申请劳动仲裁,也可以向法院申请支付令,A、C 项正确;但陈某不得越过劳动仲裁程序直接起诉,B 项错误;调解协议书也不可作为强制执行的依据,D 项错误。

[难度系数] * *

2 [答案] B

[考点] 劳务派遣、劳动仲裁

[解析] 《劳动争议调解仲裁法》第 21 条规定:“劳动争议仲裁委员会负责管辖本区域内发生的劳动争议。劳动争议由劳动合同履行地或者用人单位所在地的劳动争议仲裁委员会管辖。双方当事人分别向劳动合同履行地和用人单位所在地的劳动争议仲裁委员会申请仲裁的,由劳动合同履行地的劳动争议仲裁委员会管辖。”鉴于李某实际履行劳动合同地点为乙公司所在地,故李某分别向乙公司所在地和甲公司所在地劳动争议仲裁委员会申请仲裁时,由乙公司所在地劳动争议仲裁委员会管辖,故 B 选项正确,A、C、D 选项错误。

综上所述,应当选 B 选项。

[难度系数] *

3 [答案] ABD

[考点] 劳动争议解决

[解析] 本题考查在劳动争议解决过程中举证责任分配的问题,考生应当注意到劳动者处于弱势地位情况下,举证责任的特殊规则。《劳动争议调解仲裁法》第 6 条规定:“发生劳动争议,当事人对自己提出的主张,有责任提供证据。与争议事项有关的证据属于用人单位掌握管理的,用人单位应当提供;用人单位不提供的,应当承担不利后果。”题干中,由于与争议有关的证据是甲公司掌握的,因此甲公司应该提供相关证据,未提供的由甲公司负不利后果,所以 A 选项错误,C 选项正确。邹某的入职资料和工资清单应当是由甲公司掌握管理的,根据上述规定,B 选项错误。

根据上述《劳动争议调解仲裁法》第 6 条的规定,发生劳动争议,与争议事项有关的证据属于用人单位掌握管理的,用人单位应当提供;用人单位不提供的,应当承担不利后果。因此,在诉讼中应由甲公司对解除劳动合同的时间承担举证责任,与其是否为小微企业无关。故 D 项错误。

[难度系数] * * *

4 [答案] ABD

[考点] 劳动争议仲裁

[解析] 《劳动争议调解仲裁法》第 5 条规定,发生劳动争议,当事人不愿协商、协商不成或者达成和解协议后不履行的,可以向调解组织申请调解;不愿调解、调解不成或者达成调解协议后不履行的,可以向劳动争议仲裁委员会申请仲裁。故发生劳动争议,当事人可以直接申请仲裁,A 选项正确。

《劳动争议调解仲裁法》第 48 条、第 50 条规定,劳动者对仲裁裁决不服的,可以自收到仲裁裁决书之日起15日内向人民法院提起诉讼。对于不服从劳动仲裁裁决的,无论是终局裁决还是非终局裁决,劳动者均可以向法院起诉。故B选项,王某对仲裁裁决不服,可向法院起诉的说法正确。

《劳动争议调解仲裁法》第47条规定:"下列劳动争议,除本法另有规定的外,仲裁裁决为终局裁决,裁决书自作出之日起发生法律效力:(一)追索劳动报酬、工伤医疗费、经济补偿或者赔偿金,不超过当地月最低工资标准十二个月金额的争议……"第49条规定,对于终局裁决,用人单位只能向劳动争议仲裁委员会所在地的中级人民法院申请撤销裁决。王某所在地最低工资是每月1500元,12个月最低工资数额是18000元。由于本题中王某的仲裁请求是要求公司再支付工资12000元,低于上述18000元,所以依据法律规定此仲裁裁决属于终局裁决,公司不服裁决的,不能再向法院起诉,C选项错误。

《劳动争议调解仲裁法》第49条第1款规定:"用人单位有证据证明本法第四十七条规定的仲裁裁决有下列情形之一,可以自收到仲裁裁决书之日起三十日内向劳动争议仲裁委员会所在地的中级人民法院申请撤销裁决:……(三)违反法定程序的……"本题中,如果公司有相关证据证明仲裁裁决程序违法,可以向有关法院申请撤销裁决,故D选项正确。

[陷阱点拨] 对于一裁终局的劳动争议事项,劳动者与用人单位两方的救济方式有所区别,考生可对比下表进行记忆:

项　目	内　　容	
一裁终局的劳动争议事项	(1)追索劳动报酬、工伤医疗费、经济补偿或者赔偿金,不超过当地月最低工资标准12个月金额的争议; (2)因执行国家的劳动标准在工作时间、休息休假、社会保险等方面发生的争议	
救济方式	劳动者一方	无限制:劳动者对上述仲裁裁决不服的,仍然可以提起诉讼
	用人单位一方	有限制:用人单位对上述事项的裁决不服的,不能向人民法院起诉,也不能申请再次仲裁。仲裁确有错误时,用人单位可以向人民法院申请撤销

[难度系数] * *

知识产权法

第一章　著作权法

考点一　著作权的归属

1 [答案]　BCD

[考点]　特殊职务作品、法定许可

[解析]　本题首先需要确定程某创作随笔的著作权归属问题。通常情况下,职务作品的著作权归属于作者,单位只享有业务范围内的优先使用权,但是特殊职务作品除外。《著作权法》第18条第2款规定:"有下列情形之一的职务作品,作者享有署名权,著作权由法人或者非法人组织享有,法人或者非法人组织可以给予作者奖励:……(二)报社、期刊社、通讯社、广播电台、电视台的工作人员创作的职务作品……"本题中,程某为报社工作人员,根据报社的要求创作的随笔,属于特殊职务作品,其著作权归报社,程某只享有署名权。在此前提下,逐一分析四个选项:

A项属于教科书汇编行为,是法定许可之一种,无须经著作权人同意,且著作权人不得事先声明排除,但使用者需要向著作权人支付报酬,教育出版社的行为没有侵害报社的著作权,其法律依据为《著作权法》第25条第1款:"为实施义务教育和国家教育规划而编写出版教科书,可以不经著作权人许可,在教科书中汇编已经发表的作品片段或者短小的文字作品、音乐作品或者单幅的美术作品、摄影作品、图形作品,但应当按照规定向著作权人支付报酬,指明作者姓名或者名称、作品名称,并且不得侵犯著作权人依照本法享有的其他权利。"A项没有侵犯报社的著作权,不当选。

B项也属于法定许可,无须经著作权人同意,但要向著作权人支付报酬。问题在于,著作权人是报社而不是程某,广播电台向程某寄送费用,侵害了报社的获得报酬的权利,法律依据为《著作权法》第46条第2款:"广播电台、电视台播放他人已发表的作品,可以不经著作权人许可,但应当按照规定支付报酬。"B项当选。

C项属于汇编行为,而汇编权是著作权的内容。根据前述分析,该随笔的著作权属于报社,程某只有署名权,程某未经报社许可汇编作品,侵害了报社的著作权,C项当选。

D项属于报刊转载行为,也是法定许可的一种。问题在于,一方面,著作权人已经声明不得转载,某期刊的转载行为须经著作权人许可;另一方面,某期刊应当向著作权人即报社而不是程某支付报酬。所以,期刊的行为是侵权的,其法律依据为《著作权法》第35条第2款:"作品刊登后,除著作权人声明不得转载、摘编的外,其他报刊可以转载或者作为文摘、资料刊登,但应当按照规定向著作权人支付报酬。"因此,D项当选。

[难度系数]　* *

2 [答案]　A

[考点]　委托作品的著作权归属、职务表演的权利归属

[解析]　本题主要考查委托作品的著作权归属和职务表演的权利归属。《著作权法》第19条

规定:“受委托创作的作品,著作权的归属由委托人和受托人通过合同约定。合同未作明确约定或者没有订立合同的,著作权属于受托人。”甲歌舞团委托李某创作舞蹈作品,未约定著作权归属,则著作权归属于受托人李某。《著作权法》第 40 条规定:“演员为完成本演出单位的演出任务进行的表演为职务表演,演员享有表明身份和保护表演形象不受歪曲的权利,其他权利归属由当事人约定。当事人没有约定或者约定不明确的,职务表演的权利由演出单位享有。职务表演的权利由演员享有的,演出单位可以在其业务范围内免费使用该表演。”演员赵某的表演是职务表演,未约定权利归属,则表演者权中的人身权归赵某,财产权归甲歌舞团。上述两点,是判断本题的基础和关键。

根据题干可知,王某的行为是一种信息网络传播行为,而表演者权包括信息网络传播权,所以王某侵犯了甲歌舞团的表演者权,A 项当选,C 项错误。此外,表演者权是邻接权,而不是著作权,所以 B 项错误。对于李某而言,虽然他享有舞蹈作品的发表权,但是发表权是“一次性”的权利,在该舞蹈作品公开表演时已经发表,王某的行为不会构成对发表权的侵权,所以 D 项错误。

[难度系数] * *

3 **[答案]** B

[考点] 委托作品的著作权归属

[解析] 本题考查委托作品的著作权归属。《著作权法》第 19 条规定:“受委托创作的作品,著作权的归属由委托人和受托人通过合同约定。合同未作明确约定或者没有订立合同的,著作权属于受托人。”老王委托老张写的传记属于委托作品,因其并未约定著作权归属,其著作权应当归受托人老张。

《著作权法》第 21 条规定:“著作权属于自然人的,自然人死亡后,其本法第十条第一款第五项至第十七项规定的权利在本法规定的保护期内,依法转移。”《著作权法》第 10 条第 1 款规定,著作权包括下列人身权和财产权:复制权、发行权、出租权、展览权、表演权、放映权、广播权、信息网络传播权、摄制权、改编权、翻译权、汇编权以及应当由著作权人享有的其他权利。由此可知,老张去世后,《著作权法》第 10 条第 1 款第 5 项至第 17 项的著作财产权应当由小张继承,所以选项 B 正确。

[难度系数] *

4 **[答案]** B

[考点] 委托作品的著作权、电影作品的著作权、著作权侵权、合理使用

[解析] 《著作权法》第 19 条规定:“受委托创作的作品,著作权的归属由委托人和受托人通过合同约定。合同未作明确约定或者没有订立合同的,著作权属于受托人。”可知,本题中,电影公司委托王某创作电影剧本,双方未约定剧本的著作权时,剧本的著作权应属受托人王某所有。同时,《著作权法》第 17 条规定:“视听作品中的电影作品、电视剧作品的著作权由制作者享有,但编剧、导演、摄影、作词、作曲等作者享有署名权,并有权按照与制作者签订的合同获得报酬。前款规定以外的视听作品的著作权归属由当事人约定;没有约定或者约定不明确的,由制作者享有,但作者享有署名权和获得报酬的权利。视听作品中的剧本、音乐等可以单独使用的作品的作者有权单独行使其著作权。”可知,对于电影作品著作权的规定,采用了三个层面的特殊规制方法:(1)电影作品著作权外部“吸收规则”,即电影作品的整体著作权归属于制作者,原电影内部的音乐、剧本等著作权被电影作品著作权吸收,对外无论制作者以何种方式使用电影作品,都不再需要经过原电影内部音乐、剧本等作品著作权人的许可,发生电影作品著作权被侵犯的情形时,也只能由制作者作为著作权人来主张权利,电影内部的编剧、导演、摄影、作词、作曲等作者无权向该侵权人主张权利。(2)电影作品内部之“报酬请求权规则”,即电影内部的编剧、导演、摄影、作词、作曲等作者享有署

名权,并有权按照与制作者签订的合同获取报酬。(3)电影内部作品的“独立行使权利规则”,即电影作品中的剧本、音乐等可以单独使用作品的作者有权独立行使其著作权,当他人未经许可单独使用了电影作品中的剧本或音乐作品,且该使用方式在《著作权法》上与电影作品无关时,剧本或者音乐作品的著作权人才能单独向侵权人主张著作权。本题中,电影公司根据王某的剧本拍摄电影,电影公司是电影作品的著作权人。

《著作权法》第 42 条第 1 款规定:“录音录像制作者使用他人作品制作录音录像制品,应当取得著作权人许可,并支付报酬。”可知,音像出版社未经电影公司同意,制作并出版电影作品的 DVD,根据电影作品外部著作权的吸收规则,音像出版社侵犯了电影公司的著作权,未侵犯王某的著作权。据此,选项 A 是错误的。

动漫公司根据该电影的情节和画面绘制一整套漫画并在网络上传播的行为,不仅使用了电影的情节,而且使用了电影的画面。其中,电影的画面来自电影公司的电影作品,电影的情节来自王某创作的剧本,由于动漫公司行为并非仅针对电影作品,根据电影内部作品“独立行使权利规则”,动漫公司不仅侵犯了电影公司的著作权,而且侵犯了王某的著作权。据此,选项 B 是正确的。

《著作权法》第 10 条规定:“著作权包括下列人身权和财产权:(一)发表权……(二)署名权……(三)修改权,即修改或者授权他人修改作品的权利;(四)保护作品完整权,即保护作品不受歪曲、篡改的权利……”可知,某学生将电影中的对话用方言配音,是对电影作品中的配音成分做了修改和改变,因其未经电影作品著作权人电影公司的同意,故侵犯了电影公司的著作权。如果使用方言配音时产生了滑稽效果,使作品受到了歪曲、篡改的,还可能涉及侵犯电影公司的保护作品完整权。但是,无论是修改权还是保护作品完整权,方言配音的行为都仅是针对电影作品进行,不涉及对剧本进行修改或歪曲,故未侵犯剧本著作权人王某的著作权,选项 C 是错误的。

选项 D 考查了著作权的合理使用。《著作权法》第 24 条第 1 款规定:“在下列情况下使用作品,可以不经著作权人许可,不向其支付报酬,但应当指明作者姓名或者名称、作品名称,并且不得影响该作品的正常使用,也不得不合理地损害著作权人的合法权益:……(二)为介绍、评论某一作品或者说明某一问题,在作品中适当引用他人已经发表的作品……”可知,选项 D 中,某电视台在“电影经典对话”专题片中播放 30 分钟该部电影中带有经典对话的画面,属于“为介绍、评论某一作品或者说明某一问题,在作品中适当引用他人已经发表的作品”的著作权合理使用的情形,不构成侵犯王某和电影公司的著作权。据此,选项 D 是错误的。

[难度系数] * *

5 **[答案]** BD

[考点] 美术作品著作权、著作权侵权行为

[解析] 首先,选项 A、B 考查了美术作品的著作权。《著作权法实施条例》第 2 条规定:“著作权法所称作品,是指文学、艺术和科学领域内具有独创性并能以某种有形形式复制的智力成果。”《著作权法实施条例》第 4 条第 8 项规定:“美术作品,是指绘画、书法、雕塑等以线条、色彩或者其他方式构成的有审美意义的平面或者立体的造型艺术作品。”可知,本题中,牛博朗独创的“润金体”字体能够以有形形式复制,且在布局、线条、勾画、落笔以及比例上自成体系,审美价值很高,故应认定为美术作品,受《著作权法》的保护。据此,选项 A 是错误的,选项 B 是正确的。

其次,选项 C、D 考查了著作权侵权。《著作权法》第 10 条规定:“著作权包括下列人身权和财产权:……(五)复制权,即以印刷、复印、拓印、录音、录像、翻录、翻拍、数字化等方式将作品制作一份或者多份的权利……”《著作权法》第 53 条规定:“有下列侵权行为的,应当根据情况,承担本法

第五十二条规定的民事责任;侵权行为同时损害公共利益的,由主管著作权的部门责令停止侵权行为,予以警告,没收违法所得,没收、无害化销毁处理侵权复制品以及主要用于制作侵权复制品的材料、工具、设备等,违法经营额五万元以上的,可以并处违法经营额一倍以上五倍以下的罚款;没有违法经营额、违法经营额难以计算或者不足五万元的,可以并处二十五万元以下的罚款;构成犯罪的,依法追究刑事责任:(一)未经著作权人许可,复制、发行、表演、放映、广播、汇编、通过信息网络向公众传播其作品的,本法另有规定的除外……”可知,本题中,牛博朗对“润金体”享有著作权,羊阳洋公司未经著作权人牛博朗同意,擅自将“润金体”的数个汉字组成广告词用于商业目的,侵犯了牛博朗享有的著作权中的复制权。据此,选项C是错误的,选项D是正确的。

[难度系数] * *

考点二 著作权的内容

1 [答案] ABD

[考点] 著作权侵权

[解析] 《著作权法》第39条第1款规定:“表演者对其表演享有下列权利:(一)表明表演者身份;(二)保护表演形象不受歪曲;(三)许可他人从现场直播和公开传送其现场表演,并获得报酬;(四)许可他人录音录像,并获得报酬;(五)许可他人复制、发行、出租录有其表演的录音录像制品,并获得报酬;(六)许可他人通过信息网络向公众传播其表演,并获得报酬。”本题中B乐手用吉他演奏该歌曲属于表演者,具有表演者权,音乐App运营公司未经B乐手同意即通过信息网络向公众传播其表演,侵犯了B乐手的表演者权,因此选项A正确。玩具厂F未经许可将曲子放在该厂生产的玩具内,侵犯了B乐手许可他人复制发行的表演者权,因此选项B正确。李丰通过正当途径购买玩具,且对于玩具生产厂家侵权事实不知情,不构成对B乐手表演者权的侵犯,因此选项C错误。

《著作权法》第10条规定:“著作权包括下列人身权和财产权:……(五)复制权,即以印刷、复印、拓印、录音、录像、翻录、翻拍、数字化等方式将作品制作一份或者多份的权利;(六)发行权,即以出售或者赠与方式向公众提供作品的原件或者复制件的权利……”玩具厂F未经许可将曲子放在儿童玩具中的行为构成对作曲家A著作权中复制权和发行权的侵犯,因此选项D正确。

[难度系数] * *

2 [答案] ABCD

[考点] 著作权的内容

[解析] 本题考查著作权的内容。《著作权法》第10条规定,著作权包括著作人身权和著作财产权,著作人身权包括发表权、署名权、修改权、保护作品完整权等权利,著作财产权包括复制权、发行权、出租权、展览权、表演权、放映权、广播权、信息网络传播权、摄制权、改编权、翻译权、汇编权等权利。著作权人可以许可他人实施前述权利,并依法获得相应报酬。《著作权法》第21条第1款规定:“著作权属于自然人的,自然人死亡后,其本法第十条第一款第五项至第十七项规定的权利在本法规定的保护期内,依法转移。”可知,著作权的继受主体可以继受著作财产权,而不能继受著作人身权,因为著作人身权不能转让,但是著作权的继受主体可以对已逝作者的著作人身权加以保护。本题中,张某拍摄了黑白照片,对黑白照片享有著作权。在张某去世后,张某继承人可以依法享有该照片的著作财产权,并对张某的著作人身权加以保护。

选项A考查复制权。复制权,是指“以印刷、复印、拓印、录音、录像、翻录、翻拍、数字化等方式将作品制作一份或者多份的权利”,可见,复制行为是再现原作的行为,以一定方式对作品进行翻版再制作。为了适应科学技术的发展,2020 年《著作权法》新增“数字化”的复制方式。选项 A 请画家精准描摹并出版的行为属于精准再现原作的复制行为,故未经张某继承人许可,侵犯张某继承人对摄影作品享有的复制权。因此,选项 A 当选。

选项 B 考查署名权、信息网络传播权。本题中,在张某去世后,违背张某意愿去除张某在摄影作品上的署名的行为,属于侵犯张某署名权的行为。信息网络传播权,是指“以有线或者无线方式向公众提供,使公众可以在其选定的时间和地点获得作品的权利”,即交互式网络传播行为。本题中,未经张某继承人许可,将去除署名的照片在网络上传播,使公众可以在其选定的时间和地点获得作品,属于侵犯张某继承人信息网络传播权的行为。因此,选项 B 当选。

选项 C 考查展览权。展览权,即“公开陈列美术作品、摄影作品的原件或者复制件的权利”,可知,展览权是美术作品、摄影作品的著作权人享有的专有权利。《著作权法》第 20 条第 1 款规定:“作品原件所有权的转移,不改变作品著作权的归属,但美术、摄影作品原件的展览权由原件所有人享有。”这表明《著作权法》对美术、摄影作品原件的展览权规定了例外。这是因为美术作品原件与复制件的价值往往差异较大,他人购买美术作品的原件往往出于展览或者转让的目的,展览行为对美术作品原件的所有者非常重要。2020 年《著作权法》修订时新增“摄影作品”原件展览权的例外情形。本题中,未经张某继承人许可公开展览照片复印件的行为,属于侵犯张某继承人展览权的行为。因此,选项 C 当选。

选项 D 考查修改权、改编权。修改权,即“修改或者授权他人修改作品的权利”。在张某去世后,采用数字技术将黑白照片转化为彩色照片,属于侵犯张某修改权的行为。此外,在采用数字技术将黑白照片转换成彩色照片的过程中,如果体现了一定程度的创造性,则涉及侵犯张某继承人的改编权,即“改变作品,创作出具有独创性的新作品的权利”。因此,选项 D 当选。

[**难度系数**]　*

3 [**答案**]　A

[**考点**]　著作权侵权、汇编作品、演绎作品、出版者权

[**解析**]　《著作权法实施条例》第 4 条第 2 项规定,“口述作品,是指即兴的演说、授课、法庭辩论等以口头语言形式表现的作品”。朱某的演讲具有独创性,构成口述作品,可以授权他人对该口述作品行使汇编权,即“将作品或者作品的片段通过选择或者编排,汇集成新作品的权利”。《著作权法》第 15 条规定:“汇编若干作品、作品的片段或者不构成作品的数据或者其他材料,对其内容的选择或者编排体现独创性的作品,为汇编作品,其著作权由汇编人享有,但行使著作权时,不得侵犯原作品的著作权。”陈某经过朱某同意以后将朱某演讲录音资料整理成文字,按体系汇编,对内容的编排体现出独创性,因此构成汇编作品,对该汇编作品享有著作权。出版社仅获得了陈某的许可出版图书,因此侵犯了朱某的著作权,未侵犯陈某的著作权,A 项正确。

题目没有交代,出版社所出版的是否为经过许某注释的版本,如果是则侵犯了许某的著作权,如果不是则没有侵犯许某的著作权。由于题干使用“独家出版陈某汇编的版本”,应该认为出版社没有侵犯许某的著作权,B 项错误。

根据《著作权法》第 24 条的规定,为个人学习、研究或者欣赏,使用他人已经发表的作品,可以不经著作权人的许可,即构成合理使用的情形。许某对朱某的稿件进行注释,系出于个人学习、研究的目的,不具有商业动机或者将复制件向公众散发的情形,不会不合理地损害著作权人朱某的合法权益,可以不经著作权人朱某的同意,因此,选项 C 错误。

另外，根据《著作权法》第 10 条的规定，网络平台未经许可将电子版上传到网络，使公众可以在其选定的时间和地点获得作品，侵犯了陈某、朱某的信息网络传播权。根据《著作权法》第 37 条的规定，出版社作为邻接权人，享有版式设计专有权。此外，根据陈某的授权，出版社还享有独家出版权。网络平台将电子版发布会侵犯作者的信息网络传播权，但不会侵犯出版社的上述两种权利，所以 D 项错误。

［难度系数］ *

4 ［答案］ ABCD

［考点］ 名誉权侵权、著作权侵权

［解析］ A、B 两项考查名誉权侵权。《民法典》第 185 条规定："侵害英雄烈士等的姓名、肖像、名誉、荣誉，损害社会公共利益的，应当承担民事责任。"可知，侵犯英雄烈士名誉权的，应当承担责任。本题中，甲和乙的行为均对英雄烈士的名誉造成影响，英雄烈士的近亲属有权起诉，A、B 项当选。

C、D 两项考查著作权侵权。《著作权法实施条例》第 2 条规定："著作权法所称作品，是指文学、艺术和科学领域内具有独创性并能以某种有形形式复制的智力成果。"可知，著作权的客体是具有独创性的作品。本题中，甲创作的小说内容涉及侮辱先烈，属于侵权作品，具有"独创性"和"违法性"双重特点。然而"独创性"是作品享有著作权的主要原因，"违法性"不会导致作品丧失"独创性"，故侵权作品也应当受《著作权法》调整和保护。因此，甲依法享有对小说的著作权。

《著作权法》第 10 条规定："著作权包括下列人身权和财产权：……（十三）摄制权，即以摄制视听作品的方法将作品固定在载体上的权利；（十四）改编权，即改变作品，创作出具有独创性的新作品的权利……"可知，作品的摄制权和改编权归著作权人享有。本题中，丙将甲的小说拍成电视剧的行为，侵犯了甲的摄制权；乙将小说改编成漫画的行为，侵犯了甲的改编权。故 C、D 项当选。

［难度系数］ *

5 ［答案］ C

［考点］ 著作权侵权

［解析］ A、B 两项考查著作权法中"创作"的认定以及署名权。《著作权法》第 11 条第 1 款、第 2 款规定："著作权属于作者，本法另有规定的除外。创作作品的自然人是作者。"可知，判断某自然人是否为作者，关键在于其是否创作了作品。《著作权法实施条例》第 3 条规定："著作权法所称创作，是指直接产生文学、艺术和科学作品的智力活动。为他人创作进行组织工作，提供咨询意见、物质条件，或者进行其他辅助工作，均不视为创作。"可知，《著作权法》中的"创作"是直接产生作品的有独创性的智力活动，辅助性的工作不视为"创作"。本题中，李某提供的创作上的建议属于辅助性工作，依法不视为创作作品，因此李某也不应当被视为作者，故 A 项错误。

《著作权法》第 10 条规定："著作权包括下列人身权和财产权：……（二）署名权，即表明作者身份，在作品上署名的权利……"可知，署名权与表明作者的身份直接相关，只有实际参与作品创作的作者才享有署名权。本题中，李某不是该作品的作者，依法没有署名权，因此三人的约定因违反法律而无效，故 B 项错误。

C 项考查合作作品的著作权。《著作权法实施条例》第 9 条规定："合作作品不可以分割使用的，其著作权由各合作作者共同享有，通过协商一致行使；不能协商一致，又无正当理由的，任何一方不得阻止他方行使除转让以外的其他权利，但是所得收益应当合理分配给所有合作作者。"可知，合作作品的著作权归属各合作作者共有，对于不可以分割使用的合作作品，各合作作者对行使方式没有达成一致的，任何一方不得阻止他方行使除转让以外的其他权利。本题中，该作品由曹某、孟某、刘某三人合作完成，系合作作品，且不可分割使用，在无法达成一致的情况下，孟某把该画发表是行使发表权的体现，行使发表权没有侵犯其他合作人的权利，依法应当被允许，故C项正确。

D项考查美术作品的著作权侵权。《著作权法》第20条规定："作品原件所有权的转移，不改变作品著作权的归属，但美术、摄影作品原件的展览权由原件所有人享有。作者将未发表的美术、摄影作品的原件所有权转让给他人，受让人展览该原件不构成对作者发表权的侵犯。"可知，美术作品原件所有权转移，仅转移原件的物权和展览权，著作权并不随之转移。本题中，虽然岳某购买该美术作品，但是著作权并不随原件转移，仍然归属于曹某、孟某、刘某三人。《著作权法》第10条规定："著作权包括下列人身权和财产权：……（十二）信息网络传播权，即以有线或者无线方式向公众提供，使公众可以在其选定的时间和地点获得作品的权利……"可知，信息网络传播权由著作权人行使，指的是以有线或者无线方式向公众提供作品，使公众可以在不特定时间和地点获得作品。本题中，岳某将美术作品拍照并在微博上进行发布的行为，是以无线的方式展示，并且微博平台中的公众可以在不特定时间下载获得，属于行使信息网络传播权的表现。岳某并非该美术作品的著作权人，行使信息网络传播权侵犯了三人的著作权，故D项错误。

[难度系数] ＊＊

考点三 邻接权

1 **[答案]** BD

[考点] 邻接权

[解析] 《著作权法》规定了著作权和邻接权。著作权是著作权人对作品享有的权利，其中包括广播权，即"以有线或者无线方式公开传播或者转播作品，以及通过扩音器或者其他传送符号、声音、图像的类似工具向公众传播广播的作品的权利"，但不包括信息网络传播权的权利内容。邻接权保护作品传播者的权利，其中包括广播组织权、表演者权、录音录像制作者权、版式设计权等。

《著作权法实施条例》第4条第2项规定："口述作品，是指即兴的演说、授课、法庭辩论等以口头语言形式表现的作品。"本题中，张某在电视讲座节目中讲解养生之道，具有独创性，属于以即兴演说的方式表现的作品，即口述作品，张某为该口述作品的作者。甲电视台经张某许可，制作电视节目，属于录像制作者。《著作权法》第48条规定："电视台播放他人的视听作品、录像制品，应当取得视听作品著作权人或者录像制作者许可，并支付报酬；播放他人的录像制品，还应当取得著作权人许可，并支付报酬。"可知，乙电视台播放甲电视台的节目录像光盘，需要取得著作权人张某以及录像制作者甲电视台的许可，在未经张某以及甲电视台许可的情形下播放节目录像光盘，侵犯了张某著作权中的广播权、甲电视台录像制作权中的许可电视台播放权。另外，《著作权法实施条例》第5条第6项规定："表演者，是指演员、演出单位或者其他表演文学、艺术作品的人。"可知，本题中张某是作者，而非表演者。因此，选项B、D正确，选项C错误。

《著作权法》第47条第1款规定："广播电台、电视台有权禁止未经其许可的下列行为：（一）将其播放的广播、电视以有线或者无线方式转播；（二）将其播放的广播、电视录制以及复制；（三）将其播放的广播、电视通过信息网络向公众传播。"可知，广播组织权的客体是广播组织播放的节目信号，但是在本题中，乙电视台并未转播甲电视台的讲座节目，也并未录制甲电视台的讲座节目，而是购买并播放甲电视台制作的节目录像光盘，因此不侵犯甲电视台的广播组织权。因此，选项A错误。

需要注意的是,《著作权法》第 44 条第 1 款前半句规定,“录音录像制作者对其制作的录音录像制品,享有许可他人复制、发行、出租、通过信息网络向公众传播并获得报酬的权利”。录音制作者、录像制作者均享有复制权、发行权、出租权、信息网络传播权,但是《著作权法》第 48 条规定的许可电视台播放权是录像制作者的专有权利,录音制作者并不享有许可电视台播放权。

［陷阱提示］ 考生应当注意区分表演者和作者。《著作权法》第 11 条第 2 款规定:“创作作品的自然人是作者。”而表演者专指《著作权法实施条例》第 5 条第 6 项规定的“演员、演出单位或者其他表演文学、艺术作品的人”。可知,作者和表演者的主要区别在于:作者是创作作品的人,而表演者是表演作品的人。但是有的时候,作者和表演者也可能是同一人,如作者表演自己的作品时,作者和表演者为同一人。

［难度系数］ *

2 ［答案］ A

［考点］ 表演权、表演者权和播放权

［解析］ A 项考查表演权。《著作权法》第 10 条规定:“著作权包括下列人身权和财产权:……(九)表演权,即公开表演作品,以及用各种手段公开播送作品的表演的权利……”《著作权法》第 38 条规定:“使用他人作品演出,表演者应当取得著作权人许可,并支付报酬……”可知,作品的表演权归著作权人享有,表演者使用他人作品演出的,表演者应当取得著作权人许可并支付报酬。本题中,甲创作歌曲《法考之路》,系作品的著作权人。乙在商业场合演唱该歌曲构成对该作品的使用,依法应当经过著作权人甲的同意并支付费用,故 A 选项正确。

B、C 两项考查表演者权。《著作权法》第 39 条规定:“表演者对其表演享有下列权利:……(四)许可他人录音录像,并获得报酬……被许可人以前款第三项至第六项规定的方式使用作品,还应当取得著作权人许可,并支付报酬。”《著作权法》第 43 条规定:“录音录像制作者制作录音录像制品,应当同表演者订立合同,并支付报酬。”可知,录音录像制作者想要对表演制作录音录像制品,是《著作权法》第 39 条第 4 项的情形,符合第 3 项至第 6 项规定,应当经过著作权人、表演者的双许可并支付报酬。本题中,乙在商业场合演唱该歌曲,系表演者,甲系作品的著作权人,丙公司将乙的演唱制成唱片,是行使录音录像权的表现,依法需要经过甲和乙的双重许可并付费,故 B 项错误。

《著作权法》第 39 条规定:“表演者对其表演享有下列权利:……(六)许可他人通过信息网络向公众传播其表演,并获得报酬。被许可人以前款第三项至第六项规定的方式使用作品,还应当取得著作权人许可,并支付报酬。”可知,他人通过信息网络向公众传播其表演是《著作权法》第 39 条第 1 款第 6 项规定的情形,符合第 3 项至第 6 项的规定,需要先取得表演者和著作权人的双许可,并支付报酬。本题中,丁酒店在酒店大厅将该歌曲作为背景音乐播放,构成通过信息网络向公众传播,依法需要经过甲和乙的同意并付费,故 C 项错误。

D 项考查广播权。《著作权法》第 46 条规定:“广播电台、电视台播放他人未发表的作品,应当取得著作权人许可,并支付报酬。广播电台、电视台播放他人已发表的作品,可以不经著作权人许可,但应当按照规定支付报酬。”可知,广播电台播放已经发表的作品,不需要经过著作权人的许可。本题中,戊广播电台播放已经出版的唱片,依法不需要经过著作权人甲的同意,只需要支付报酬即可,故 D 项错误。

［难度系数］ * *

3 ［答案］ ACD

［考点］ 侵犯音乐著作者复制、发行权,侵犯录音制作者权、法定许可

[**解析**]　本题集中考查了音乐作品的著作权以及录音制作者权。首先,歌曲《红苹果》为音乐作品,甲作为歌曲《红苹果》的创作者,享有《著作权法》第10条规定的著作人身权和著作财产权。其次,乙唱片公司将该音乐作品录制成录音制品,根据《著作权法》第44条的相关规定,其作为录音制作者享有"许可他人复制、发行、出租、通过信息网络向公众传播并获得报酬的权利"。最后,根据《著作权法实施条例》第5条第6项的规定,丙作为歌唱家演唱歌曲《红苹果》,是该歌曲的表演者,享有表演者权。

A项中,某公司未经许可翻录该CD后销售的行为,属于未经许可的复制并发行销售的行为,故侵犯了甲的著作权中的复制、发行权,同时也侵犯了乙唱片公司的录音制作者权中的复制、发行权,还侵犯了丙的表演者权中的"许可他人复制、发行录有其表演的录音录像制品,并获得报酬"的权利。同时需要注意的是,该公司以营利为目的的复制行为不属于《著作权法》规定的法定许可和合理使用,即使该公司事后向甲、乙、丙寄送了报酬,也不能改变其侵权的性质。据此,选项A属于侵权行为,是正确选项。

选项B考查录音制品法定许可的规定,根据《著作权法》第42条第2款的相关规定,法定许可必须符合以下两个要件:第一个要件是被使用的是音乐作品,而且是已经被他人合法录制为录音制品的音乐作品。如果先前的录制是非法的,即未经著作权人的许可而录制为录音制品,其音乐作品就不能作为法定许可的对象。第二个要件是该录音制作者必须独立录制,其不能翻录他人在先录制的录音制品。本题中,第一,该公司使用的属于音乐作品,且已经被他人合法录制为录音制品,符合前述第一个要件;第二,该公司是自聘歌手在录音棚中独立录制的DVD形式的录音制品,符合前述独立录制的要件。因此,该公司的行为符合法定许可情形,录制者可以不经歌曲《红苹果》的著作权人甲的许可,只需向甲支付报酬。B项中该公司的行为不构成侵权,选项B不当选。

选项C考查的是机械表演权以及录音制作者的二次收费权。《著作权法》第10条第1款第9项规定了著作权人享有表演权,包括公开表演权和机械表演权。所谓公开表演权即"公开表演作品"的权利,演员的现场表演、演唱、舞蹈等都属于公开表演。机械表演权即"用各种手段公开播送作品的表演"的权利,即通过设备、仪器等公开播放载有他人作品的表演的录音录像制品,比如,公开播放载有歌唱家演唱某音乐作品的行为,或公开播放载有表演他人小品的行为。选项C中某商场购买并播放CD的行为属于前述规定的"用各种手段公开播送作品的表演"的行为,即机械表演行为,该商场取得了被表演的作品《红苹果》的原著作权人甲的同意并支付了报酬,没有侵犯甲的著作权。《著作权法》第45条规定,将录音制品用于有线或者无线公开传播,或者通过传送声音的技术设备向公众公开播送的,应当向录音制作者支付报酬。C选项中商场购买CD后在营业时间作为背景音乐播放,属于向公众公开播放,虽然不需要经乙唱片公司同意,但应向乙唱片公司支付报酬,商场只经过甲许可并向其支付了报酬,未向乙唱片公司支付报酬,侵犯了乙唱片公司的录音制作者权。据此,选项C当选。

选项D中,某电影公司将CD中的声音作为电影的插曲使用,只经过甲许可是不够的,因为根据前述分析,乙唱片公司是该CD的录音制作者,享有录制者权,丙是该歌曲的表演者,享有表演者权。该电影公司未经许可将CD中的声音作为电影插曲使用,侵犯了乙唱片公司录音制作者和丙表演者的复制权。据此,选项D当选。

[**陷阱点拨**]　本题涉及多个著作权及邻接权主体:一是甲对《红苹果》词曲的著作权;二是乙唱片公司的录音制作者权;三是歌星丙的表演者权。要厘清各自享有的权利权限。

对于著作权的法定许可问题,《著作权法》在第25条(教科刊载的法定许可)、第35条第2款

(报刊转载的法定许可)、第42条第2款(制作录音制品的法定许可)、第46条第2款(播放已发表作品的法定许可)、第48条(播放他人的视听作品、录像制品)作了明文规定。本题中AB选项中都有未经许可而事后支付报酬的情形,但只有B选项是《著作权法》规定的法定许可的情形。

对于机械表演权问题,可能有考生会有疑问:选项C中某商场播放合法购买的CD为什么还需要甲的许可呢?这是因为甲作为歌曲的作者,享有《著作权法》第10条第9项规定的"机械表演权"。商场除符合《著作权法》第24条规定的合理使用外,还需单独取得著作权人甲的同意。这里提到的除外情形是指《著作权法》第24条第1款第1项规定的"合理使用"制度,即"为个人学习、研究或者欣赏,使用他人已经发表的作品"的,属于合理使用,可以不经著作权人许可,不向其支付报酬。本题中该商场是营利性播放,不符合"为个人学习、研究或者欣赏",所以需要经过原著作权人的许可同意。

[难度系数] * * *

第二章　专　利　法

考点一　专利权的取得和消灭

[答案] D

[考点] 不授予专利权的客体、授予专利的条件

[解析] 选项A、B、C考查了不授予专利权的客体。《专利法》第25条规定:"对下列各项,不授予专利权:(一)科学发现;(二)智力活动的规则和方法;(三)疾病的诊断和治疗方法;(四)动物和植物品种;(五)原子核变换方法以及用原子核变换方法获得的物质;(六)对平面印刷品的图案、色彩或者二者的结合作出的主要起标识作用的设计。对前款第(四)项所列产品的生产方法,可以依照本法规定授予专利权。"

选项A中,根据《专利法》第25条第1款第2项的规定以及《专利审查指南》第二部分第一章第4.2条的规定,"智力活动的规则和方法……审查专利申请的方法;组织、生产、商业实施和经济等方面的管理方法及制度;交通行车规则、时间调度表、比赛规则;演绎、推理和运筹的方法;图书分类规则、字典的编排方法、情报检索的方法、专利分类法;日历的编排规则和方法;仪器和设备的操作说明;各种语言的语法、汉字编码方法;计算机的语言及计算规则;速算法或口诀;数学理论和换算方法;心理测验方法;教学、授课、训练和驯兽的方法;各种游戏、娱乐的规则和方法;统计、会计和记账的方法;乐谱、食谱、棋谱;锻炼身体的方法;疾病普查的方法和人口统计的方法;信息表述方法;计算机程序本身",可知,交通规则不能授予专利权,选项A是错误的。

选项B中,根据《专利法》第25条第1款第3项的规定可知,因疾病的诊断和治疗方法直接以有生命的人或动物为实施对象,无法在产业上利用,不属于专利法上的发明创造。因此,疾病的诊断和治疗方法不能被授予专利权。但是,用于实施疾病诊断和治疗方法的仪器或装置,以及在疾病诊断和治疗方法中使用的物质或材料,属于可被授予专利权的客体。故选项B中,起搏器可以被授予专利权,选项B是错误的。

选项C中,根据《专利法》第25条第1款第4项的规定可知,动物和植物品种不能授予专利,但细菌并不属于动物,选项C认为细菌属于动物新品种不能授予专利是错误的。

选项 D 考查了授予专利的条件。《专利法》第 22 条规定,授予专利权的发明和实用新型,应当具备新颖性、创造性和实用性。本题中,该儿童水杯造型新颖,故不属于现有技术,具备新颖性;造型新颖独特说明与现有技术相比,具有实质性特点和进步,具有创造性;能防止杯子滑落,能够制造或使用,并且能够产生积极效果,说明具有实用性,可以申请实用新型专利。《专利法》第 23 条第 1 款规定:"授予专利权的外观设计,应当不属于现有设计;也没有任何单位或者个人就同样的外观设计在申请日以前向国务院专利行政部门提出过申请,并记载在申请日以后公告的专利文件中。"可知,因该儿童杯子其造型新颖而独特,不属于现有设计,符合授予外观设计专利权的条件,可以申请外观设计专利权。据此,选项 D 正确。

[难度系数] * *

考点二 专利权的内容

[答案] ABCD

[考点] 专利独占许可、许诺销售、专利无效宣告、专利侵权诉讼中止

[解析] 首先,选项 A 考查了专利独占许可被许可人的诉权。知识产权许可分为独占许可、排他许可和普通许可。独占许可是指知识产权权利人在约定的期间、地域,以约定的方式将该知识产权(包括专利权、商标权和著作权)仅许可一个被许可人使用,知识产权人自己依约定不得使用该知识产权,在知识产权被侵害时,独占使用许可合同的被许可人享有独立的诉权,可以向人民法院提起诉讼。我国三大知识产权法及其实施条例、细则并未对这三种许可方式作出规定,只有最高人民法院《关于审理商标民事纠纷案件适用法律若干问题的解释》第 3 条对商标的这三种许可方式作了明确规定,专利权和著作权的许可可以比照适用。最高人民法院《关于审理商标民事纠纷案件适用法律若干问题的解释》第 4 条第 2 款规定:"在发生注册商标专用权被侵害时,独占使用许可合同的被许可人可以向人民法院提起诉讼;排他使用许可合同的被许可人可以和商标注册人共同起诉,也可以在商标注册人不起诉的情况下,自行提起诉讼;普通使用许可合同的被许可人经商标注册人明确授权,可以提起诉讼。"可知,在发生侵权时,独占许可的被许可人有权直接起诉,本题中,乙公司获得的是独占许可,故可以直接起诉丙公司,无须通知甲公司。据此,选项 A 的表述错误。

其次,选项 B 考查了专利实施权中的许诺销售权,最高人民法院《关于审理专利纠纷案件适用法律问题的若干规定》第 18 条规定:"专利法第十一条、第六十九条所称的许诺销售,是指以做广告、在商店橱窗中陈列或者在展销会上展出等方式作出销售商品的意思表示。"可知,本题中,丙公司在当地电视台做广告宣传具有相同专利技术的手机的行为属于许诺销售行为,丙公司侵犯了专利实施权中的许诺销售权,而不是销售权,故选项 B 的表述是错误的。

再次,选项 C 考查了专利无效宣告的效力。《专利法》第 47 条第 1 款、第 2 款规定:"宣告无效的专利权视为自始即不存在。宣告专利权无效的决定,对在宣告专利权无效前人民法院作出并已执行的专利侵权的判决、调解书,已经履行或者强制执行的专利侵权纠纷处理决定,以及已经履行的专利实施许可合同和专利权转让合同,不具有追溯力。但是因专利权人的恶意给他人造成的损失,应当给予赔偿。"可知,专利被宣告无效对于已经履行的专利实施许可合同不具有追溯力。故在本题中,即使该专利被宣告无效也不影响宣告前已经履行的专利实施许可合同,甲公司无须返还专利使用费,选项 C 的表述是错误的。

最后,选项 D 考查了发明专利权纠纷案件中止问题。最高人民法院《关于审理专利纠纷案件适用法律问题的若干规定》第 7 条规定:"人民法院受理的侵犯发明专利权纠纷案件或者经国务院

专利行政部门审查维持专利权的侵犯实用新型、外观设计专利权纠纷案件,被告在答辩期间内请求宣告该项专利权无效的,人民法院可以不中止诉讼。”可知,发明专利权纠纷案件审理过程中,被告在答辩期间内请求宣告该项专利权无效的,人民法院可以不中止诉讼,故选项 D 的表述是错误的。

综上所述,因为本题要求选择错误选项,故选项 A、B、C、D 均应当入选。

[难度系数] * *

考点三 专利权的保护

1 [答案] BCD

[考点] 发明专利的临时保护、不视为侵犯专利权的行为

[解析] 首先,本题考查了发明专利的临时保护问题。对此,《专利法》第 13 条规定:“发明专利申请公布后,申请人可以要求实施其发明的单位或者个人支付适当的费用。”本题中,A 公司发明专利的临时保护期为 2021 年 3 月 1 日至 2023 年 5 月 31 日。在此期间,实施该发明专利的单位或个人,不构成侵犯专利权。专利申请人 A 公司也无权要求其停止实施,但有权要求其支付适当的费用。需要注意的是,A 公司只有在专利授权之后(2023 年 6 月 1 日后),才有权回过头来要求在临时保护期内实施该发明专利的单位或个人支付适当费用,A 项错误。

专利授权之后,他人继续使用、许诺销售、销售专利产品,是否构成侵权?对于这一问题,需区分情况分析:如果该专利产品是在临时保护期内制造出来的,其后续的使用、许诺销售、销售行为均不构成侵权。当然,如果该专利产品是在专利授权之后(即临时保护期满之后)制造出来的,那么,不仅制造行为侵权,对该专利产品的使用、许诺销售、销售和进口都构成侵权。据此,B、C 选项中的销售和使用行为均不侵权。

随后,本题还考查了不视为侵犯专利权的问题。《专利法》第 75 条规定:“有下列情形之一的,不视为侵犯专利权:……(三)临时通过中国领陆、领水、领空的外国运输工具,依照其所属国同中国签订的协议或者共同参加的国际条约,或者依照互惠原则,为运输工具自身需要而在其装置和设备中使用有关专利的……”D 项即属于上述临时过境的情形,不视为侵犯专利权。

[难度系数] * * *

2 [答案] A

[考点] 专利权侵权行为、开放许可、专利无效

[解析] 《专利法》第 11 条第 2 款规定:“外观设计专利权被授予后,任何单位或者个人未经专利权人许可,都不得实施其专利,即不得为生产经营目的制造、许诺销售、销售、进口其外观设计专利产品。”就丙、丁两公司是否构成专利侵权行为而言,首先应当明确,甲获得的是外观设计专利权,其保护范围仅限于制造、许诺销售、销售和进口,而不包括使用。本题中,丙公司的行为属于未经许可以生产经营为目的制造和销售的行为,而丁公司的行为属于未经许可以生产经营为目的的使用行为。因此,丙公司侵犯了甲的专利权,而丁公司没有侵犯甲的专利权,无须停止使用,也无须承担赔偿责任。故 A 项正确,B、D 项错误。

最高人民法院《关于审理专利纠纷案件适用法律问题的若干规定》第 7 条规定:“人民法院受理的侵犯发明专利权纠纷案件或者经国务院专利行政部门审查维持专利权的侵犯实用新型、外观设计专利权纠纷案件,被告在答辩期间内请求宣告该项专利权无效的,人民法院可以不中止诉讼。”故 C 项错误。综上所述,本题的答案是 A。

[难度系数] *

3 [答案] AB

[考点] 方法发明专利侵权的判断

[解析] 关于方法发明专利的保护范围,《专利法》第11条规定:"发明和实用新型专利权被授予后,除本法另有规定的以外,任何单位或者个人未经专利权人许可,都不得实施其专利,即不得为生产经营目的制造、使用、许诺销售、销售、进口其专利产品,或者使用其专利方法以及使用、许诺销售、销售、进口依照该专利方法直接获得的产品。外观设计专利权被授予后,任何单位或者个人未经专利权人许可,都不得实施其专利,即不得为生产经营目的制造、许诺销售、销售、进口其外观设计专利产品。"也就是说,使用其专利方法以及使用、许诺销售、销售、进口依照该专利方法直接获得的产品,都会构成对方法发明专利的侵权。本题中,甲公司获得的是动物新品种培育方法发明专利(注意动物植物新品种本身不授予专利权,但是生产新品种的方法可以获得专利权),乙公司使用其专利方法,构成侵权,A项当选。丙公司使用依照该专利方法直接获得的产品,构成侵权,B项当选。丁超市销售的是虾酱,不是依照该专利方法生产的对虾,不再是甲公司新型培育方法发明专利的保护范围,不侵权,C项不当选。此外,《专利法》第75条规定:"有下列情形之一的,不视为侵犯专利权:……(四)专为科学研究和实验而使用有关专利的……"本题中,戊科学研究所为了改良A型对虾的培育方法而进行的研究活动,不构成对甲专利权的侵犯,因此选项D不当选。

[难度系数] * *

4 [答案] AC

[考点] 专利侵权的判断原则

[解析] 首先,《专利法》第2条规定:"本法所称的发明创造是指发明、实用新型和外观设计。发明,是指对产品、方法或者其改进所提出的新的技术方案。实用新型,是指对产品的形状、构造或者其结合所提出的适于实用的新的技术方案。外观设计,是指对产品的整体或者局部的形状、图案或者其结合以及色彩与形状、图案的结合所作出的富有美感并适于工业应用的新设计。"可知,我国的专利包括发明专利、实用新型专利和外观设计专利,发明专利和实用新型专利是技术方案,而外观设计专利是新设计。由"口罩具有良好的过滤效果"以及"专利的技术参数是A+B"可知,本题涉及的专利是一种技术方案,属于发明或者实用新型专利。

其次,我国发明或者实用新型专利的侵权包括字面侵权和等同侵权,分别采取全面覆盖原则和等同原则的侵权判断原则。等同侵权指的是侵权产品的技术特征为他人专利产品必要技术特征的等同替换,等同特征指的是与所记载的技术特征以基本相同的手段,实现基本相同的功能,达到基本相同的效果,并且具有本领域普通技术人员在被诉侵权行为发生时无须经过创造性劳动就能够联想到的特征。全面覆盖原则指的是如果专利产品的必要技术特征都被侵权产品覆盖,都在侵权产品中得到体现,就满足全面覆盖原则,构成专利侵权。

本题中,乙享有专利权的技术方案是"A+B+C",甲的技术方案是"A+B",乙的技术方案中全部包含甲的技术特征,因此其实施专利需取得甲的许可。选项B中,丙公司生产口罩的技术特征为A+C,乙技术方案中的技术参数为"A+B+C",因此丙公司的技术方案比乙公司的技术方案少一个技术特征,不满足全面覆盖原则,丙公司若要生产A+C型口罩不需要经过乙的同意。选项C和选项D中,丙公司生产A+B+C+D型的口罩,技术特征全面覆盖甲公司和乙公司技术方案中的技术特征,因此丙公司若要生产A+B+C+D型的口罩,既需要经过甲的同意,也需要经过乙的同意。因此,选项A、C正确,选项B、D错误。

[难度系数] *

5 [答案] CD

[考点] 专利权侵权

[解析] A 项考查申请人取得专利权的时间。《专利法》第 34 条规定:“国务院专利行政部门收到发明专利申请后,经初步审查认为符合本法要求的,自申请日起满十八个月,即行公布……”第 35 条第 1 款规定:“发明专利申请自申请日起三年内,国务院专利行政部门可以根据申请人随时提出的请求,对其申请进行实质审查……”《专利法》第 39 条规定:“发明专利申请经实质审查没有发现驳回理由的,由国务院专利行政部门作出授予发明专利权的决定,发给发明专利证书,同时予以登记和公告。发明专利权自公告之日起生效。”可知,专利权生效要依次经过申请、初审、实质审查这几个步骤,专利权经过实质审查没有发现驳回理由的,由国务院专利行政部门作出授予发明专利权的决定,并进行登记与公告,自公告时生效。本题中,第三人未经同意实施该技术的行为发生在发明专利权申请公布后、专利局公告授权之前,此时专利权并未生效,因此第三人的行为并不构成侵权,故 A 项不当选。

B、C 两项考查不视为侵犯专利权的法定情形。《专利法》第 75 条规定:“有下列情形之一的,不视为侵犯专利权:(一)专利产品或者依照专利方法直接获得的产品,由专利权人或者经其许可的单位、个人售出后,使用、许诺销售、销售、进口该产品的……”可知,使用、许诺销售和进口按照专利方法由专利权人售出后的产品,不视为侵犯专利权。本题中,专利权人制造的专利产品售出后,使用该产品的行为符合上述第 1 项的情形,依法不视为侵权,故 B 项不当选。

《专利法》第 75 条规定:“有下列情形之一的,不视为侵犯专利权:……(四)专为科学研究和实验而使用有关专利的……”可知,针对科学研究和实验的特定目的而使用有关专利的,不视为侵权。本题中,专为科学研究而制造有关专利产品的行为,并非使用行为,会影响专利权人的利益,构成侵权,故 C 项当选。

D 项的考点是非恶意的专利侵权行为不承担赔偿责任。《专利法》第 77 条规定:“为生产经营目的使用、许诺销售或者销售不知道是未经专利权人许可而制造并售出的专利侵权产品,能证明该产品合法来源的,不承担赔偿责任。”本题中,为生产经营目的使用不知道是未经专利权人许可制造而售出的专利产品,能证明本产品合法来源的,依法不需要承担赔偿责任,但是并不妨碍实施行为构成侵权,故 D 项当选。

[难度系数] * *

6 [答案] CD

[考点] 专利权侵权、现有技术抗辩、不视为侵犯专利权

[解析] 首先,选项 A 考查了专利权效力的起始日。《专利法》第 11 条第 1 款规定:“发明和实用新型专利权被授予后,除本法另有规定的以外,任何单位或者个人未经专利权人许可,都不得实施其专利,即不得为生产经营目的制造、使用、许诺销售、销售、进口其专利产品,或者使用其专利方法以及使用、许诺销售、销售、进口依照该专利方法直接获得的产品。”可知,发明和实用新型专利权的效力始于被授权后,只有在专利权被授予后,才有可能发生侵权。本题中,甲公司的专利于 2015 年 12 月被授权,故丙公司于 2014 年 12 月至 2015 年 11 月使用甲公司的发明不构成侵权,选项 A 是错误的。

其次,选项 B 考查了专利纠纷案件的诉讼程序。最高人民法院《关于审理专利纠纷案件适用法律问题的若干规定》第 7 条规定:“人民法院受理的侵犯发明专利权纠纷案件或者经国务院专利行政部门审查维持专利权的侵犯实用新型、外观设计专利权纠纷案件,被告在答辩期间内请求宣告该项专利权无效的,人民法院可以不中止诉讼。”可知,本题中,乙公司在答辩期内请求专利复审委

员会宣告甲公司的专利权无效,人民法院可以不中止诉讼,选项 B 是错误的。

再次,选项 C 考查了不视为侵犯专利权的情形。《专利法》第 75 条规定:“有下列情形之一的,不视为侵犯专利权:……(二)在专利申请日前已经制造相同产品、使用相同方法或者已经作好制造、使用的必要准备,并且仅在原有范围内继续制造、使用的……”可知,本题中,如果乙公司能证明自己在甲公司的专利申请日之前就已制造相同的洗衣机,且仅在原有制造能力范围内继续制造,则不构成侵权。据此,选项 C 是正确的。

最后,选项 D 考查了现有技术的抗辩。《专利法》第 67 条规定:“在专利侵权纠纷中,被控侵权人有证据证明其实施的技术或者设计属于现有技术或者现有设计的,不构成侵犯专利权。”可知,本题中,如果丙公司能够证明其制造销售的洗衣机在技术上与乙公司于 2013 年 5 月开始销售的洗衣机完全相同,且本领域的技术人员通过拆解分析该洗衣机,即可了解节水的全部技术特征,就可以证明丙公司实施的是现有技术,法院不应认定丙公司的行为构成侵权。据此,选项 D 是正确的。

[难度系数] * *

7 [答案] A

[考点] 外观设计专利权侵权、商标权侵权行为

[解析] 《专利法》第 11 条第 2 款规定:“外观设计专利权被授予后,任何单位或者个人未经专利权人许可,都不得实施其专利,即不得为生产经营目的制造、许诺销售、销售、进口其外观设计专利产品。”可知,本题中,奔马公司就其生产的一款高档轿车造型和颜色组合获得了外观设计专利权,车行将陶某旧车改装成该高档轿车的造型和颜色的行为,属于为生产经营的目的,制造外观设计专利产品的行为,未经奔马公司许可时,侵犯奔马公司的专利权。陶某的使用行为,不构成对外观设计专利的侵权。据此,选项 A 的表述错误,选项 B 的表述正确。

《商标法》第 57 条规定:“有下列行为之一的,均属侵犯注册商标专用权:(一)未经商标注册人的许可,在同一种商品上使用与其注册商标相同的商标的……(六)故意为侵犯他人商标专用权行为提供便利条件,帮助他人实施侵犯商标专用权行为的……”可知,本题中,奔马公司享有“飞天神马”汽车的立体商标权,陶某未经奔马公司的同意,擅自在自己的改装汽车上使用“飞天神马”标志,属于侵犯奔马公司注册商标权的行为。同时,车行未经奔马公司的同意,帮助陶某从报废的轿车上拆下“飞天神马”标志安装在改装车上,属于帮助陶某实施侵犯商标专用权的行为,亦构成对奔马公司商标权的侵权。据此,选项 C、D 的表述均是正确的。

综上所述,本题要求选择错误选项,故选项 A 应入选。

[难度系数] * *

第三章 商 标 法

考点一 商标分类

[答案] AD

[考点] 集体商标、证明商标

[解析] 首先,选项 A、B 考查集体商标和证明商标的区别。《商标法》第 3 条第 2 款、第 3 款规定:“本法所称集体商标,是指以团体、协会或者其他组织名义注册,供该组织成员在商事活动中

使用,以表明使用者在该组织中的成员资格的标志。本法所称证明商标,是指由对某种商品或者服务具有监督能力的组织所控制,而由该组织以外的单位或者个人使用于其商品或者服务,用以证明该商品或者服务的原产地、原料、制造方法、质量或者其他特定品质的标志。”可知,集体商标是特定的组织申请注册,供本组织成员使用,而证明商标是由具有监督权的组织控制,使用者是该组织以外的单位或个人,用以证明该商品具有某些特定品种,主要分为原产地证明商标和品质证明商标,如“西湖龙井”“五常大米”“绿色食品”“有机食品”等。因此,区分集体商标与证明商标最关键的是看该商标是供注册组织之外的成员使用还是供组织内成员使用。本题中的“河川”商标是由河川县荔枝协会申请注册,并许可本协会成员使用,符合集体商标的特征,不属于证明商标,因为证明商标的使用者是商标注册单位组织以外的单位或个人。据此,选项 A 正确,选项 B 错误。

其次,选项 C 考查了县级以上行政区划的地名作为集体商标注册的情形。《商标法》第 10 条第 2 款规定:“县级以上行政区划的地名或者公众知晓的外国地名,不得作为商标。但是,地名具有其他含义或者作为集体商标、证明商标组成部分的除外;已经注册的使用地名的商标继续有效。”可知,本题中“河川”是集体商标,可以使用县级以上行政区划的地名,选项 C 错误。

最后,选项 D 考查了销售者在销售商品时加贴独立的销售商标的行为。商标分为商品商标和服务商标,服务商标是指提供服务的经营者为将自己提供的服务与他人提供的服务相区别而使用的标志。本题中,盛联超市注册的“盛联”即属于该超市的服务商标,标明其销售者身份之用,其将该商标使用在其出售的商品上,并没有将该荔枝原来的“河川”商标去除,目的在于标明该商标由自己的超市出售,使消费者既能直观了解该荔枝的真实商标,又能看出是谁提供销售服务,是正常使用自己商标权的行为,并没有侵犯“河川”商标权,故选项 D 是正确的。

[难度系数] * *

考点二 商标注册的申请

1 **[答案]** ACD

[考点] 商标注册和审查

[解析] A、B 两项考查商标的注册。《商标法》第 8 条规定:“任何能够将自然人、法人或者其他组织的商品与他人的商品区别开的标志,包括文字、图形、字母、数字、三维标志、颜色组合和声音等,以及上述要素的组合,均可以作为商标申请注册。”可知,声音可以作为申请商标的标志。本题中,声音可被注册为商标符合法律规定,故 A 项正确。《商标法》第 22 条第 1 款、第 2 款规定:“商标注册申请人应当按规定的商品分类表填报使用商标的商品类别和商品名称,提出注册申请。商标注册申请人可以通过一份申请就多个类别的商品申请注册同一商标。”可知,商标注册申请人可以通过一份申请就多个类别的商品申请注册同一商标,故 B 项不正确。

C 项考查了禁止用作商标标志的法定情形。《商标法》第 10 条规定:“下列标志不得作为商标使用:(一)同中华人民共和国的国家名称、国旗、国徽、国歌、军旗、军徽、军歌、勋章等相同或者近似的,以及同中央国家机关的名称、标志、所在地特定地点的名称或者标志性建筑物的名称、图形相同的……”可知,同中央国家机关的名称、标志相同的标志,不得作为商标使用,故 C 项正确。

D 项考查禁止使用驰名商标的情形。《商标法》第 14 条第 5 款规定:“生产、经营者不得将‘驰名商标’字样用于商品、商品包装或者容器上,或者用于广告宣传、展览以及其他商业活动中。”可知,生产、经营者不得将“驰名商标”字样用于商品的广告宣传中,故 D 项正确。

[难度系数] *

2 ［答案］ A

［考点］ 商标注册代理机构的义务

［解析］ 首先,《商标法》第 19 条第 3 款规定:“商标代理机构知道或者应当知道委托人申请注册的商标属于本法第四条、第十五条和第三十二条规定情形的,不得接受其委托。”《商标法》第 15 条第 2 款规定:“就同一种商品或者类似商品申请注册的商标与他人在先使用的未注册商标相同或者近似,申请人与该他人具有前款规定以外的合同、业务往来关系或者其他关系而明知该他人商标存在,该他人提出异议的,不予注册。”可知,本题中,因商标代理机构明知乙公司申请注册“实耐”与甲公司在先使用的“实耐”未注册商标相同,故其不应接受乙公司委托,选项 A 是正确的。

其次,《商标法》第 10 条第 2 款规定:“县级以上行政区划的地名或者公众知晓的外国地名,不得作为商标。但是,地名具有其他含义或者作为集体商标、证明商标组成部分的除外;已经注册的使用地名的商标继续有效。”《商标法》第 11 条规定:“下列标志不得作为商标注册:(一)仅有本商品的通用名称、图形、型号的;(二)仅直接表示商品的质量、主要原料、功能、用途、重量、数量及其他特点的;(三)其他缺乏显著特征的。前款所列标志经过使用取得显著特征,并便于识别的,可以作为商标注册。”可知,选项 B 中“营盘轮胎”因采用营盘市的地名,不得作为商标;选项 C 中“普通的汽车轮胎图形”使用轮胎的通用名称、图形,也不得作为商标注册。《商标法》第 19 条第 2 款规定:“委托人申请注册的商标可能存在本法规定不得注册情形的,商标代理机构应当明确告知委托人。”可知,存在商标不得注册的情形,注册代理机构应将有关规定和风险告知委托人,但没有规定代理机构不得接受委托,如委托人坚持申请注册的话,代理机构仍可接受委托,但无法获得注册的风险由委托人自行承担。据此,选项 B、C 认为代理机构不得接受委托,是错误的。

最后,《商标法》第 19 条第 4 款规定:“商标代理机构除对其代理服务申请商标注册外,不得申请注册其他商标。”可知,选项 D 中商标代理机构注册“捷驰”商标,并非为了代理服务,而是注册后转让给其他企业,故其行为违反了上述规定,选项 D 是错误的。

［难度系数］ * *

考点三 商标无效宣告

1 ［答案］ BD

［考点］ 商标无效,商标侵权的认定及其后果

［解析］ 商标无效的原因,如果属于禁止使用或禁止注册的情形(绝对无效),由商标局宣告该注册商标无效;其他单位或者个人可以请求商标评审委员会宣告该注册商标无效,且都不受时间限制。但是,如果属于与他人发生权利或利益冲突(相对无效),则只有权利人或利害关系人才有权申请宣告无效,且要在注册之日起的 5 年内申请(驰名商标除外)。《商标法》第 45 条第 1 款规定:“已经注册的商标,违反本法第十三条第二款和第三款、第十五条、第十六条第一款、第三十条、第三十一条、第三十二条规定的,自商标注册之日起五年内,在先权利人或者利害关系人可以请求商标评审委员会宣告该注册商标无效。对恶意注册的,驰名商标所有人不受五年的时间限制。”第 32 条规定:“申请商标注册不得损害他人现有的在先权利,也不得以不正当手段抢先注册他人已经使用并有一定影响的商标。”本案中,贸易公司不正当抢注时装公司在先使用并有一定影响的商标,时装公司可以在该商标注册后 5 年内申请宣告该注册商标无效,D 项正确,且他人无权申请,知识产权局也无权主动宣告商标无效,A、C 项错误。

在该注册商标被宣告无效前,时装公司的行为仍然构成商标侵权,但由于贸易公司从未实际使

用过该注册商标,也不可能有其他损失,所以时装公司不需要承担赔偿责任,其法律依据为《商标法》第 64 条第 1 款:"注册商标专用权人请求赔偿,被控侵权人以注册商标专用权人未使用注册商标提出抗辩的,人民法院可以要求注册商标专用权人提供此前三年内实际使用该注册商标的证据。注册商标专用权人不能证明此前三年内实际使用过该注册商标,也不能证明因侵权行为受到其他损失的,被控侵权人不承担赔偿责任。"B 项正确,当选。

[难度系数] * *

2 [答案] ABC

[考点] 商标无效宣告、商标侵权抗辩事由、商标撤销

[解析] 选项 A 考查擅自注册被代理人商标的商标无效宣告事由。《商标法》第 15 条第 1 款规定:"未经授权,代理人或者代表人以自己的名义将被代理人或者被代表人的商标进行注册,被代理人或者被代表人提出异议的,不予注册并禁止使用。"可知,代理人未经被代理人许可擅自注册被代理人的商标,违反诚实信用原则,侵害被代理人的合法权益,该规定旨在禁止代理人的恶意抢注行为。根据《商标审查审理指南》的规定,《商标法》第 15 条第 1 款中的"代理人"不仅包括《民法典》总则及合同编中的代理人,也包括基于商事业务往来而可以知悉被代理人商标的经销商,故本题中的经销商甲属于《商标法》第 15 条第 1 款规定中的"代理人",未经授权在与奔兔公司相同的箱包产品上注册相同的"奔兔"商标,构成擅自注册被代理人商标的情形。《商标法》第 45 条第 1 款规定:"已经注册的商标,违反本法第十三条第二款和第三款、第十五条、第十六条第一款、第三十条、第三十一条、第三十二条规定的,自商标注册之日起五年内,在先权利人或者利害关系人可以请求商标评审委员会宣告该注册商标无效。对恶意注册的,驰名商标所有人不受五年的时间限制。"故奔兔公司可以经销商甲擅自注册其"奔兔"商标为由请求商标局商标复审部门(原商标评审委员会)宣告甲的"奔兔"商标无效,由于奔兔公司的"奔兔"商标产生了一定影响,但未构成驰名商标,故受到"奔兔"商标注册之日起 5 年时间的限制。因此,选项 A 正确。

选项 B 考查注册商标未经使用的侵权赔偿抗辩事由。虽然我国实行商标注册取得制度,但是商标的价值在于通过商标使用而发挥识别商品或者服务来源的作用,未经使用的商标并不具备识别商品或者服务来源的功能,以牟利为目的囤积商标的行为损害商标正常的注册管理秩序。因此,《商标法》第 64 条第 1 款规定:"注册商标专用权人请求赔偿,被控侵权人以注册商标专用权人未使用注册商标提出抗辩的,人民法院可以要求注册商标专用权人提供此前三年内实际使用该注册商标的证据。注册商标专用权人不能证明此前三年内实际使用过该注册商标,也不能证明因侵权行为受到其他损失的,被控侵权人不承担赔偿责任。"本题中,乙公司在皮带商品上注册"奔兔"商标以后从未使用,奔兔公司可以此为侵权赔偿的抗辩事由。因此,选项 B 正确。

选项 C 考查先用权。先用权,是指在先使用商标的人,在他人将其在先商标注册以后,可以在原有范围内继续使用其商标的权利。《商标法》第 59 条第 3 款规定:"商标注册人申请商标注册前,他人已经在同一种商品或者类似商品上先于商标注册人使用与注册商标相同或者近似并有一定影响的商标的,注册商标专用权人无权禁止该使用人在原使用范围内继续使用该商标,但可以要求其附加适当区别标识。"本题中,奔兔公司在箱包产品上在先使用"奔兔"商标,并且产生了一定影响,符合先用权的要件。因此,选项 C 正确。

选项 D 考查连续 3 年不使用的商标撤销事由。《商标法》第 32 条规定:"申请商标注册不得损害他人现有的在先权利,也不得以不正当手段抢先注册他人已经使用并有一定影响的商标。"本题中,奔兔公司未注册的"奔兔"商标属于在先使用并有一定影响的商标,乙公司在明知奔兔公司使用"奔兔"

商标并产生一定影响的前提下，以高价转让给奔兔公司并从中牟利的目的注册“奔兔”商标，构成“以不正当手段抢先注册他人已经使用并有一定影响的商标”。根据《商标法》第45条第1款的规定，奔兔公司可以在乙公司注册“奔兔”商标后5年内请求宣告该注册商标无效。此外，《商标法》第49条第2款规定：“注册商标成为其核定使用的商品的通用名称或者没有正当理由连续三年不使用的，任何单位或者个人可以向商标局申请撤销该注册商标。商标局应当自收到申请之日起九个月内做出决定。有特殊情况需要延长的，经国务院工商行政管理部门批准，可以延长三个月。”本题中，乙公司并未实际使用过“奔兔”商标，奔兔公司在乙公司注册“奔兔”商标后无正当理由连续3年未使用的情形下即可向商标局申请撤销“奔兔”商标，而非D选项中的5年。因此，选项D错误。

[难度系数]　* *

3 [答案]　B

[考点]　在先权利、商标无效宣告

[解析]　首先，选项A、B考查了在先权利。《商标法》第59条第3款规定：“商标注册人申请商标注册前，他人已经在同一种商品或者类似商品上先于商标注册人使用与注册商标相同或者近似并有一定影响的商标的，注册商标专用权人无权禁止该使用人在原使用范围内继续使用该商标，但可以要求其附加适当区别标识。”可知，本题中，肖某虽注册了“韦老四”商标，属于商标注册人，但在其注册商标前，韦某已经使用了“韦老四”的标识，故韦某可以在原范围内继续使用该标识，但如超出原来使用范围，则构成侵权。选项A中，韦某在外地开设新店，不属于在原有范围继续使用，韦某不可使用“韦老四”的标识，否则构成侵权，选项A是错误的。选项B中，肖某注册“韦老四”商标，不影响韦某在原有范围内继续使用，韦某不构成侵权，无须承担赔偿责任。据此，选项B是正确的。

其次，选项C、D考查了商标无效宣告。《商标法》第45条第1款规定：“已经注册的商标，违反本法第十三条第二款和第三款、第十五条、第十六条第一款、第三十条、第三十一条、第三十二条规定的，自商标注册之日起五年内，在先权利人或者利害关系人可以请求商标评审委员会宣告该注册商标无效。对恶意注册的，驰名商标所有人不受五年的时间限制。”第15条第2款规定：“就同一种商品或者类似商品申请注册的商标与他人在先使用的未注册商标相同或者近似，申请人与该他人具有前款规定以外的合同、业务往来关系或者其他关系而明知该他人商标存在，该他人提出异议的，不予注册。”可知，本题中，韦某在先使用“韦老四”标识，肖某明知而进行商标注册，属于恶意侵犯韦某的在先权利，韦某可请求商标局商标复审部门宣告该注册无效，但因该标识并非驰名商标，韦某应自肖某商标注册之日起5年内提起，而非可随时请求宣告注册商标无效。据此，选项C是错误的。

最后，根据《商标法》第45条的规定可知，提出宣告注册商标无效的事由中，并没有注册商标核定使用的服务类别超出经营范围这一情形，故韦某无权以此为理由请求宣告肖某注册商标无效，选项D是错误的。

[难度系数]　*

考点四　商标侵权

1 [答案]　ABC

[考点]　驰名商标保护

[解析]　对于驰名商标的保护，《商标法》第13条规定：“为相关公众所熟知的商标，持有人认为其权利受到侵害时，可以依照本法规定请求驰名商标保护。就相同或者类似商品申请注册的商标是复制、摹仿或者翻译他人未在中国注册的驰名商标，容易导致混淆的，不予注册并禁止使用。就不相

同或者不相类似商品申请注册的商标是复制、摹仿或者翻译他人已经在中国注册的驰名商标,误导公众,致使该驰名商标注册人的利益可能受到损害的,不予注册并禁止使用。”本题中,“佳加”咖啡店已经在咖啡类服务上注册了“佳加”商标,且被认定为驰名商标;乙作为“佳加”咖啡店的离职员工,恶意在餐饮服务上抢注“佳加”商标。餐饮服务和咖啡服务,同属于第43类“餐饮住宿”,属于类似商品。

“佳加”咖啡店可以选择的救济途径包括:(1)向国务院商标行政主管部门申请宣告餐饮店的注册商标无效,且不受5年期限的限制。其法律依据是《商标法》第45条第1款:“已经注册的商标,违反本法第十三条第二款和第三款、第十五条、第十六条第一款、第三十条、第三十一条、第三十二条规定的,自商标注册之日起五年内,在先权利人或者利害关系人可以请求商标评审委员会宣告该注册商标无效。对恶意注册的,驰名商标所有人不受五年的时间限制。”(2)请求餐饮店停止使用“佳加”商标并赔偿损失。其法律依据是《商标法》第13条。据此,本题A、B、C选项均当选。

需要注意的是,乙的抢注行为,仅仅涉及当事人之间的权利冲突,属于商标无效宣告中的“相对理由”,而非“绝对理由”,因此只有权利人或利害关系人有权申请宣告无效,所以D项错误。

[难度系数] * *

2 **[答案]** D

[考点] 商标侵权行为

[解析] 首先,选项A考查了将他人注册商标用于企业字号的情形。最高人民法院《关于审理商标民事纠纷案件适用法律若干问题的解释》第1条规定:“下列行为属于商标法第五十七条第(七)项规定的给他人注册商标专用权造成其他损害的行为:(一)将与他人注册商标相同或者相近似的文字作为企业的字号在相同或者类似商品上突出使用,容易使相关公众产生误认的;(二)复制、摹仿、翻译他人注册的驰名商标或其主要部分在不相同或者不相类似商品上作为商标使用,误导公众,致使该驰名商标注册人的利益可能受到损害的;(三)将与他人注册商标相同或者相近似的文字注册为域名,并且通过该域名进行相关商品交易的电子商务,容易使相关公众产生误认的。”将与他人注册商标相同或者相近似的文字作为企业的字号使用,必须使相关公众产生误认才构成商标侵权行为。本题中,甲虽然在店铺招牌中标有“佳普打印机专营”字样,属于作为企业字号使用,但因甲仅销售佳普公司制造的打印机,并不销售其他品牌的打印机,没有使相关公众产生误认,故不构成侵权,选项A不当选。

其次,选项B、C考查判断商标侵权行为的前提——商标使用行为。根据商标侵权行为的原理,侵犯商标权的行为必须是商标使用行为,某行为如果不是商标法意义上的商标使用行为,则不构成商标侵权行为。《商标法》第48条规定:“本法所称商标的使用,是指将商标用于商品、商品包装或者容器以及商品交易文书上,或者将商标用于广告宣传、展览以及其他商业活动中,用于识别商品来源的行为。”商标的使用在于识别商品来源,而选项B、C中乙、丙企业在商品上标注“本产品适用于佳普打印机”和“本产品使用佳普墨盒”都不是用于识别商品的来源,只是说明商品的某些特点,不会造成任何对商品来源的混淆,不构成商标侵权,选项B、C不当选。

最后,选项D中,丁回收墨水用尽的“佳普”牌墨盒,灌注廉价墨水后销售,其实质就是将佳普公司的注册商标“佳普”使用于廉价的墨水并销售,使相关公众误认该墨水就是“佳普”牌墨水,侵犯了佳普公司的商标权。根据《商标法》第57条的规定,“有下列行为之一的,均属侵犯注册商标专用权:(一)未经商标注册人的许可,在同一种商品上使用与其注册商标相同的商标的……”丁的行为构成侵权,选项D当选。

[难度系数] * *